Donald Ostrowski

·

Europe, Byzantium, and the "Intellectual Silence" of Rus' Culture

Arc Humanities Press

Leeds

2018

Дональд Островский

·

Европа, Византия и «интеллектуальное молчание» древнерусской культуры

Academic Studies Press

Библиороссика

Бостон / Санкт-Петербург

2025

УДК 94(495)
ББК 63.3(0)4-9
О76

Перевод с английского Александра Волкова

Серийное оформление и оформление обложки Ивана Граве

Приложение к книге публикуется с разрешения издательства Brill

Островский, Дональд.
О76   Европа, Византия и «интеллектуальное молчание» древнерусской культуры / Дональд Островский ; [пер. с англ. А. Волкова]. — СПб.: Academic Studies Press / Библиороссика, 2025. — 248 с. — (Серия «Современное религиоведение» = «Contemporary Religious and Theological Studies»).
    ISBN 979-8-887199-63-4 (Academic Studies Press)
    ISBN 978-5-907918-47-4 (Библиороссика)

Препятствует ли Православная церковь свободному развитию культуры? Сторонники западноцентричных моделей полагают, что да. Тем не менее американский славист Дональд Островский демонстрирует, что непредвзятое изучение феномена «интеллектуального молчания» древней Руси рисует куда более сложную и многослойную картину.

Большая часть древнерусской культуры остается скрытой от восприятия: вера здесь превалировала над критикой и рассудком, а диалектическая логика не только не считалась необходимой, но и воспринималась как помеха прямому созерцанию божественного.

В приложении книги публикуются статьи научной дискуссии из журнала *Russian History* № 46 (2019), дополняющие и углубляющие основное исследование.

Для всех, кто интересуется православием, культурой и наследием Древней Руси.

УДК 94(495)
ББК 63.3(0)4-9

ISBN 979-8-887199-63-4
ISBN 978-5-907918-47-4

Список иллюстраций

Благодарности

Перед вами — книга, по теме которой я начал работать более 20 лет назад, в то время намереваясь ограничиться одной журнальной статьей. После того как несколько журналов ее отклонили и она начала разрастаться до объемов, превышающих журнальную статью, я на несколько лет убрал ее в стол. Время от времени я доставал ее, стряхивал с нее пыль, вносил поправки, изменения или добавления и показывал ее какому-нибудь коллеге либо студенту. Обычной реакцией было вежливое молчание, пока я не показал ее Кристиану Раффенспергеру, профессору истории в университете Виттенберга (Огайо), заметившему, что ее тема и объем вполне подходят для небольшой книги, которая могла бы заинтересовать издательство Arc Humanities Press. Спасибо, Крис.

Одним из первых, кто поддержал мою книгу на том этапе, когда она еще была статьей, стал Игорь Шевченко (1922–2009) из Гарвардского университета, специалист в области византинистики и славистики, суровый критик многих других моих работ. По какой-то причине эта статья ему понравилась. В то время, когда я хватался за любую соломинку, он протянул мне руку поддержки.

Сигрид Ховест, глава Press Office Münster, нашла фотографа, который сделал фотографию резной фигуры «Диалектика», находящейся в Мирном зале ратуши Мюнстера, и получила права на ее использование для оформления обложки этой книги.

Памела Матц, кандидат на получение степени магистра свободных искусств в области исследований Средневековья в школе заочного обучения при Гарвардском университете, составила библиографию по исследуемой теме в рамках своих обязанностей научного ассистента.

Кроме того, я хотел бы поблагодарить Эрина Томаса Дейли, редактора Arc Humanities Press, который с максимальным профессионализмом наблюдал за всем процессом публикации книги. Мне повезло, что Кэтрин Данн было поручено приложить к подготовке текста все свои выдающиеся редакторские навыки.

Два моих коллеги, Саймон Франклин, профессор славистики в Кембриджском университете, и Дэвид Голдфранк, профессор русской истории в Джорджтаунском университете, прочли почти полный окончательный вариант книги и дали ценную обратную связь, а также указали на необходимые исправления. Они не несут ответственности за какие-либо оставшиеся ошибки.

Введение

Одним из самых малоисследованных и неверно понимаемых аспектов европейской истории является сравнительное воздействие, которое западная и восточная церкви оказывали каждая на свою культуру. Это особенно верно по отношению к культуре Древней Руси. Даже в научных исследованиях в основном преобладают довольно наивные представления о развитии высокой культуры (или ее отсутствии) на Руси в период до Нового времени. Чаще принято критиковать церковь, нежели пытаться понять ее позицию. Одна из таких точек зрения состоит в том, что православная церковь подавляла развитие восточнославянской интеллектуальной мысли.

Эта точка зрения имеет давнюю традицию как среди исследователей, так и среди мыслителей-историософов; одним из ее позднейших сторонников является историк Фрэнсис Томсон. Ему принадлежит ряд основательных филологических работ, однако иногда он, по мнению некоторых ученых, высказывал довольно сомнительные соображения относительно сущности древнерусской культуры[1]. По утверждению Томсона, православная церковь воспрепятствовала «естественному» развитию древнерусской культуры: «Не монголы ответственны за интеллектуальную изоляцию Руси... а церковь» [Thomson 1978: 120][2]. В другой статье

---

[1] Так, А. Поппэ называет выводы Томсона «спорными» [Poppe 1987: 290], а А. А. Алексеев считает, что «Томсон проявляет полное равнодушие к лингвистическим фактам» [Алексеев 1996: 287]. Эти и другие критические высказывания о его взглядах Томсон перечисляет в своей монографии «The Intellectual Silence of Early Russia: Some Introductory Remarks» («Интеллектуальное молчание ранней России: некоторые вступительные замечания») (см. ниже).

[2] Впоследствии, 21 год спустя, Томсон сформулировал это утверждение иначе, однако общий смысл остался неизменным.

он писал, что именно «русская церковь, ошибочна считавшая себя хранительницей всех ценностей православия... оставалась препятствием к интеллектуальному прогрессу до тех пор, пока ее хватку не разомкнул Петр Великий» [Thomson 1983: 65]. Подобные оценки православной церкви вполне совпадают с воззрениями российских либеральных мыслителей конца XIX — начала XX в.[3] Ранее, в 1978 г., Томсон задавался вопросом: «Где русский Пьер Абеляр? Где интеллектуальное брожение, подобное тому, которое было вызвано в XI в. учением Беренгария о пресуществлении или в XII в. — учением Гильберта Порретанского о Троице?» [Thomson 1978: 120]. Десятью годами позже он ответил на собственный вопрос, объявив, что отказывается от поисков: «Нет смысла искать русского Абеляра» [Thomson 1988: 70].

Вариант вопроса «Где русский Абеляр?» Томсон задал лично мне в форме: «Разве у них был свой Платон?»[4] Возможно, его и не было, однако в отношении восточного христианства есть все основания утверждать, что оно, как и западное, унаследовало платоновские идеи. На вопрос, кому принадлежит Платон, в определенной мере уже ответил американский автор английского происхождения Роберт Пейн (1911–1983):

> Когда александрийцы читали Платона и его последователей, они рассматривали эти теории в свете собственных воззрений; так же поступали антиохийцы, евреи и арабы, а много позже — французы, немцы, англичане и американцы; и все

---

[3] См., например, критические высказывания П. Н. Милюкова о русской церкви [Miliukov 1962]. Отвечая Игорю Шевченко, заметившему, что его работы страдают «предвзятым отношением к православию», Томсон превзошел любого русского либерала и высказал предположение, что русская церковь, возможно, не была православной: «Безусловно, она [статья Томсона «Nature of the Reception». — *Д. О.*] резко критикует раннюю русскую церковь за богословскую немоту и вульгарный формализм (в которых нет ничего удивительного, учитывая тот факт, что многие важнейшие догматические труды Отцов Церкви так и не были переведены), однако нигде в этой (или любой другой) статье автор *не идентифицирует* раннюю русскую церковь с православием» (курсив мой. — *Д. О.*) [Thomson 1994: 500]. Вероятно, имелось в виду, что автор не считает «раннюю русскую церковь *идентичной* православию».

[4] В ответ на вопрос из зала на конференции в Институте Кеннана (Вашингтон, 26 мая 1988 г.).

видели в Платоне нечто от себя самих, толкуя его слова по собственному желанию. В платоновской теории есть что-то текучее; эти воды можно окрасить в какой угодно цвет, но они останутся платоновскими. В огромных пространствах разума Платона получили осмысление все вещи, и неудивительно, что он оставляет свой след в каждом, кто припадал к этому источнику [Payne 1957: 46].

Впрочем, проблема может состоять не столько в том, что у них не было Платона, сколько в том, что у них не было Аристотеля.

По мнению языковеда-слависта голландского происхождения Уильяма Ведера, Томсон «рассматривает проблему древнерусской культуры с западных позиций и на основе западной системы ценностей» [Veder 1994: 20]. Проблема, которую имеет в виду Ведер и в связи с которой поднимает вопросы Томсон, заключается в том явлении, которое богослов и историк Георгий Флоровский (1893–1979) назвал «интеллектуальным молчанием» русской культуры [Флоровский 2014: 271]. В 1962 г. Флоровский поместил в дискуссионном разделе журнала «Slavic Review» фундаментальную статью, в которой заявил, что «наиболее острый вопрос для историка культуры Древней Руси звучит так: в чем заключается причина того, что можно назвать ее интеллектуальным молчанием?» [Там же]. Возможно, имеет смысл более подробно изложить здесь рассуждения Флоровского и непосредственные отклики на них, поскольку в них очерчена значительная часть вопросов, рассматриваемых в этой книге.

Флоровский начинает с русской историографии XIX в., где, по его мнению, «сложился определенный шаблон», в соответствии с которым русская история «делится на две части: старый и новый, древний и современный периоды» [Там же: 257]. В качестве границы между ними рассматривается эпоха Петра I (годы правления — 1682–1725), которую Флоровский называет «реформой». С его точки зрения, «изначально эта трактовка была изобретена пионерами реформы в целях оправдания разрыва с прошлым, который они понимали, как радикальный и безвозвратный, и в то же время она утверждалась в целях апологетики реформы» [Там же]. Следовательно, согласно Флоровскому, «история Древней Руси должна была предстать таким образом, чтобы не осталось сомнений, что реформа была жизненно необходима. В этом контексте "древнее" означало устаревшее, бесплодное и застывшее без развития, примитивное и отсталое. Напротив, "новое" представало в радужных тонах как великое достижение и славнейшая перспектива. Вся история допетровской России стала рассматриваться в качестве некой предыстории, на темном фоне которой блеск нарождающейся новой культуры высвечивался особенно контрастно; или как длительный период младенчества и незрелости, когда нормальное развитие было приостановлено; или, скорее, как длительный подготовительный период для мессианского века, который, наконец, настиг Россию в царствование Петра» [Там же: 257–258].

Далее он указывает, что, согласно этой точке зрения, настоящая «история» России начинается только при Петре, а значит, «только в это время Россия вошла в стадию истории и цивилизации — конечно, в качестве запоздалого пришельца, к своему несчастью задержавшегося в развитии и потому вынужденного оставаться длительное время в смиренном положении ученика, только открывающего для себя культурное достояние просвещенных наций» [Там же: 258]. По мнению Флоровского, одним из последствий этой задержки явилось то, что Древняя Русь превратилась в «поле для деятельности антикваров, а не историков» [Там же: 260]. Далее он связывает этот шаблон в интерпретации русской истории с общей схемой, прилагаемой к европейской истории: «Всю историю европейской цивилизации обычно представляют... как историю прогрессивной эмансипации культуры от давящего контроля официальной религии или церкви. Эта трактовка восходит отчасти к философии Просвещения, отчасти — к позитивизму. Она представлена также в русской историографии. При таком способе оценки вся Древняя Русь в одночасье дискредитируется» [Там же: 261].

По мнению Флоровского, сторонники этого взгляда неизбежно отождествляли «культуру» с «критицизмом» и полагали, что «только критические течения внутри официальной культуры... могли бы иметь значение культуры как таковой» [Там же]. Следовательно, они были склонны считать, что древнерусская культура «всецело определялась религией, была подчинена ее догматическим и ритуальным предписаниям» [Там же]. Это очень важный вопрос, к которому я вернусь позже.

По утверждению Флоровского, «пришла пора, когда история Древней Руси должна быть тщательно пересмотрена и, возможно, даже переписана... как история, заслуживающая отдельного исследования, а не как преамбула к истории новой России» [Там же: 262]. Чтобы положить начало процессу переработки и возможного переписывания, Флоровский приводит предположение австрийского и российского филолога-слависта Ватрослава Ягича (1838–1923), что «в X в. у славянской цивилизации был шанс развиться в третью культурную силу, способную сравниться с латинской и греческой» [Флоровский 2014; Jagić 1867: 52, 66]. Если славянская цивилизация, центр которой располагался в Болгарии, находилась тогда в такой позиции, как описывает Ягич, возникает вопрос, почему она не развилась «в третью культурную силу». Флоровский также задается вопросом, почему Русь XI–XII вв., которая «не была изолирована от Византии и Запада, равно как и от Востока» и в которой «почва уже была приготовлена», не ответила на «культурный вызов» [Флоровский 2014: 265].

Флоровский указывает, что с тех пор исследователи пытались ответить на этот вопрос и пришли к различным ответам. Некоторые сосредоточились на особенностях бытования византийского культурного наследия в Древней Руси. Историк Русской православной церкви Е. Е. Голубинский (1834–1912) заявлял, что Древняя Русь, в сущности, не сумела усвоить византийскую культуру и усилия киевского князя Владимира I (годы правления — 978–1015) принести на Русь просвещение потерпели неудачу: «...оно у нас не принялось и не привилось и почти тотчас же после введения совершенно бесследным образом исчезло» [Голубинский 1900, 1: 701]. Таким образом, взгляды Голубинского вполне соответствуют русской историографии XIX в., согласно которой Русь до петровских реформ представляла собой нечто «устаревшее, бесплодное и застывшее без развития, примитивное и отсталое».

Другой ответ в статье «Трагедия интеллигенции» (1927) предложил русский религиозный философ и историк Г. П. Федотов (1886–1951), утверждавший, что препятствием для развития философской мысли в Древней Руси стала не неспособность к усвоению византийской культуры, а восприятие византийской практики, дозволявшей богослужение и распространение религиозных книг на местных национальных языках вместо греческого. В противоположность западной церкви, которая требовала, чтобы образование и богослужение велись на латыни, благодаря чему для европейцев открывался доступ к классической учености, на Руси греческие тексты имели хождение в переводах (в основном это были переводы религиозных книг, выполненные в Болгарии). Таким образом, на Руси отсутствовал стимул к изучению греческого языка, что, соответственно, исключало и доступ ко всей древнегреческой литературе и философии[5]. Федотов высказывает мысль, особенно актуальную для этой книги: «В грязном и бедном Париже XII в. гремели битвы схоластиков, рождался университет; в "золотом" Киеве, сиявшем мозаиками своих храмов, — ничего, кроме подвига печерских иноков, слагавших летописи и патерики» [Федотов 1952: 20].

Флоровский признает, что «картина, написанная воображением Федотова, патетична», но задается вопросом, «насколько справедливы его аргументы» [Флоровский 2014: 267]. Несколькими страницами ниже он ставит «наиболее острый вопрос для историка культуры Древней Руси», а именно: «В чем заключается причина того, что можно назвать ее интеллектуальным молчанием?» [Там же: 271]. Хотя в древнерусских княжествах существовала «великая культура», а также имела место «немалая активность в политической и социальной жизни, включая идеологическую сферу», «не было создано ничего оригинального и выдающегося в сфере мысли, как теологической, так и свет-

---

5 Впоследствии рассуждения Федотова продолжит Томсон, назвав причиной «интеллектуального молчания» древнерусской культуры «то обстоятельство, что незнание греческого препятствовало непосредственному доступу к сокровищам византийской учености, а ограниченный круг переводных текстов мало способствовал интеллектуальной стимуляции» [Thomson 1988: 68–69].

ской». Для тех, кто исходит из предпосылки, что Древняя Русь была «отсталой и примитивной», ответ на этот вопрос прост. Однако Флоровский призывает не поддаваться «искушениям легких ответов» и предостерегает, что «все простые ответы — не более чем уход от темы» [Там же: 271–272].

Отказываясь задействовать понятие «русская душа» для попытки ответить на этот вопрос, Флоровский прослеживает особенности бытования византийского наследия в Древней Руси, но избирает иной путь, нежели Голубинский и Федотов. Отталкиваясь от их категоричных формулировок, он приходит к мнению, что Древнюю Русь захлестнули «необъятные богатства культурного материала», предложенные Византией в таких объемах, которые «просто невозможно было усвоить сразу» [Там же: 273]. В противоположность Голубинскому, полагавшему, что Русь отторгла византийское просвещение, Флоровский утверждает: «Кризис состоял в том, что византийские достижения были приняты, но византийская пытливость — не усвоена» [Там же: 274]. В заключение он указывает, что «в сокровищнице древнерусской культуры» находятся «нетленные достижения»: «величие древнерусского религиозного искусства», «проникновенность, свежесть и сила русского религиозного искания», а также «глубокие гуманистические ценности, которые можно понять как своеобразные, архаические, экзотические в сравнении с теми, что бытовали на Западе». В связи с этим Флоровский приходит к выводу, что «древнерусская культура с самого начала принадлежала к великой цивилизации, созданной на многомерном основании античной классической культуры, под творческим воздействием, руководством и вдохновением христианской веры и миссии» [Там же: 276].

После прочтения статьи Флоровского остается ощущение, что, несмотря на поставленные в ней проницательные вопросы, среди глубоких наблюдений и высокой риторики трудно найти четкий ответ на сложный вопрос: «В чем заключается причина того, что можно назвать "интеллектуальным молчанием"?»

Поскольку статья Флоровского была помещена в дискуссионном разделе журнала «Slavic Review», она вызвала отклики со стороны двух других исследователей. Николай Андреев сосредоточился на проблеме древнерусского язычества, не имеющей прямого отношения к рассматриваемой нами теме, и вопроса об «интеллектуальном молчании» непосредственно коснулся лишь единожды, высказав мнение, что Русь сама по себе не была отсталой; однако, «став провинцией Монгольской империи, начиная с XIII в. страна оказалась отрезана от Западной Европы» [Andreyev 1962: 21]. Ближе к концу статьи Андреев упоминает об «интеллектуальном философствовании» древнерусских иконописцев XV в.: «Некоторые композиции были столь сложными, что требовали объяснительного комментария и вызывали определенное интеллектуальное возбуждение» [Ibid.: 22]. В этих новшествах он видит начало «новой главы не только в истории русского религиозного искусства, но и в интеллектуальной истории Московской Руси, где новые, более созерцательные умонастроения стремились выразиться в новых композициях и техниках» [Ibid.].

В свою очередь, историк Джеймс Биллингтон (1929–2018), ученик Флоровского, поместил вопрос об «интеллектуальном молчании» в контекст трех других «основных задач»: «1) выделить различные периоды и регионы внутри культуры допетровской Руси; 2) определить причину ее "интеллектуального молчания"; 3) проанализировать ее внутреннюю структуру; 4) оценить по отдельности ее историческую судьбу и внутреннее наполнение» [Billington 1962: 24]. Разграничивая Киевскую Русь и Московию, он уделяет основное внимание последней. В связи с предполагаемым «интеллектуальным молчанием» Московии Биллингтон выделяет три внешних фактора: 1) «тяжелые приграничные условия»; 2) «решительное и жестокое подавление московитами... политически развитой культуры ориентированных на Запад Новгорода и Пскова»; 3) «полное отсутствие античного наследия», обусловленное тем, что «как Киевская, так и Московская Русь находились далеко за пределами политического влияния (пусть даже входя в экономическую орбиту) эллинистических и романских государств» [Ibid.: 27–28]. По мнению Биллингтона, отчасти в силу этого отсутствия классического наследия Русь «никогда не требовала (по крайней мере, до XVII в.) четкой епархиальной структуры и епископской иерархии для своей церкви, какого-либо повсеместно признанного свода канонического права или четкого разграничения между законом и моралью в гражданской сфере» [Ibid.: 28]. Биллингтон также отмечает важность двух южнославянских влияний на Русь: первое (в X–XI вв.) принесло «почти фундаменталистскую приверженность к наследуемым формам и формулам, а также тяготение в большей степени к эстетической, нежели философской культуре»; второе (в XIV в.) внедрило «более определенный антирационалистский уклон, несущий явный отпечаток антисхоластического исихастского мистицизма, свойственного Византии XIV в.» [Ibid.].

Флоровский ответил участникам дискуссии. Замечания Андреева он принял благосклонно и признал, что древнерусское язычество помогло подготовить почву для восприятия византийской культуры [Florovsky 1962: 37]. Однако утверждение Андреева, что монголы изолировали Русь от Западной Европы, он оставил без внимания.

На замечания Биллингтона он ответил более резко, оспаривая утверждение о культурном разрыве между Киевской Русью и Московией: «Наследие Киевской Руси было неотъемлемой частью московской культурной традиции» [Ibid.: 35]. Кроме того, он возразил против мнения Биллингтона, что он (Флоровский) «склонен преуменьшать историческое значение древнерусской культуры», и признался, что «чутко откликается на вибрации древнерусской религиозной культуры в ее многообразных проявлениях» и «оценивает ее в общем и целом... положительно и довольно высоко» [Ibid.: 37]. Вопрос у него вызывает отнюдь не ее значимость: «Мы можем восхищаться наследием древнерусской культуры, однако, как историки, мы должны серьезно относиться к факту ее *исторического "неуспеха"*, внутреннего кризиса, трагического распада и гибели» [Ibid.: 39; курсив в оригинале].

Вместо того чтобы, подобно Биллингтону, искать решение загадки о древнерусском «интеллектуальном молчании» во «внешних факторах», Флоровский заявляет, что «будет искать его во внутренней структуре духовного мира Московии» [Ibid.: 40].

Утверждение Биллингтона о «тяжелых приграничных условиях» он опровергает на том основании, что подобные условия «не сдерживают и не замедляют расцвета искусств». Он упрекает Биллингтона, что «с исторической точки зрения он едва ли справедливо идеализирует государственное устройство и политику» Новгорода и Пскова. Кроме того, оба эти города были аннексированы Москвой, а «новгородское культурное наследие почти не понесло утрат» [Ibid.]. В «епархиальной структуре», упомянутой Биллингтоном, Флоровский усматривает скорее симптом, нежели фактор. Помимо этого, он считает несправедливым «слишком подчеркивать антиинтеллектуальный уклон исихастского движения, которое скорее находилось в русле греческой интеллектуальной традиции» [Ibid.]. Свой ответ он завершает призывом к дальнейшему изучению источников: «В сущности, мы наиболее остро нуждаемся не в широком обсуждении определенных базовых тем, а в кропотливом исследовании источников, их критическом осмыслении и беспристрастной оценке» [Ibid.: 42].

Основные точки расхождения между Флоровским и Биллингтоном включают в себя отношение Московии к более ранним русским княжествам и внешние факторы, поспособствовавшие тому, в чем оба исследователя видят «интеллектуальное молчание» Московии. Несмотря на то что, как указывает Флоровский, имела место значительная культурная преемственность между древнерусскими княжествами конца X–XIII вв., политическая преемственность между ними отсутствовала. Древнерусские княжества были децентрализованы, и киевский князь не пользовался неизменной лояльностью со стороны других древнерусских правителей. Под непрерывным контролем киевского князя находились только три территории: Киевское, Черниговское и Переяславское княжества [Ostrowski 2012: 30–34]. На мой взгляд, Флоровский убедительно опроверг значимость внешних факторов, которые, по утверждению Биллингтона, сдерживали интеллектуальное развитие Московии. Влияние же исихазма я более подробно рассмотрю в этой книге.

И Флоровский, и Биллингтон сходятся во мнении, что Московская Русь была подвержена «интеллектуальному молчанию»; они спорят лишь о причинах, почему это произошло. Однако после 1962 г. появилось значительное количество исследований об интеллектуальной мысли в Московской Руси. Наконец, спустя 54 года вышла книга, в которой заявлялось, что одна из ее «ключевых целей состоит в том, чтобы подчеркнуть удивительное разнообразие русской религиозной, политической и социальной мысли в эту эпоху [с конца XV в. до конца XVIII в. — Д. О.]» [Hamburg 2016: 1][6]. Исследователи все реже говорят об «интеллектуальном молчании» в Московской Руси, хотя продолжают спорить о том, на каком уровне находилось ее интеллектуальное самовыражение.

В 1963 г. Д. С. Лихачев (1906–1999), в то время член-корреспондент Академии наук СССР и профессор Ленинградского университета, выступил с эмоциональным откликом на дискуссию вокруг проблем древнерусской культуры. Подобно Флоровскому, Лихачев не видит разрыва между Киевской и Московской Русью и считает любые утверждения об их резко выраженных различиях «необоснованными» [Likhachev 1963: 115]. Он особо подчеркивает роль, которую играли в древнерусской культуре иконопись и архитектура, и отмечает, что, хотя эти искусства и «молчаливы», они «говорят беззвучным языком цвета и линии... и, следовательно, не менее интеллектуальны». По его мнению, некорректно критиковать древнерусскую литературу за отсутствие в ней своего Данте или Шекспира, поскольку эти два литературных гиганта «не могут служить мерилом для литературы Древней Руси» [Ibid.: 118]. Ее литература «имела фольклорный характер и была полностью лишена индивидуализма». Лихачев использует сравнение с вышивальщицей: «Нельзя требовать от народной вышивальщицы, чтобы при помощи ниток она создала картину, которая поставит ее имя на один уровень с гением Рембрандта» [Ibid.]. По его определению, в древнерусской «ди-

---

[6] Хэмбург критикует подход к Московии, характерный для книги Биллингтона «Икона и топор», как рассматривающий «контакты Руси с Западом скорее в психологической, нежели в интеллектуальной плоскости: в его [Биллингтона. — Д. О.] изложении страх, "фанатизм" и "радикализм" московитов противопоставляются "городскому" и "светскому" Западу» [Hamburg 2016: 4–5].

пломатии, публицистике, разрешении юридических споров и так далее» первостепенное значение имела «историческая аргументация» [Ibid.: 119]. Лихачев приходит к выводу, что, если древнерусская культура и проявляла себя главным образом в «молчаливых» искусствах, это не значит, что она была «молчалива» в интеллектуальном плане: «Ее мировоззрение было облечено в форму искусства, а не научных трактатов» [Ibid.: 120]. Все, что утверждает Лихачев о древнерусском искусстве, архитектуре и литературе, представляется вполне справедливым, однако вызывает лишь один вопрос. В средневековой Западной Европе искусство, архитектура и литература тоже имели фольклорный, лишенный индивидуализма характер. Вопрос состоит в следующем: почему в Европе имели место также философские и теологические искания, а в Древней Руси — нет?

В 1994 г., через 32 года после того, как Флоровский написал свою статью, к вопросу об «интеллектуальном молчании» древнерусской культуры обратился Ведер. Отправной точкой для его рассуждений стал призыв Флоровского проводить как можно больше исследований, прежде чем предпринимать попытки обобщения [Veder 1994: 19]. Ссылаясь на Томсона как на «одного из последних учеников Андреева» и ученого, предпринявшего подробное исследование источников, к которому призывал Флоровский, Ведер высказал сомнение, что выводы Томсона отвечали всем критериям, выдвинутым Флоровским. «Хотя работы Томсона, несомненно, следуют призыву Флоровского к кропотливому изучению источников и их критическому осмыслению», Ведер считает их «не безоговорочно приемлемыми» в контексте «рекомендаций Флоровского насчет беспристрастной оценки и его призыва к обособленному исследованию культуры как системы ценностей и общественной функции» [Ibid.: 20].

Согласно Ведеру, прежде чем предпринимать сравнение определенной культуры с другой, следует провести «предварительное беспристрастное описание ее системы как таковой». В противном случае «неизбежно будут упущены многие более уместные наблюдения и обобщения, чем может дать сопоставление» [Ibid.]. Я должен признать, что не согласен с предложением Ведера. Кто может определить, когда эта веха будет достигнута? Разве еще не существуют объективные описания древнерусской культуры? А если не существуют, по какой причине? Мне представляется, что анализ культуры может проводиться одновременно с ее сравнением с другими культурами, поскольку такое соизмерение способно поднять вопросы, которые могли бы и не возникнуть при работе с ее источниками. Кроме того, при ином подходе я бы не написал эту книгу.

Далее Ведер переходит к рассмотрению двух типов «книг» в средневековой Slavia Orthodoxa: тех, которые имели «богослужебную или официальную церковную функцию», и компиляций для чтения (четьих сборников). Ни один из этих типов не обладает «текстуальной целостностью», и Ведер видит в этом преднамеренную особенность: «Разрушение структуры первоисточника и отсутствие текстуальной целостности в получившейся компиляции представляют собой явление, столь частое и распространенное в Slavia Orthodoxa как географически, так и хронологически, что их невозможно признать случайными» [Ibid.: 26]. Возможно, это так, но, подобно тому как Флоровский возражал Биллингтону, а Ведер — Томсону, читатель вполне может возразить Ведеру, что описанное им явление может являться скорее симптомом, нежели причиной того, что считается «интеллектуальным молчанием» русской культуры.

В 1999 г. при переиздании отдельным сборником ряда его статей Томсон написал к нему предисловие, в котором затронул проблему «интеллектуального молчания» и вместе с тем коснулся критических замечаний, вызванных его наблюдениями. Он отстаивает свое утверждение, что корпус переводных текстов, имевших хождение в Древней Руси раннего периода, сопоставим с содержимым библиотеки крупного провинциального византийского монастыря, и в подтверждение ссылается на составленный в 1201 г. каталог библиотеки монастыря Иоанна Богослова на острове Патмос [Thomson 1999: xi][7]. Томсон заявляет, что в своих более

---

[7] К сравнению с этой монастырской библиотекой Томсон прибегал и ранее [Thomson 1978: 117, 137–145].

ранних статьях не имел намерения критиковать церковь Древней Руси «как иерархическую структуру и государственный институт». Он признает, что при рассмотрении рецепции византийской культуры в Древней Руси необходимо принимать во внимание «такие аспекты, как изобразительное искусство и музыка», а затем проводит довольно знаменательное разграничение: «Проблема состоит лишь в интеллектуальном, но не в художественном или культурном молчании» [Ibid.]. Флоровский выделил «интеллектуальное молчание» в качестве «проблемы древнерусской культуры», а Томсон, по его утверждению, понимает «интеллектуальное молчание» и «культурное молчание» как две различные категории. Эта формулировка контрастирует с мнением Лихачева, считавшего, что, хотя древнерусская культура и была «молчаливой», она вместе с тем была и интеллектуальной.

Томсон опровергает критику со стороны византиниста и слависта Игоря Шевченко, утверждавшего, что сделанные Томсоном «ценные наблюдения страдают антиправославным уклоном» [Ševčenko 1981: 322]. В ответ на это Томсон возразил, что всего лишь сделал «вывод из установленных фактов». Впрочем, он переформулировал его, чтобы сделать «более точным»: «Именно то обстоятельство, что христианская вера в той форме, как она была воспринята в Древней Руси, утратила значительную (если не основную) часть своего интеллектуального наполнения, привело к чрезмерной приверженности внешним ритуалам, а это, в свою очередь, неизбежно привело к обскурантизму» [Thomson 1999: xvii]. По мнению Томсона, на Руси не усвоили «догматико-философского элемента христианской веры», который «невозможно понять без владения античной философией», поэтому Томсон приходит к выводу, что на Руси «просто отсутствовал какой-либо стимул к философскому поиску» [Ibid.]. Это высказывание Томсона близко к заявлению Флоровского, что Древняя Русь не сумела усвоить византийскую интеллектуальную пытливость. Но ни то ни другое утверждение не приближает нас к ответу на вопрос, почему так произошло.

В 2001 г. британский историк культуры Саймон Франклин (родился в 1953 г.) написал (на русском языке) рецензию на сборник статей Томсона. В этой статье под названием «По поводу "интеллектуального молчания" Древней Руси» Франклин сосредоточился главным образом на выводах Томсона насчет молчания. Эти выводы он критикует по трем аспектам, таким как манера изложения Томсона, доказательства, на которых основаны его выводы, и причины этого молчания, выделенные Томсоном.

Указав, что Томсон «сам как будто заведомо провоцирует возмущение», а также отметив его «дидактическую манеру» и «раздраженно-придирчивую назидательность», Франклин сосредоточивается на его основном тезисе, который «отражает оценку с позиции человека, который знает, какова должна быть правильная вера, а уж никак не отражает объективности беспристрастного историка культуры» [Franklin 2001: 265]. Франклин упоминает о различных мнениях со стороны специалистов насчет сведений, на которых Томсон строит свои обобщения. Например, «из 70 переводов, происхождение которых те или иные ученые связывали с Киевской Русью, Томсон не признает ни одного» [Ibid.: 263][8]. Томсон обосновывает это тем, что никто из жителей Руси в древнейший период (возможно, за исключением митрополита Илариона) не знал греческого языка, тем самым Русь была отрезана от всего корпуса древнегреческой учености. Если же переводы действительно выполнялись в Киеве, это разрушает доводы Томсона. Тем не менее среди переводов, которые те или иные исследователи приписывали «киевской школе», нет ни одного перевода сочинений греческих философов, политических мыслителей или драматургов.

Франклин подчеркивает, с какой категоричностью Томсон отрицает всякое подобие интеллектуальности в Древней Руси. Он признает, что, «строго говоря», Томсон «прав» насчет невозможности доказать киевское происхождение какого-либо из этих переводов. Однако вместе с тем Томсон и «неправ», поскольку «критерии для "локализации" славянских переводов почти всегда условны, в большей или меньшей степени спорны, гипотетичны, предположительны» [Franklin 2001: 266]. Как отмечает Франклин,

---

[8] См. [Thomson 1993a].

Томсон признавал, что Иларион, киевский митрополит в 1051–
1055 гг., обращался к греческим источникам при написании
«Слова о законе и благодати»: «Иными словами, даже Фран-
сис Томсон не предполагает, что вокруг Киева и всех его жителей
была построена некая глухая стена, которая загораживала их от
любых непосредственных контактов с письменной культурой
Византии» [Ibid.: 267]. Это указание важно, поскольку Франклин,
как и Ведер, ставит вопрос, каким в действительности было
«интеллектуальное молчание» Древней Руси.

Франклин называет предложенное Томсоном «объяснение»,
почему на Руси не было «понимания античной философии», не
более чем «тавтологией»: «Не занимались философией потому,
что философией не занимались; молчали потому, что не говорили;
культура была такова потому, что она не была другой» [Ibid.].
Он согласен с Томсоном, что интеллектуальная мысль Древней
Руси была ограничена в силу характера переводных текстов,
в основном богослужебных, но не согласен, что в этом была вина
использования старославянского языка. В конце концов, как отмечает Франклин, нельзя «утверждать, например, что средневековая арабская культура должна была ("неизбежно") развиваться
в изоляции, потому что пользовалась арабским языком» [Ibid.:
268]. Поэтому Франклин отвергает «объяснение» Томсона, что эта
ограниченность была «неизбежной»: «Такая механичность интерпретации причинно-следственных связей в истории культуры
явно неудовлетворительна» [Ibid.]. Вместо этого он указывает на
византийскую систему высшего образования, без которой «обра-
зованные византийцы занимались бы не тем, чем занимались»,
и задается вопросом, «почему у византийцев были именно такие
представления об образованности» [Ibid.].

Завершая свою критику предложенного Томсоном объяснения
«интеллектуального молчания» древнерусской культуры, Франклин отвергает ограничения, установленные этим объяснением:
«...необходимо принимать в расчет более широкие культурные
факторы, чем те, что укладываются в узко-текстовую схему
Томсона» [Ibid.: 269]. Франклин предостерегает: «Мы не можем
предполагать, что более тесный контакт с византийской образо-

ванностью *служил бы* "стимулом к философским разысканиям".
И, напротив, мы не можем утверждать, что даже при отсутствии
непосредственных контактов восточные славяне *не могли бы*
полюбопытствовать" [Ibid.]. Иными словами, «контакты можно
искать, развивать, упрочнять», но даже при наличии контактов
с другой культурой общество может не захотеть следовать за
ними.

Подводя итог, скажем: научное восприятие состоит в том, что
средневековая европейская культура обладала интеллектуальной
выраженностью; древнерусская культура не обладала ею или, по
крайней мере, обладала в значительно меньшей степени. Вопросы Томсона явно подразумевают, что в силу этого древнерусская
культура уступала западноевропейской. Но так ли это? Было ли
в отношениях Византии и Древней Руси что-то еще, заставившее
последнюю пойти другим, параллельным путем? Или все культуры следуют одним и тем же путем развития, только одни захо-
дят по этому пути дальше, а другие отстают? Должны ли мы,
исследователи, живущие в эпоху после Просвещения, идентифи-
цировать понятие «критицизм» с понятием «культура», как это
описывал Флоровский? Должны ли мы считать, что «только
критические течения... могли бы иметь значение культуры как
таковой»?

Общая тенденция, которую задали поставленная Флоровским
проблема древнерусской культуры и предложенная Франклином
возможность разрешить ее с помощью широкого компаративного культурного исследования, лежит в основе настоящей работы.

Глава 1
Эстетические суждения

Более 70 лет назад историк искусства П. А. Михелис (1903–1969), размышляя о подходах к искусству, высказал утверждение, что «все наше эстетическое образование» зиждется на ренессансных представлениях о классических нормах. Более того, согласно Михелису, со времен Возрождения «наши эстетические суждения оказались искажены ограниченным гуманистическим образованием и его односторонней эстетикой» [Michelis 1952: 21]. Он имел в виду прежде всего восприятие (или его отсутствие) средневекового и византийского искусства.

Однако с тех пор восприятие тонкостей и нюансов искусства, не основанного на Возрождении, претерпело существенные изменения. Когда в XVII–XVIII вв. западноевропейские путешественники впервые познакомились с православными иконами, они сочли, что те не имеют ничего общего с искусством. В середине XVII в. английский врач Сэмюэл Коллинз (1619–1670) писал о русских иконах: «Иконописание — самое безобразное и жалкое подражание греческой живописи» [Коллинз 1846: 9][1]. В этом высказывании отразилось суждение Джорджо Вазари (1511–1574), который веком ранее упоминал «неуклюжую греческую манеру» [Вазари 1933: 126] и сетовал, что «эта неуклюжая, плоская и заурядная манера не была плодом изучения, а передавалась многие и многие годы от одного к другому, по обычаю, без какой-либо мысли ни об улучшении рисунка, ни о красоте колорита, ни о каком бы то ни было благом изобретении» [Там же: 107–108].

---

[1] Европейцы до Пикассо и Брака подобным образом высказывались об африканском искусстве.

И все-таки в прошлом веке изучение иконописи заняло место наравне с исследованием других жанров искусства. Историк церкви Диармейд Маккаллох (родился в 1951 г.) отмечает:

> Каждая икона следует огромному множеству правил композиции, заложенных еще в VI в. и призванных выразить определенное теологическое или религиозное отношение к священной истории... Марфа из Вифании, занятая кухонными хлопотами, может выступать в качестве теолога. Это сочетание явилось... одной из сильнейших сторон православия и поддерживало его в испытаниях, которые, по всем расчетам, должны были его уничтожить [MacCulloch 2013: 10][2].

В этой связи можно ли удержаться от вопроса, не аналогично ли обстоит дело с эстетическим восприятием «не молчаливых» интеллектуальных достижений и явлений? То есть если при рассмотрении незападной философии и литературы мы чувствуем побуждение спросить: «Где их Абеляр?» — не все ли это равно, что прийти в музей, посвященный иконописи, и спросить: «Где их Боттичелли?» И не в большей ли степени подобный вопрос характеризует того, кто его задает, нежели экспозицию музея?

Однако было бы слишком простым решением отвергнуть вопрос и пристыдить того, кто его задал. Как историк, я вижу свою цель в том, чтобы дать правдоподобное и последовательное толкование сведениям из доступных первоисточников. Если обратиться к первоисточникам, окажется, что западноевропейским источникам XI–XII вв. присущ критический, аналитический подход к теологии и миру, — «логика стала возвращаться к жизни» [Copleston 1972: 65], как описывает иезуитский священник и историк философии Ф. Ч. Коплстон (1907–1994) это явление, выразившееся, помимо прочего, в сочинениях Пьера Абеляра (1079–1142). Однако в источниках, относящихся к территориям, где совершала служение восточная церковь, мы не находим ничего подобного, а если и находим, далеко не в таком объеме. Ставя и повторяя вопрос «Где был русский Абеляр?», Томсон,

---

в сущности, требует объяснить, почему Абеляр появился (то есть «логика стала возвращаться к жизни») именно в Европе, а не где-либо еще. Или, если поставить этот вопрос иначе, пользуясь выражением Федотова: почему Париж, а не Киев?

Взгляды Томсона на отсутствие интеллектуальной активности в Древней Руси обнаруживают параллели с воззрениями других исследователей на православную культуру как таковую. Например, Фредерик Б. Артц (1894–1983) в своей книге «Душа Средневековья» описывает византийскую ученость и теологию следующим образом:

> Византийского книжника ограничивали подавляющее влияние и авторитет древних, а также авторитарные церковь и государство. Византийский книжник, подобно книжникам латинского Запада до XII–XIII вв., занимался бесконечным комментированием ученого наследия, доставшегося от прошлого, но почти не подвергал сомнению это наследие и не пытался выйти за его пределы. Одной из худших черт византийской учености была ее страсть к компендиумам, сокращенным изложениям и антологиям; сокращению подверглась даже «Илиада». В области богословия величайшими и основополагающими авторами были греки наподобие Оригена или каппадокийских отцов. Последний из великих богословов, Иоанн Дамаскин, живший в VIII в., написал пространное изложение православного вероучения, и после него богословы или перерабатывали старый материал, или, уже в IX в. и позже, обсуждали, подобно Фотию, главным образом отношения с римской церковью и целесообразность воссоединения с Римом. В своих худших образцах эта византийская (как, впрочем, и латинская) богословская литература отличается однообразием, изобилует повторами, выстроена по шаблонам, наполнена бесконечными цитатами из Библии и Отцов Церкви. Византийское богословие так и не создало ни Абеляра, ни Бонавентуру, ни Фому Аквинского [Artz 1980: 112–113].

Артц повторяет все расхожие представления, присущие современной историографии: об ограниченности византийской интеллектуальной мысли, отсутствии сомнений в наследии прошлого и попыток выйти за его пределы. Однако возникает вопрос: почему ей следовало подвергать сомнению или стремиться к выходу за пределы того, что с ее точки зрения представляло собой Истину? Кроме того, если она не пыталась выйти за какие-либо пределы, означает ли это, что она подвергалась ограничениям?

Впрочем, в византийских источниках мы находим свидетельства противодействия нарождавшемуся в XI в. аналитическому движению Иоанна Итала, которое вполне удалось подавить. Подобным образом в XII в. западная церковь пыталась противодействовать аналитическому подходу, одним из сторонников которого был Абеляр, но не достигла в этом полного успеха. Последний явно не олицетворял собой воззрения, общепринятые в западной церкви его времени. Его взгляды дважды подверглись осуждению: на Суассонском соборе в 1121 г. и на Сансском соборе в 1141 г., — и оба раза восторжествовали общепринятые воззрения, представителем которых был Бернард Клервоский (1090–1153)[3]. Тот факт, что Бернард был канонизирован, а Абеляр — нет, свидетельствует о том, чьи взгляды возобладали в то время. Абеляр оказал определенное влияние на современников, имел последователей, но в XIII в. его влияние сошло на нет — как в области диалектики, так и в области теологии [Iwakuma 2004: 306]. Он стал известен главным образом благодаря своей связи с Элоизой (1090–1164). На много веков Абеляр-диалектик оказался совершенно забыт историографией. Интерес к нему возродился только в XIX в. Только тогда он был признан выдающимся логиком и предшественником современной интеллектуальной мысли.

Может показаться парадоксальным, что западный христианский мир на протяжении XI в. обладал гораздо меньшими непосредственными знаниями о Платоне и об Аристотеле, нежели Византия. Из сочинений Платона в западном христианском мире непосредственно был известен только «Тимей» (хотя и в неполном виде). Согласно финско-шведскому историку литературы Э. Н. Тигерстедту (1907–1979) и американскому медиевисту

---

3   О причинах осуждения Абеляра см. [Mews 2001]. О роли, сыгранной Бернардом в «бернардинскую эпоху», см. [White 1960].

Ч. Х. Хаскинсу (1870–1937), «Менон» и «Федон» впервые были переведены на Сицилии Генрихом Аристиппом, который с 1156 г. занимал пост архидиакона Катании, а в 1160–1162 гг. возглавлял сицилийскую курию, но даже тогда они не получили широкого распространения [Tigerstedt 1974: 11; Haskins 1920: 604–605]. Хаскинс и ряд других исследователей также указывают, что, когда Абеляр в 1121 г. писал свои «Диалектики», ему приходилось в значительной мере опираться на принадлежащие Боэцию (480–524) комментарии и переводы «Категорий» и «Об истолковании», поскольку другие значимые труды Аристотеля: «Первая аналитика», «Вторая аналитика», а главное — «Топика» и дополнение к ней, «О софистических опровержениях» (так называемая «Вторая логика»), — по всей видимости, не были ему доступны. По крайней мере, он их не использовал [Haskins 1927a: 226; Bréhier 1963–1969, 3: 60–61][4]. Некоторым исследователям этот факт представляется странным, поскольку переводы, выполненные Боэцием в VI в., использовались и много позже — уже после того, как Иаков Венецианский и Греческий (Iacobus Veneticus Grecus) к 1128 г. осуществил новые переводы сочинений Аристотеля[5]. Согласно английскому историку Средневековья Р. У. Саутерну (1912–2001), лишь немногие из известных сочинений Аристотеля (например, «Категории») подверглись полному игнорированию [Southern 1953: 180].

Сам Артц усматривает сходство между грекоязычными византийскими и латиноязычными книжниками западной церкви периода до XII–XIII вв., равно как между византийской и латинской богословской литературой: та и другая «отличаются однообразием, изобилуют повторами, выстроены по шаблонам». Но если византийская и западноевропейская богословская литература были настолько одинаковы, в чем же состояла особенность

---

[4] См. также [McKeon 1973: xvii; Leff 1968: 130].

[5] Подробное рассмотрение этого вопроса см. в [Haskins 1920: 226–233]. Однако, по утверждению Феликса Райхманна [Reichmann 1989: 170], в XII в. Герхард из Кремоны перевел «Первую аналитику» и «Вторую аналитику» с арабского. См. также [Grabmann 1926–1956, 3: 81; Grabmann 1916: 139–40].

западного христианства, заставившая его дать дорогу аналитическому мышлению, несмотря на интенсивные и согласованные усилия помешать этому?

Прежде чем приступить к дальнейшему рассмотрению этого вопроса, я хотел бы выдвинуть два тезиса и сформулировать рабочую гипотезу, чтобы дать некоторое представление, в каком направлении я намерен двигаться. Первый тезис хорошо известен и общепринят: богословие было вершиной интеллектуальной мысли как в восточной, так и в западной церкви. Оно оказало огромное влияние и в известной мере определило границы, в которых должна была осуществляться вся интеллектуальная деятельность. Русский православный богослов и историк Иоанн Мейендорф (1926–1992) писал:

> В византийском обществе — как и в западном мире раннего Средневековья — богословские концепции, убеждения и представления присутствовали практически во всех аспектах общественной и частной жизни. Они не только использовались на епископских соборах и в полемике между представителями разделенных церквей или были закреплены в договорах, проповедях, антологиях и святоотеческих сборниках. Даже неграмотные ежедневно слышали или пели их во время церковных служб. Их было невозможно избежать в политических делах, основанных на религиозных представлениях о монаршей власти... Богословские постулаты также распространялись на экономическую и социальную сферу, о чем свидетельствуют, например, отношение церкви к ростовщичеству, или условия, связанные с бракосочетанием, или религиозная основа регулирования церковной собственности, или теологические принципы, определявшие формы искусства и иконографии [Meyendorff 1986: 669–670].

Не все исследователи согласны с этим утверждением. Например, по мнению Гэри А. Абрахама, историки не поняли взглядов американского социолога Роберта К. Мертона (1910–2003) на научную революцию в Англии, поскольку определяли религию как совокупность доктрин, а Мертон видел в религии набор «господствующих культурных ценностей и настроений», действующих как «общественная сила», отделенная от всякой теологической основы [Abraham 1983: 373]. Таким образом, по утверждению Абрахама, понимание разницы между официальным богословием и народными религиозными представлениями имеет ключевое значение — по крайней мере, в случае с Мертоном, для правильного понимания его взглядов. Но такое представление может отражать другую эпоху, когда уже началась секуляризация общества, а богословие стало утрачивать свою гегемонию, поэтому, чтобы исследовать вопрос, почему аналитическое мышление заняло столь значительное место в западном христианстве, мы должны уяснить разницу между богословием восточной и западной церкви.

Мой второй тезис вызывает у исследователей меньше единодушия: концептуальная модель христианской теологии в значительной мере заимствована из языческой философии неоплатонизма. Как утверждает американский историк неоплатонизма Ричард Т. Уоллис, «доминирующая тенденция христианской теологии (как в платоновской, так и в аристотелевской форме) всегда была неоплатонической» [Wallis 1972: 160]. Возможно, слово «всегда» звучит слишком категорично, поскольку лишь в результате деятельности Августина (354–430)[6] в западном христианстве, Ямвлиха (около 245 — около 325 г.) и Прокла (412–485) — в греческом неоплатонизм соединился с христианским богословием[7].

Моя рабочая гипотеза, вытекающая из этих двух тезисов, состоит в том, что различие в характерных для теологов восточной и западной церкви способах интерпретации неоплатонической парадигмы (в частности, в применении к ней аристотелевской логики) привело к фундаментальной разнице в менталитете, которая, в свою очередь, создала возможность для развития аналитического мышления в богословии западной церкви, тогда как в богословии восточной церкви такой возможности не существовало. В эпоху, когда Римская империя начала разделяться на

---

[6] См., например, [O'Daly 2001].

[7] Я имею в виду «Первоосновы теологии» Прокла и «О египетских мистериях» Ямвлиха. См. [Прокл 1972; Ямвлих 2004].

две части, а христианство добилось сначала легитимности, а затем — господства, был достигнут ряд компромиссов между противоположными философскими и теологическими взглядами, и каждый закладывал основу для следующего в постоянно развивавшемся синтезе. Отцы Церкви, стремясь добиться легитимности в глазах языческой элиты, усвоили и синтезировали с ранним христианством значительную часть языческой философии — неоплатонизм. Его вариант, постигнутый западными Отцами Церкви, представлял собой синтез элементов мистицизма с аристотелевской логикой римских стоиков. В итоге западная церковь разрешила преподавать диалектику в рамках университетского курса как одно из семи свободных искусств. Впрочем, первоначальная функция диалектики, состоящая в определении, что такое знание, оказалась ограниченной. Понадобились столетия, чтобы роль диалектики расширилась, причем этот процесс наталкивался на серьезное противодействие.

К XI в. синтез мышления и веры развивался таким образом, что диалектика могла использоваться для описания партикулярий, если они *совпадали* с теми, которые уже были установлены верой. В XIII в. произошел новый синтез, в котором вследствие принятия диалектики в качестве описательного инструмента и притока аристотелевских текстов (особенно «Топики» и «О софистических опровержениях») диалектике была предоставлена диагностическая роль в определении партикулярий, если они *не противоречили* тем, которые уже были установлены верой. Разница между «*совпадали*» и «*не противоречили*» была важной, поскольку она ознаменовала очередной шаг вперед для диалектики. Это означало, что диалектика получала в свое распоряжение всю область вещественного мира, которую неоплатонизм отвергал как не имеющую важности. Новый синтез, в свою очередь, заложил основу для дальнейшего расширения роли мышления в ренессансном гуманизме, научной революции и Просвещении. Важным аспектом этого стало повторное введение в западный христианский мир римского права. Около 1076 г. был обнаружен список «Свода Юстиниана» (Corpus Juris Civilis), неизвестного в западном христианском мире с 603 г. Вскоре после этого открытия Ирнерий (Гварнерий; около 1050–

1125 гг.), преподававший свободные искусства в Болонском университете, начал глоссировать и преподавать студентам «Дигесту» — сборник ключевых положений в составе этого свода законов. Деятельность Ирнерия стала кульминацией процесса переклассификации, начавшегося более чем веком ранее с введения диалектики в юриспруденцию, которая до этого была преимущественно сферой риторики. Мы видим, что этот процесс уже происходил в «Реторимахии» (около 1050 г.) Ансельма Бесатского [Anselm der Peripatetiker 1872: 17–56]. Ричард Уильям Саутерн не принимает «Реторимахии» в расчет как незначительное в риторическом плане сочинение [Southern 1953: 180]. Но если признать, что Ансельм уже осуществил соединение диалектики и права, это сочинение предстанет в ином свете. Показательно, что в «Реторимахии» Ансельм строит воображаемое судебное дело по цицероновским образцам ораторского искусства, попеременно выступая обвинителем со стороны своего кузена Ротиланда и собственным адвокатом [Bennett 1987: 247–248]. Результатом этого соединения стало появление знаменитой Болонской школы права, а также то, что можно рассматривать как основание западной системы адвокатской юриспруденции [Haskins 1927b: 199–200; Knowles 1962: 153–184; Berman 1983: 123–127]. По мере того как светская мысль все сильнее отдалялась от теологии, диалектика в качестве инструмента диагностики получала большее применение сама по себе — не только в юриспруденции, но и в астрономии, истории, математике, философии и физике.

После первоначального синтеза раннего христианства с языческим неоплатонизмом восточная церковь избегала дальнейших компромиссов, заботясь о чистоте веры. Отчасти это можно объяснить принятой в ней разновидностью неоплатонизма, которая отвергала диалектику даже как инструмент описания. Любые попытки использовать последнюю в качестве инструмента диагностики немедленно подавлялись[8]. Свидетельством этого выступает отсутствие прямых подтверждений о включении

---

8   О различии между диалектикой как инструментом описания и диагностики см. ниже.

диалектики в образовательный курс в Византии (см. ниже). В этом смысле централизованная власть Восточной Римской империи способствовала поддержанию теологической чистоты. Я полагаю, что западная церковь предоставила диалектике возможность развиваться в качестве отдельной дисциплины, в итоге усилиться и занять господствующее положение в интеллектуальной деятельности в рамках светской культуры, тогда как восточная церковь пресекла эту возможность, тем самым предотвратив подобное явление. Британский исследователь Иэн Ричард Неттон указывает: «Примирение языческой философии с догматической теологией любой религии откровения ставит огромные проблемы и на протяжении веков приводило к выработке различных подходов со стороны... схоластов, пытавшихся осуществить этот синтез. Языческая философия наподобие неоплатонизма воспринималась по-разному в зависимости от особенностей той религии, с которой она сталкивалась» [Netton 1982: 33]. Если неоплатонизм неодинаково взаимодействовал с западным и восточным христианством, чем в известной мере объясняются различия между этими церквями, мы могли бы ожидать, что результаты этих отличий проявятся не только в богословии, но и в повседневной жизни.

К XI в. подспудное развитие аналитического мышления уже изначально было сильнее в западной церкви, чем в восточной. Отчасти на такое соотношение сил повлияло сочинение Марциана Капеллы «Бракосочетание Филологии и Меркурия» (около 410–420 гг.). Это было одно из тех сочинений V в., хорошо известных в западной церкви и менее известных в восточной, на которых основывался курс семи свободных искусств — тривиум и квадривиум. Одним из этих искусств была диалектика, которую в наше время часто соотносят с логикой, но в Высоком Средневековье ее именовали «новой логикой», чтобы отграничить от «старой логики» недиалектического типа. У этого разделения любопытная история.

В поздней Античности логика и диалектика иногда рассматривались как две различные (хотя и связанные) предметные области. Альбин (середина II в.), как впоследствии и Плотин (204–270),

ЧЕЛОВЕК

СОВЕРШЕНСТВА   ЗЛОДЕЯНИЯ

утверждение причина красноречие   неведение   похоть   неуверенность

КРАСНОРЕЧИЕ   ФИЛОСОФИЯ   ДОСТОИНСТВО   ПРАКТИЧЕСКИЕ НАУКИ

грамматика логика риторика   благоразумие справедливость стойкость   умеренность

теоретическое   практическое   механическое магическое

математика теология физика   этика экономика политика

арифметика музыка астрономия геометрия

инструментальное   человеческое   космическое

1. метр	1. юмор	1. планеты
2. ритм	2. добродетель	2. элементы
3. мелодия	3. душа и тело	3. время

1. ткачество	1. астрология
2. оборона	2. колдовство
3. навигация	3. гадание
4. сельское хозяйство	4. предсказание
5. охота	5. иллюзия
6. медицина	
7. театр	

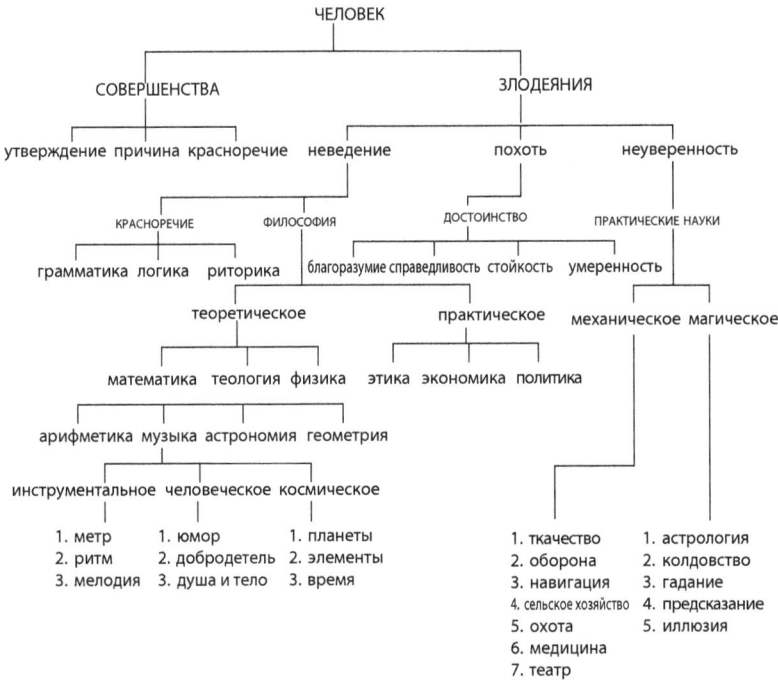

Рис. 1.1. Древо познания (школа Гуго Сен-Викторского). Источник: R. W. Southern, Medieval Humanism and Other Studies (Оксфорд: Basil Blackwell, 1970)

считал диалектику предметом, который касается вечного и божественного, поэтому стоит выше формальной логики [Merlan 1967: 68][9]. Стоики определяли грамматику, риторику и диалектику как разновидности логики; возможно, они были первыми, кто, по утверждению филолога-классика Дэвида Л. Вагнера, воспринимал эти три области знания как единое целое [Wagner 1983: 11]. В свою очередь, логику (и остальную часть тривиума) они рассматривали как ответвление философии. В Средние века логика включала

---

[9]   См. [Плотин 2004: 139–147].

в себя диалектику и риторику в качестве составных частей — «сжатый и разжатый кулак» [Taylor 1927, 1: 220], но не считалась философской дисциплиной. Только при схоластах диалектика вновь неразрывно соединилась с философией. В дальнейшем же основу для этого соединения заложили сочинения таких авторов, как Абеляр и философ XII в. Гуго Сен-Викторский (1078–1141). Согласно британскому медиевисту А. Виктору Мюррею (1890–1967), лишь в XII в. «диалектический метод укрепился благодаря переводу "Новой логики" Аристотеля, то есть "Первой аналитики" и "Второй аналитики", "Топики" и "О софистических опровержениях"», а диалектика «стала отождествляться непосредственно с философией» [Murray 1967: 9].

Для нашего исследования может оказаться полезным рассмотрение так называемых древ знания того времени. Древа знания (рис. 1.1 и 1.2), реконструированные Р. У. Саутерном для школ Гуго Сен-Викторского и Абеляра, включают в себя предметы тривиума как разновидности красноречия. Предметы квадривиума выступают как разновидности математики, которая, в свою очередь, представляет собой разновидность теоретической философии. Иными словами, эти школы располагали квадривиум ниже философии, а диалектику отделяли от философии. Для сравнения: древо знания, предложенное воспитанником иезуитов Юрием Крижаничем (около 1618–1683 гг.) (рис. 1.3), описывает предметы тривиума и квадривиума как «семь благородных наук» в рамках «мудрости мирской», противопоставляемой «мудрости духовной», поэтому он располагает предметы квадривиума под математикой, а предметы тривиума — под «логикой», которую, в свою очередь (наряду с этикой и физикой), рассматривает как разновидность философии [Крижанич 1965: 459–460]. Это вынуждает нас соблюдать осторожность при определении, что́ именно каждый из авторов имел в виду под логикой, диалектикой и философией. Мы не можем исходить из допущения, что эти термины взаимозаменяемы или даже пересекаются. Кроме того, мы не можем, основываясь на доказательствах применения диалектики в качестве светского понятия, предполагать, что она применялась и в качестве религиозного понятия.

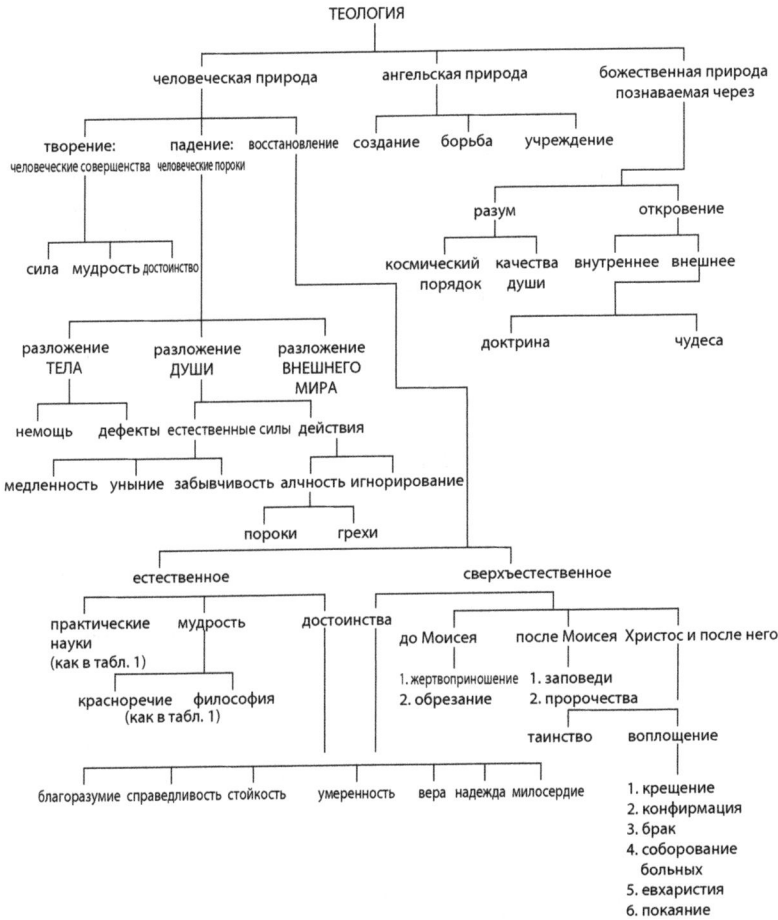

Рис. 1.2. Древо познания (школа Абеляра). Источник: R. W. Southern, Medieval Humanis

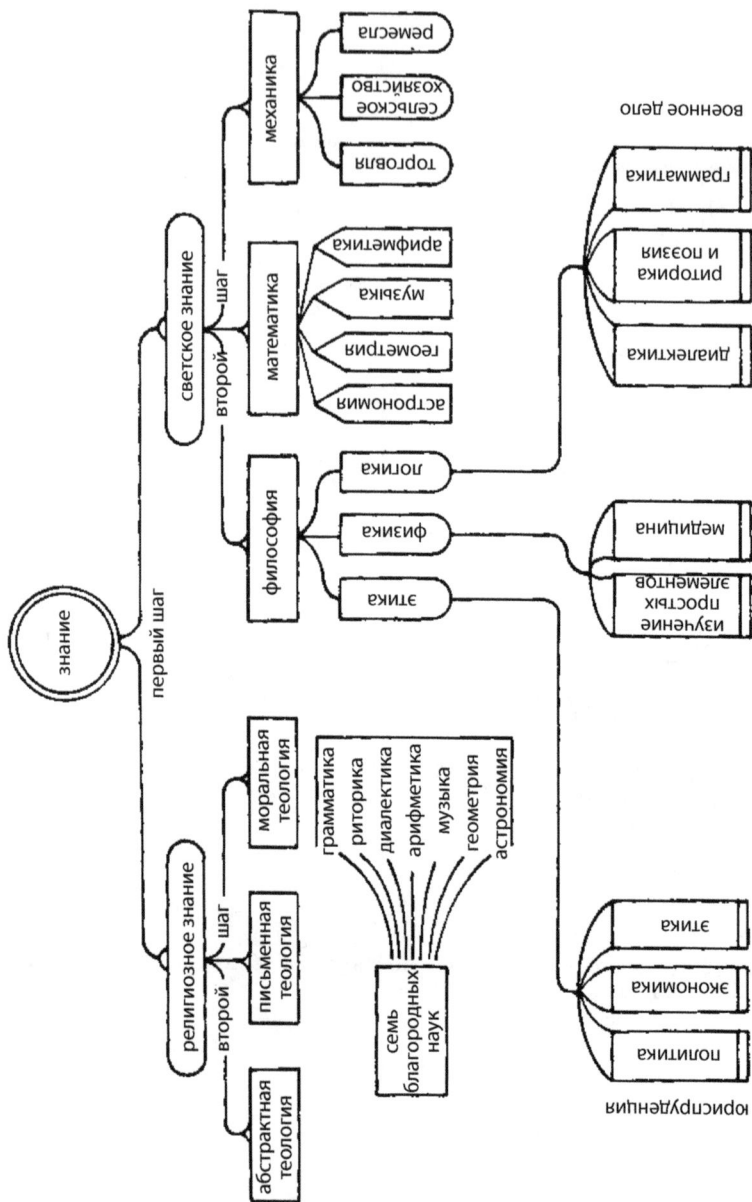

Рис. 1.3. Древо знания Юрия Крижанича. *Источник*: Iurii Krizhanich, «Discourses on Government», Russian Statecraft: The Politics of Iurii Krizhanich, trans. John M. Little and Basil Dmytryshyn (Oxford: Basil Blackwell, 1985)

Для моего исследования будет полезно дать точное определение, что я имею в виду под диалектикой. Как и в случае с другими философскими дефинициями, мы начинаем с Аристотеля, который проводил различие между двумя типами правильного формального рассуждения, с одной стороны, и неправильным рассуждением, с другой, основываясь на природе их первоначал (ἀρχέι).

Первый тип правильного формального рассуждения, который он называет аподиксисом (ἀποδέιξις), или демонстративный силлогизм, основан на общепризнанных первоначалах. Вопреки распространенному мнению, силлогизм не движется от известных вещей к неизвестным. Как описывает Аристотель во «Второй аналитике», применение аподиксиса не привлекает новых фактов — оно просто демонстрирует связь между уже известными. Таким образом, когда дисциплина полностью демонстрирует свое научное знание (ἐπιστήμη), мы можем назвать ее научной дисциплиной.

Вторым типом правильного формального рассуждения, согласно Аристотелю, описывающему его в «Топике», является диалектика (διαλεκτική), которую он определяет как тип индуктивного рассуждения, где первоначала (ἔνδοξα) в целом, но необязательно полностью являются общепризнанными. В диалектике можно отталкиваться от вещей, неизвестных или не принятых ранее. Впрочем, результатом становится не научное, а вероятное знание.

Два типа правильного формального рассуждения, силлогизм и диалектика, в сочетании представляют собой то, что принято именовать аристотелевской логикой.

Третий тип рассуждения — софистика (σοφιστικός), или эристика. Это неправильное рассуждение, в котором первоначала кажутся общепринятыми, но не являются таковыми, а софист будто строит рассуждения, отталкиваясь от общепринятых мнений, но в действительности это не так [Randall 1960: 38–40; Berman 1983: 132–134: Bloch 2014: 291–292].

Но это формальное описание ничего не дает нам для понимания практической силы диалектики. Для этого мы должны обратиться к американскому исследователю философии Робину Смиту и его «нетрадиционному» взгляду на «гимнастическую» диалектику и «аргументативный спорт» в Древних Афинах. Смит начинает с указания, что, как ранее говорилось другими, «диалектический спор отличается от демонстративных рассуждений тем, что, по сути, он представляет собой своеобразный обмен мнениями между участниками, выступающими в некотором смысле как оппоненты» [Smith 1995: 58]. Помимо прочего, мы наблюдаем эту практику в диалогах Платона. Однако далее Смит описывает «структурированные состязания, со своими правилами и судьями», в которых «один участник берет на себя "сократическую" роль и задает вопросы, а другой на них отвечает. Отвечающий выбирает сам, или ему назначают, положение для защиты; цель задающего вопросы состоит в том, чтобы опровергнуть это положение. Для этого он пытается заставить отвечающего принять тезисы, из которых следовало бы опровержение. Однако задавать можно только такие вопросы, на которые можно ответить лишь "да" или "нет"; вопросы наподобие "какой самый крупный город в Лакедемоне?" не допускаются» [Ibid.: 59].

Основываясь на примере подобных состязаний, Смит определяет диалектику как *спор, обращенный к другому человеку и протекающий в виде задавания вопросов* [Ibid.: 60; курсив в оригинале]. Мы можем пойти дальше и предположить, что намерение диалектики в рамках структурированного мыслительного процесса состоит в том, чтобы вынудить оппонента отступиться от тезиса, которого он придерживается, или заставить его принять тезис, не принимаемый им изначально. Таким образом, если риторика стремится убедить слушателя красотой формулировок, диалектика призвана одержать победу над оппонентом благодаря своей жесткой структуре[10].

Концепция оспаривания тезисов и организации интеллектуальных состязаний между оппонентами получила распространение в западной церкви и образовавшихся из нее конфессиях.

---

[10] Возможно, этот принудительный характер диалектики имел в виду Чеслав Милош, когда писал, что «давление организованной государственной машины — ничто по сравнению с давлением убедительной аргументации».

Об этом свидетельствует участие «адвоката дьявола» в процедуре определения святости потенциального кандидата на канонизацию. Кроме того, мы наблюдаем это в диспутах, получивших распространение в парижских школах XII–XIII вв., где Абеляр выступал против Гильома из Шампо (1070–1121) и Ансельма Ланского (около 1050–1177 гг.). Наконец, мы видим это во внутрицерковных прениях, наподобие тех, которые вел Мартин Лютер (1483–1546) с Иоганном Экком (1486–1543) в Лейпциге в 1519 г.[11]

В Византийской империи также произошло разделение между логикой и философией, подобное тому, которое имело место в Западной Европе в раннем Средневековье. Формальная аристотелевская логика не могла преподаваться как часть философии после закрытия Афинской академии императором Юстинианом в 529 г. и изгнания нехристиан из Александрийской академии в VI в. Впрочем, в Александрийской академии аристотелевская логика продолжала изучаться в достаточной мере, чтобы после завоевания Александрии мусульманами в 646 г. войти в состав исламской философии [Wallis 1972: 1; Walzer 1966: 276]. Изгнанники из Афинской академии бежали в Сасанидскую Персию, где их учение также постепенно переняли мусульмане. Помимо этого, не существует достоверных свидетельств, что тривиум и квадривиум служили основой образовательного курса в Византии до XIII в. В XII в. византийский поэт Иоанн Цец (около 1110–1180 гг.), сам будучи грамматиком, сетовал, что свободное образование (ἐγκύκλιος παιδεία) свелось к одной грамматике [Tzetzes 1968: 448–49]. Впрочем, у нас мало свидетельств, касающихся образовательных стандартов в Византии до XIII в.

Это отсутствие свидетельств натолкнуло бельгийско-американского химика и историка науки Джорджа Сартона (1884–1956) на предположение, что тривиум и квадривиум в Византию принесли крестоносцы в 1204 г. [Sarton 1943: 218]. Отвечая ему, американский филолог-классик Обри Диллер (1903–1985) указал, что по крайней мере квадривиум был известен в Византии на

---

[11] Краткую историю прений см. в [Ostrowski 2017a: особенно 184–199].

200 лет раньше [Diller 1945: 132][12]. То, что Диллер упомянул, а Сартон ранее охарактеризовал как «трактат о квадривиуме» [Sarton 1927: 750], опубликованный в 1556 г. немецким гуманистом Вильгельмом Ксиландром (1532–1576) и ранее атрибутировавшийся Михаилу Пселлу (около 1017–1078 гг.), представляет собой сочинение в пяти частях, посвященных философии, арифметике, музыке, геометрии и астрономии соответственно. Диллер приравнивает философию, о которой идет речь в этом тексте, к логике, поскольку она включает в себя исследование аристотелевских «Категорий», «Об истолковании» и обеих «Аналитик» [Diller 1945: 132][13]. Однако этот комментарий, датируемый 1008 г. [Rose 1867: 467], не говорит нам, какие предметы преподавались в школьном курсе. И несмотря на вывод, который Сартон и Диллер делают на том основании, что в нем содержатся четыре части квадривиума, это пятичастное сочинение не представляет собой квадривиум.

Британский филолог Найджел Гай Уилсон (родился в 1935 г.) утверждает, что «существование комментариев [подобных этому. — Д. О.], особенно если они имеют элементарный характер и включают в себя многочисленные объяснения отдельных слов, лишний раз свидетельствует о том, что текст представлял собой часть школьного курса» [Wilson 1983: 22]. Хотя этот вывод вполне разумен, далее Уилсон высказывает предположение, что западные комментарии были доступны и широко использовались в Византии [Ibid.: 13, 25]. У нас нет доказательств, что школьное

---

[12] Чтобы опровергнуть предположение Сартона, Диллер ссылается на его же историю.

[13] Советско-американский византинист А. П. Каждан (1922–1997) и Энн Уортон Эпштейн приравнивают философию из этого сочинения к логике, но не упоминают, что оно также содержит раздел об астрономии [Kazhdan, Epstein 1985: 149]. Другой комментарий, ранее приписывавшийся Пселлу, «Synopsis Organi», не был оригинальным византийским сочинением. В XIX в. шотландский философ «здравого смысла» Уильям Гамильтон (1788–1856) предположил, что «Synopsis Organi» «представляет собой лишь искаженный вариант большого западного собрания текстов по логике», то есть «Summulae logicales» Петра Испанского [Hamilton 1853: 129n].

образование в Византии включало в себя трактаты Порфирия (около 232 — около 305 г.) или Боэция по диалектике, сочинения Капеллы, римского государственного деятеля Кассиодора (около 490–575 гг.) или энциклопедиста Исидора Севильского (около 560–636 гг.) о предметах из числа свободных искусств. И, как была вынуждена признать византинистка Энн Моффат, византийцы не имели ничего равноценного сочинениям этих авторов [Moffat 1979: 276]. Мы находим ссылки на грамматику, риторику и философию, но философия в ранней Византийской империи, как указывает британская византинистка Джорджина Баклер (1868–1953), не может пониматься таким же образом, как в Западной Европе: «Письма Синезия показывают, что в Александрии времен Гипатии "тайны философии" включали в себя математику и физику... Поэтому мы должны признать, что и названия, и последовательность различных отраслей византийского образования не очень ясны для нас» [Buckler 1943: 206]. Но в средневековой Западной Европе до схоластики под философией понималось именно изучение математики и физики.

В научной литературе существует предположение, что предмет «философия» в Византии был «диалектическим», как учила западная церковь. Плотин в первой «Эннеаде» вопрошает, хотя и в иной связи: «А философия и диалектика — это одно и то же?» [Плотин 2004: 145][14]. Хотя даже Прокл говорит нам, что диалектика «есть чистейшая часть философии» [Proclus 1873], мы должны проводить различие между ними. По утверждению Коплстона, на Западе в «Темные века», когда о спекулятивной философии не было и речи, диалектика составляла всю имевшуюся в то время философию [Copleston 1972: 59, 65][15]. Впрочем, диалектику вернул в учебный курс Алкуин Йоркский (735–804). После Исидора Севильского до нас не дошло никаких свидетельств интереса к диалектике или даже тривиуму как таковому в течение

---

[14] Боэций обсуждает этот вопрос в своем «Комментарии к Порфирию» [Boethius 1847a: cols. 73–75]. Русский перевод см. в [Боэций 1990: 8–14].

[15] Коплстон понимает философию в современном смысле и включает в нее диалектику.

более 150 лет, пока Алкуин не написал своих педагогических трактатов по грамматике, риторике и диалектике [Alcuinus 1863a; Alcuinus 1863b; Alcuinus 1863c].

Есть прямые доказательства, что в Средней Византии[16] преподавались только два предмета из тривиума (грамматика и риторика), после чего студенты переходили к одному или нескольким предметам из квадривиума: арифметике, геометрии, астрономии и музыке. Позже краеугольным камнем образования стала философия (то есть математика и физика). В источниках того времени мы постоянно встречаем фразу «грамматика, риторика и философия»[17]. Однако французский историк Луи Брейе (1868–1951) в своей работе о высшем образовании в Константинополе указывает, что философия «включала в себя не только метафизику и мораль, но и науки в строгом смысле: физику, естественную историю и астрономию» [Bréhier 1926: 83]. Философия, понимаемая в этом смысле, очевидно, не включала в себя диалектику ни в Западной Европе, ни в Византии. Общепринятое в научной литературе мнение, что диалектика стала частью учебного курса в Византии до конца XII в., основано, по всей вероятности, на предположении, что, если преподавались грамматика и риторика, должна была преподаваться и третья часть тривиума, диалектика. Так, британская византинистка Джоан Мервин Хасси (1907–2006) пишет: «Первая ступень [образования. — Д. О.], известная на Западе как тривиум, включала в себя грамматику, риторику и диалектику» [Hussey 1963: 61].

---

[16] По определению Сирила Манго, Средняя Византия начинается «примерно в середине VII в.» и длится «до 1070-х гг. или, с меньшим основанием, до 1204 г.» [Mango 1980]. Ханс Георг Бек датирует ее с «примерно 630 г.» по 1025 г. или, с меньшей вероятностью, по 120 г. [Beck 1978: 31–32].

[17] Из Жития Михаила Синкелла мы узнаем, что он изучал «грамматику, риторику и философию» (τῆς γραμματικῆς καὶ ῥητορικῆς᾽ καὶ φιλοσοφίας) [Византийские легенды 1972: 115]. В Житии Феодора, епископа Эдесского, мы находим указание, что он изучал «грамматику, риторику и философию» (γραμματικὴν τε καὶ ῥτορικὴν καὶ φιλοσοφίαν). [Помяловский 1892: 6]. Иоанн Цец в своем упомянутом выше сочинении делает отсылку к «грамматике, риторике и философии» (γραμματικῆς, ῥητορικῆς αὐ τῆς φιλοσοφίας) [Tzetzes 1968: 449].

Но в дальнейшем, «окончив изучение грамматики и риторики, ученики переходили к высшему курсу наук» [Ibid.]. Диалектики как части этого изучения она не упоминает. Немецкий историк математики Курт Фогель (1888–1985) заявляет, что «Михаил Италик [вторая четверть XII в. — Д. О.] преподавал не только грамматику и риторику, но и "математику" [в квадривиум входили механика, оптика, катоптрика, метрика, теория центра тяжести. — Д. О.] и теологию» [Vogel 1967: 273]. Фогель не только не упоминает логику, но и использует термин «квадривиум» в необычном значении. Мейендорф утверждает: «В университетах аристотелевская логика преподавалась как часть "общего учебного курса", обязательного для студентов в возрасте до 18 лет» [Meyendorff 1983: 73]. Однако он не подкрепляет свое заявление ссылками на источники. Американский византинист Димитр Г. Ангелов пишет: «Изучались некоторые или все из этих предметов, иногда сгруппированные под рубрикой enkyklios padeia, грамматика, риторика, философия (или, по крайней мере, диалектика), а также квадривиум» [Angelov 2009]. Фогель утверждает: «После Апулея [середина II в. — Д. О.] и Марциана Капеллы [первая половина V в. — Д. О.] римские школы обычно следовали плану обучения, основанному на семи свободных искусствах, и это разделение, очевидно, также легло в основу плана, которым руководствовались в ранних византийских школах» [Vogel 1967: 268]. Но вновь не приводится никаких ссылок на источники, а также свидетельств.

Исследовательница античной и византийской философии Катерина Иеродиакону заходит несколько дальше и ссылается на определенные источники, хотя опять-таки и не цитирует их. Она утверждает: «Несомненно, античная логика, в особенности аристотелевская силлогистика, широко преподавалась на протяжении всей византийской эры в качестве подготовительного курса перед изучением более теоретических дисциплин». Среди источников, подтверждающих ее слова, она упоминает «не только биографические сведения, касающиеся логического образования, полученного видными византийскими деятелями, но и значительное число сохранившихся византийских списков сочинений Аристотеля по логике... и связанных с ними византийских схолий, парафразов и логических трактатов» [Ierodiakonou 2002: 219]. Что это за «биографические сведения», она не уточняет. Какие бы «схолии, парафразы и логические трактаты», а также списки сочинений Аристотеля по логике ни имели хождение в Византии, это никоим образом не подтверждает, что диалектика была стандартной частью учебного курса.

Напротив, Артц, включая квадривиум в состав византийского учебного курса, не упоминает диалектики напрямую как его части. Помимо аттического греческого и риторики, он перечисляет «арифметику, геометрию, музыку, астрономию и философию» [Artz 1980: 193][18]. Британский филолог-классик Лейтон Дернхам Рейнольдс (1930–1999) и Уилсон пишут: «Разрозненные указания, встречающиеся у различных авторов, создают широкий разброс в датировке квадривиума (τετρακτύς), но нам недоступны сведения, которые позволили бы сказать, были ли формы тривиума и квадривиума столь же авторитетными в Византии, как в образовательной практике Западной Европы» [Reynolds, Wilson 1974: 225]. Дино Джианакоплос (1916–2007), американский исследователь культурной истории Византии и интеллектуальной истории итальянского Возрождения, утверждает, что «и византийские, и западные возрожденческие традиции резко контрастируют с практиками европейского Средневековья, в которых основное значение... придавалось логике и диалектике (схоластике), а не гуманитарным наукам» [Geanakoplos 1984: 401]. Таким образом, применение системы координат, актуальной для одной области, к другой сфере может привести к ошибкам.

Когда в IX в. кесарь Варда (умер в 866 г.) основал школу в Магнаврском дворце, он ввел в ней преподавание всего четырех предметов: философии, геометрии, астрономии и риторики. Такой вывод мы можем сделать из сообщения «Продолжателя Феофана», так как в следующем веке Константин Багрянородный (годы правления — 913–959) назначал преподавателей тех же самых предметов [Продолжатель Феофана 2009: 274; Wilson 1983:

---

[18] См. также [Rice 1967: 193].

141]. Подобное сочетание четырех предметов (с заменой музыки из квадривиума философией) удерживает нас от предположения, что под словом τετρακτύς византийские источники имеют в виду квадривиум. Впрочем, рискованно использовать argumentum ex silentio и на его основе выводить заключение, что тот или иной предмет не преподавался, поскольку многие византийские источники остались неопубликованными и неисследованными [O'Meara 1991: 1245]. Вместо того чтобы пытаться сформировать доказательства, соответствующие гипотезе, что тривиум и квадривиум в том виде, в каком они описаны у Марциана Капеллы, Боэция и Кассиодора, составляли основу учебного курса в Византии, будет лучше (по методу Поппера) проверить эту гипотезу, попробовав ее опровергнуть, и посмотреть, выдержит ли она попытку опровержения.

Согласно житию Константина-Кирилла (826/7–869), просветитель славян изучал все предметы тривиума и квадривиума, а также другие предметы: «И в три месяца выучился грамматике и за другие науки принялся. Обучился же Гомеру и геометрии, и у Льва, и у Фотия диалектике [дїачицѣ. — Д. О.] и всем философским наукам вдобавок: и риторике, и арифметике, и астрономии, и музыке, и всем прочим эллинским искусствам» [Житие Константина-Кирилла 1999: 27]. По предположению Шевченко, житие Константина было написано в Риме или его окрестностях, таким образом, вероятно, отражает круг предметов, которые изучал латинизированный греческий книжник-философ западной церкви.

Конечно, до нас дошли упоминания, что византийцы изучали диалектику в рамках образовательного курса, но что имеется в виду под ней в каждом отдельном случае, не ясно. Например, в одном житии Феодора Студита (759–826) говорится, что он изучал «диалектику и силлогизм» (διαλέξει καὶ ἀποδείξεσω) [Michael the Monk: col. 117, 120]. Но другое житие Феодора (приписываемое Михаилу Монаху) сообщает, что святой изучал диалектику, «которую знатоки называли философией» [Ibid.: col. 237]. Моффат, написавшая исследование о школьном образовании в Византии, утверждает: хотя семь свободных искусств в том

виде, в каком они были известны в Западной Европе, в Византии
не преподавались, «идея о полноценном высшем образовании,
включающем в себя свободные искусства, никогда не исчезала»
[Moffat 1979: 288]. Возможно, это так, но мне известно только
одно отчетливое и недвусмысленное свидетельство, что тривиум
и квадривиум преподавались в Византии, и оно довольно позднее.
Около 1200 г. Николай Месарит (1163/4 — после 1216 г.) описал
учебный курс школы при храме Святых Апостолов в Константинополе, включавший в себя дискуссии по диалектике [Nikolaos
Mesarites 1957: 894][19]. Тем не менее именно в то время тривиум
и квадривиум, как они были известны в Западной Европе, уже
могли оказывать воздействие на византийское образование через
иные каналы [Vogel 1967: 273]. Например, Леонардо Пизанский
(около 1170 — около 1245 г.), написавший в 1202 г. «Книгу абака»
(«Liber abaci»), примерно в то же время посетил Константинополь
и, предположительно, познакомил Византию с арабскими цифра-
ми. Короче говоря, до тех пор, пока у нас нет убедительных доказательств, таких как конкретное описание предмета, мы не
можем с полным правом утверждать, что диалектика составляла
часть школьного учебного курса в Византии до XIII в.

Я вижу в этом отсутствии скорее признак глубокого структур-
ного различия, чем причину «интеллектуального молчания»

---

[19] По утверждению Дауни, Месарит рассматривает тривиум в разделе VII,
а квадривиум — в разделе XLII, но в действительности все обстоит с точностью до наоборот. Раздел VII описывает квадривиум («все, что связано
с духовной музыкой, построением чисел, их распространением до бесконеч-
ности (геометрия), их сокращением и разделением (арифметика), и все, что
относится к нашей профессии (астрономия)» [Nikolaos Mesarites 1957: 865].
А раздел XLII описывает тривиум («Некоторые задают друг другу вопросы,
касающиеся букв, слов, правил коротких и долгих слогов, существительных
и глаголов (грамматика). Другие занимаются фигурами речи, всеми видами
полных и неполных риторических фигур и вопросами ясности и силы
(грамматика). Третьи же имеют дело с проблемами и вопросами диалектики...» [Downey 1957: 894]. Путаница, допущенная Дауни, приводит его к тому,
что выражение Месарита «наша профессия» он относит к риторике, а не
к астрономии, но не он один истолковывает это выражение ошибочно.
Хайзенберг полагает, что оно относится к медицине [Heisenberg
1908 2: 17 и далее, 90 и далее].

в Древней Руси. Иными словами, даже если точно выяснится, что диалектика была частью учебного курса в Византии, это, вероятно, не изменит положения дел на Руси. Конечно, на протяжении V–VII вв. мы находим у византийских писателей частые отсылки к «Исагоге» («Введению») Порфирия, которая в западном христианстве использовалась как введение к изучению диалектики[20]. Нам трудно найти доказательства, что диалектика преподавалась в Византии как стандартная часть учебного курса, но, кроме того, диалектика явно не была частью мышления тех, кто занимался интеллектуальной деятельностью в восточной церкви. После Иоанна Дамаскина (676–749), не считая отдельных конспективных выписок[21], следующими византийцами, предпринявшими серьезное изучение диалектики в VIII в., стали светский мыслитель Михаил Пселл и его ученик Иоанн Итал (около 1025–1085 гг.).

Принцесса и историк Анна Комнина (1083–1153) оставила выразительное описание Иоанна Итала (с точки зрения его недоброжелателя): «...из-за своей варварской неотесанности он не смог проникнуть в глубины философии, ибо, исполненный дерзости и варварского безрассудства, не выносил учителей, у которых учился, считал, что превзошел всех еще до начала обучения» [Анна Комнина 1965: 172]. Она сообщает, что учение Итала «получило большое распространение» и «приводило церковь в сильное замешательство» [Там же: 171]. Несколько раз она упоминает, что он прибегал к диалектике: «Проникнув в глубины диалектики, он ежедневно вызывал волнение в местах большого стечения народа, перед которым разводил свои словеса и, изложив какую-нибудь софистическую выдумку, доказывал ее такого же рода аргументами» [Там же: 172]. Она указывает, что после того, как Пселл покинул Константинополь, Итал был на-

---

[20] Аммоний, сын Гермия (конец V в.) назвал ее «введением во всю философию» [Ammonius 1895: 34]. См. также [Elias 1900] (VI в.) и [David 1904] (VI или VII в.).

[21] Уилсон сообщает, что в IX в. Лев Философ знал «Исагогу» Порфирия [Wilson 1983: 84], а Арефа (около 850 — после 932 г.) оставил большое количество заметок в т. 2–29 в MS Vaticanus Urbinus Graecus 35 на страницах «Исагоги» Порфирия и части «Категорий» Аристотеля [Ibid.: 124]. См. также заметки Иоанна Цеца к «Исагоге» Порфирия [Ibid.: 191].

значен ипатом философов (hypatos ton philosophon) и занялся «толкованием книг Аристотеля и Платона». Она признает, что он «более, чем кто-либо другой, был искушен в сложнейшей перипатетической философии, особенно диалектике», но уличает его в нехватке знаний «в других областях словесности»: он «хромал в грамматике и не вкусил сладости риторики» [Там же: 173]. Она воздает ему должное за мастерство в диалектических спорах:

> Его писания были исполнены диалектических доводов, а речь загромождена эпихейремами, впрочем, больше в устных выступлениях, чем в письменных сочинениях. Он был настолько силен и непобедим в диспутах, что его противники оказывались беспомощными и сами собой замолкали. Своими вопросами он рыл для собеседника яму и бросал его в колодец трудностей. Этот муж был настолько опытен в диалектике, что непрерывным градом вопросов буквально душил спорящих с ним, а их ум приводил в замешательство и смущение. Никто не мог, раз встретившись с ним, пройти сквозь его лабиринты [Там же].

Однако осуждает его поведение на этих диалектических состязаниях, поскольку «он не удовлетворялся тем, что зажимал рот противнику и осуждал его на молчание», а пускал в ход кулаки и таскал оппонента за бороду и волосы. В итоге, по мнению Анны, «если он и приобрел благодаря науке какую-нибудь добродетель, его злой характер уничтожил ее и свел на нет» [Там же]. Она указывает: «Итал стал главным философом, и юношество стекалось к нему», поскольку «он раскрывал молодым людям учения Прокла, Платона и двух философов: Порфирия и Ямвлиха, — а главным образом истолковывал желающим труды Аристотеля» [Там же: 174]. Стоит отметить, что блеск диалектических рассуждений Итала, а также влияние на столичное юношество придают ему сходство с его близким современником — Абеляром.

Британский византинист Сирил Манго (1928–2021) предполагает, что, если бы направление, которое возглавили Пселл и Итал, получило развитие, «Византия произвела бы своего Абеляра» [Mango 1980: 143]. Но оно не получило развития. Пселл оказался достаточно осторожен, чтобы не применять свое интеллектуальное богатство, почерпнутое у языческих авторов и неоплатоников, к теологическим вопросам, хотя в письме к патриарху Иоанну VIII Ксифилину признавался, что хотел бы это сделать [Пселл 1969: 155]. Иоанн Итал, напротив, был предан анафеме, помимо прочего, за то, что применял диалектику, рассуждая о воплощении Христа [Gouillard 1967: 57–61][22].

Мейендорф предполагает, что церковь осудила Итала, опасаясь его попыток создать новый синтез неоплатонизма и христианства, который стал бы заменой синтеза, выработанного Отцами Церкви. Именно в этом опасении Мейендорф видит причину анафемы, произносимой в первое воскресенье Великого поста против «принимающих платонические идеи как истинные» и «не только проходящих эллинские учения и обучающихся им ради просвещения, но и следующих их суетным мнениям» [Мейендорф 2000: 306]. Однако, возможно, Итал пытался не столько выработать новый синтез, сколько осуществить применение диалектики к теологическим вопросам, что позволило бы ему снискать достаточное одобрение.

Процесс над Италом создал прецедент для ряда подобных процессов над другими предполагаемыми приверженцами диалектики, проходивших на протяжении всего XII в. Историк Роберт Браунинг (1914–1997) насчитал 25 таких процессов против «интеллектуальной» ереси [Browning 1975: 17–19]. В их число входят процессы над учениками Итала: монахом Нилосом, Евстратием Никейским, Михаилом Фессалоникийским, Никифором Василиаки, Сотирихом Пантевгеном — и другими интеллектуальными лидерами. Признаком этой тенденции явилось то, что преемником Пселла и Итала в должности ипата философов стал ничем не выдающийся Феодор Смирнский (около 1050 — после 1112 г.)[23]. Как бы ни смеялись над византийским императором,

---

[22] Рассмотрение процесса над Иоанном Италом и сопутствующих ему обстоятельств см. в [Clucas 1981].

[23] Манго называет его чревоугодником [Mango 1980: 146]. Автор «Тимариона» изображает его в карикатурном виде как знахаря [Kazhdan, Epstein 1985: 156].

чья власть начиная с XI в. неуклонно ослабевала, под его контролем находился государственный аппарат, достаточно сильный для того, чтобы подавить любое диссидентское движение. А церковные и светские власти (по крайней мере, в теории) ко всяким религиозным или политическим отклонениям относились единодушно.

Если диалектика не преподавалась в Средней Византии (или, по крайней мере, не преподавалась в формальной манере, как в западном христианстве), ее отсутствие могло сыграть для Византии ключевую роль. Однако в Византийской империи существовали светские школы (как и в Италии), а вера в образование в Византии была сильной, даже более сильной, чем в Западной Европе того времени. Вопрос, когда диалектика стала формальной частью византийского образовательного курса, отнюдь не праздный, поскольку к XIII в. диалектика, по выражению Капеллы, «невзирая на клеветнические слухи о лицемерной природе своих занятий» [Капелла 2019: 144], утвердилась как уважаемая дисциплина. Доказательства этой победы многочисленны, но я ограничусь одной цитатой из исследовательской литературы. Американские историки Перл Кибре (1900–1985) и Нэнси Дж. Сираиси (родился в 1932 г.) пишут:

> Из всех искусств тривиума, которые в Париже выделились в новый раздел рациональной философии, только логика (диалектика) расширила свой охват и повысила собственный престиж. Она вышла победительницей как из аллегорической, так и из настоящей битвы семи искусств. <...> Гуго Сен-Викторский полагал, что логика (диалектика) должна стать первой среди семи свободных искусств. <...> К этому мнению присоединяются такие авторитетные и известные книжники и ученые XIII в., как Роберт Гроссетест (около 1175–1253 гг.), епископ Линкольнский, известный как в Лондоне, так и в Париже, и два выдающихся ученых-доминиканца, Альберт Великий (около 1200–1280 гг.) и Фома Аквинский. Все трое считали, что, поскольку изучение логики обеспечивает метод для всех наук, ее следует поставить на первое место среди них [Kibre, Siraisi 1978: 127].

Действительно, статут Парижского университета, принятый в 1215 г., дает диалектике главенство над всеми свободными искусствами [Chartularium Universitatis Parisiensis 1889: 78–79]. Но для достижения этой «победы» потребовались века.

Уже в IX в. Рабан (Храбан; около 780–856 гг.), ученик Алкуина, получивший от него прозвище Мавр [Allott 1974: 139], превозносил диалектику:

> ...это наука наук (disciplina disciplinarum); она учит учить, она учит учиться, в ней разум показывает себя, открывая, что он такое, чего хочет, что видит. Она одна владеет ключами к познанию и не только хочет создавать мудрецов, но и может. С ее помощью мы путем умозаключений познаем, что мы такое и откуда мы; благодаря ей мы понимаем, что есть активное и что — пассивное добро; что есть творец и что — творение; через нее мы постигаем истину и отвергаем ложь; при ее посредстве мы рассуждаем и находим, что является следствием, а что — нет и что противоречит природе вещей, что истинно, что похоже на истину, а что в основе своей ложно в рассуждениях. С помощью этой науки мы тщательно исследуем любой вопрос, и верно определяем, и разумно обсуждаем, поэтому клирикам следует знать это известнейшее искусство и усвоить его законы в постоянных упражнениях, чтобы они могли с его помощью безошибочно распознавать хитрости еретиков (ut subtilem haereticorum) и опровергать их слова магическими заключениями силлогизмов [Храбан Мавр 1994: 324].

Преподавание диалектики имело настолько всепроникающее влияние в западной церкви, что воздействовало и на воззрения тех, кто, подобно Ланфранку (1010–1089), основателю школы в Беке и архиепископу Кентерберийскому в 1070–1089 гг., Ансельму (1033–1109), ученику Ланфранка и архиепископу Кентерберийскому в 1093–1109 гг., и Фоме Аквинскому (около 1225–1274 гг.), «ангельскому доктору», защищал господствующие теологические воззрения церкви[24]. Считается, что Герберт Орильякский (945–

---

[24] О Ланфранке как логике см. [Southern 1948: особенно 48]. О том, как Ансельм формулировал роль познания, см. [Scholastic Miscellany 1956: 101–102]. Макдональд называет тех, кто, подобно Ланфранку и Гуитмонду Аверсскому,

1003), впоследствии (в 999–1003 гг.) Папа Римский Сильвестр II, в 972 г. возглавивший Реймскую кафедральную школу, стал первым, кто начал преподавать полный вводный курс аристотелевской логики, основанный на мусульманских толкованиях и исследованиях, а также на Боэции [Liebeschütz 1967: 597].

Если внутри своих государств европейские короли и правители могли посостязаться с византийским императором в степени контроля, никто не обладал властью над достаточно обширной территорией, чтобы подавлять инакомыслие в большей части Европы. Напротив, в западном христианском мире правительства представляли собой многочисленные звенья одной цепи, причем часто слабые. Некоторые нередко выказывали несогласие или безразличие по отношению к папской политике. Если в XI в. Генрих I (годы правления — 1031–1060) присоединился к осуждению Беренгария Турского (см. ниже), в XII в. ни Людовик VI (годы правления — 1108–1137), ни Людовик VII (годы правления — 1137–1180), который сам был отлучен от церкви, не участвовали в осуждении Абеляра. В Париже аналитическое движение не только развивалось, но и процветало, не подвергаясь притеснениям со стороны папы или императора. Однако возникает вопрос: почему «свой Абеляр» не появился в окраинных городах Византийской империи, столь же удаленных от Константинополя, как Париж — от Рима? Почему подобное движение не развилось в православных странах, не находившихся под прямым политическим контролем Византийской империи, например Болгарии или Киевской Руси в XI–XII вв.? И почему подобное движение не возникло в Новгороде, который до конца XV в. имел связи с Ганзейским союзом и благодаря этому был открыт для непосредственных европейских влияний[25], или даже Московской Руси, где

использовал диалектику для защиты общепринятых взглядов, «диалектическими реалистами» (термин, который представляется несколько некорректным) [MacDonald 1930: 331].

[25] «Ересь жидовствующих» может восприниматься как аналитическое движение, но она имела слишком малые масштабы, чтобы оказать сколько-нибудь серьезное влияние, и была разгромлена в 1504 г. См., помимо прочего, [Howlett 1979; Зимин 1982: 82–92; Luria 1984; De Michelis 1993]. Хотя совре-

независимые интеллектуальные течения начали пробуждаться во второй половине XV в.?

Отсутствие «своего Абеляра» в окраинных городах Византийской империи может объясняться формой и структурой этой империи, где отдельный человек сознавал, что успешную карьеру возможно сделать только в центре, Константинополе. Феофилакт Охридский (около 1050–1108 гг.), очевидно, выражал общепринятое мнение, когда расценивал собственное назначение архиепископом Болгарским как изгнание и неудачный поворот в развитии своей карьеры, пока не сумел вновь вернуться в Константинополь [Social and Political Thought in Byzantium 1957: 145; Васильев 1998: 155–156; Obolensky 1974: 284–285]. Согласно греческой пословице, «весь мир стóит 10, а Константинополь — 15» [Krumbacher 1897: 3]; в этих словах отразилось то обстоятельство, что Константинополь веками оставался единственным средоточием высокой культуры. Все, что просачивалось в провинцию, подвергалось строгим ограничениям. Они были обусловлены тем, что проводниками византийской культуры служили монастыри, а формы и функции монашеской жизни по-разному развивались в восточной и западной церкви.

В восточной первостепенной и почти единственной функцией монашества было спасение души отдельно взятого монаха. В Восточном Средиземноморье преобладало отшельническое монашество; даже в тех областях, где развивались общежительные монастыри, ни у кого не возникало мысли хранить произведения письменности, за исключением богослужебной и религиозной литературы. Как отмечает Манго, нам не известна, к примеру, хронографическая традиция, связанная с византийскими монастырями [Mango 1989: 362]. Хотя на Руси и развивалась традиция монастырского летописания, сформировавшаяся под влиянием византийской светской хронографии, тем не менее традиций

менные исследователи утверждают, что эта ересь была принесена из Киева евреем Захарией (Схарией), у нас нет достаточных доказательств, чтобы точно установить место ее происхождения; см. [Ostrowski 2017b].

сохранения образцов античной учености не существовало на Руси вплоть до XVII в., когда в западнорусские земли через Польшу проникло влияние Ренессанса [Sysyn 1986b: 285; Sysyn 1986a: 395–396]. Конечно, уже в конце XV в. на Руси появлялись переводы произведений, восходящих к античным источникам, например «Троянских сказаний» или «Александрии Сербской», но это были тексты иного рода, чем те, которые я имею в виду. В рамках светской культуры переписывались, сохранялись и изучались сборники, включавшие в себя «обеззараженные» извлечения из текстов языческих авторов, однако подобный метод едва ли мог послужить фундаментом для развития аналитического мышления. Эти сборники извлечений преследовали иную цель. Византия, выступая в качестве подобия (мимесиса) Царства Небесного на земле, стремилась к поддержанию чистоты письменного слова и художественной формы (например, строгих правил иконописи). В отличие от того же Китая, где идеи или технические новации, возникшие в провинции, могли проложить себе путь в императорскую столицу, а оттуда — распространиться по всей империи, Константинополь предпочитал насаждать, а не усваивать.

В западной же церкви развитие монашества совпало с падением Римской империи и, что особенно важно, происходило под влиянием представлений о скорой утрате золотого века. Когда Кассиодор, ученик Боэция, около 540 г. основал в своем имении Скилаций в Калабрии (Южная Италия) монастырь Виварий, он стремился утвердить идею о том, что наряду со спасением души каждого отдельно взятого монаха следует сберегать «спасительный запас латинской учености» для будущих, лучших времен[26], поэтому неудивительно, что византийские монастыри выступали главными противниками Иоанна Итала, а сам он в наказание был сослан в монастырь, тогда как Абеляр искал в монастырях

---

[26] О роли Кассиодора см. [Reynolds, Wilson 1974: 72–74]. Выражение «спасительный запас латинской учености» принадлежит А. Г. Леману [Lehmann 1984: 46]. Знаменательно, что в этот запас входило и «Бракосочетание» Капеллы.

убежища от официальной церкви[27]. Вследствие этой различной ориентации монашества в восточной и западной церквях Фрэнсис Томсон мог утверждать, что Русь наследовала «не интеллектуализм византийской культуры, а мракобесие византийского монашества, большей частью враждебного светской образованности» [Thomson 1978: 118].

Тем не менее, вероятно, мало что изменилось бы, если византийское монашество было бы иным, поскольку его ориентация явилась лишь внешним проявлением глубоких структурных различий в менталитете двух церквей. Они выразились в различных способах синтеза неоплатонизма с церковными догмами в восточной и западной церквях и последующих эпистемологических расхождениях между ними.

---

[27] Впрочем, с монахами Абеляр, очевидно, также не нашел общего языка. Из Сен-Дени он бежал в результате спора с ними о Дионисии Ареопагите. Впоследствии он заявлял, что, когда он стал аббатом монастыря в Бретани, монахи пытались его отравить.

Глава 2
Неоплатонизм, Восток и Запад

Неоплатонизм осмысляет материальный мир как эманацию от высшей реальности — Единого — сквозь сферы Божественного Разума и Божественной Души. В этой модели Единое рассматривается как «вещь в себе», непознаваемая иначе как в отрицательном смысле, через определение, чем оно не является (apophasis); в основу всего ставится Божественный Разум, нисходящий от Единого и заключающий в себе идеальные и вечные формы; наши души рассматриваются как бессмертные и связанные с Божественной Душой, которая действует как посредник между вечными формами Божественного Разума и неидеальными проявлениями этих идеальных форм в материальном мире. По утверждению Уоллиса, «велика вероятность, что распространение влияния неоплатонизма лишь в малой степени не охватывает всей культурной истории Европы и Ближнего Востока вплоть до Возрождения, а в отдельных случаях — и много позже» [Wallis 1972: 160][1]. Одна из причин этого состоит в том, что и в восточной, и в западной церкви неоплатонизм (по крайней мере, до XII в.) изучался больше, чем сам Платон. В Восточной Римской империи его сочинения были известны ученым неоплатоновских академий, но Афинская была закрыта императором

---

[1] Возможно, именно влияние неоплатонизма является главной причиной, по которой английский философ и математик Альфред Норт Уайтхед (1961–1947) охарактеризовал «европейскую философскую традицию» как «ряд отсылок к Платону» [Whitehead 1929: 39].

Юстинианом в 529 г., Александрийская — захвачена мусульманами в 641 г. В западной церкви Платон был известен только по осуществленному в IV в. Халкидием переводу «Тимея», единственного сочинения Платона, доступного на латинском языке вплоть до XII в., но даже тот был неполным. Напротив, труды неоплатоников были более или менее широко известны в западном христианском мире посредством латинских переводов.

Американский историк философии Р. Бейн Харрис (1927–2013) утверждает, что «греческое христианство всегда было более неоплатоническим, чем латинское» [Harris 1976: 13]. Это различие Харрис объясняет влиянием Оригена (184/5–253/4), который, «хотя и не может быть отнесен к неоплатоникам как таковым... имеет довольно схожие с ними взгляды, усвоенные и другими влиятельными греческими Отцами Церкви, в том числе "великими каппадокийцами" — Василием [Великим (Кесарийским). — Д. О.] и двумя Григориями [Нисским и Назианзиным. — Д. О.], которые серьезно воспринимались в византийском христианстве». Возможно, вопрос не в том, кто из них был в большей степени неоплатоником, нежели другой, а в различных сочетаниях, возникавших в результате смешения разных «веяний» неоплатонизма. Плотин в шестой «Эннеаде» ополчается на «Категории» Аристотеля и полностью отвергает его логику. Но Порфирий, находившийся, как отмечает британский историк античной философии Энтони Чарльз Ллойд (1916–1994), под влиянием рационализма стоиков, видел положительную роль аристотелевской логики для неоплатонизма [Lloyd 1955: 58]. При посредничестве его переводчика и комментатора Боэция, а также через его «Исагогу» взгляды Порфирия на связь аристотелевской логики с неоплатонизмом возобладали в западном христианском мире. В восточном ни философ Ямвлих, ученик Порфирия, способствовавший знакомству с неоплатонизмом в Сирии, ни Прокл, сыгравший по отношению к Ямвлиху такую же роль, как Боэций — по отношению к Порфирию, не испытали значительного влияния стоицизма. В результате этого (а возможно, и в результате влияний восточной мысли [Nakamura 1964: 56–57; Nakamura 1986]) не произошло реабилитации диалектического мышления внутри той формы неоплатонизма, которая сильнее всего воздействовала на восточную церковь.

Неоплатонизм (в частности, «Эннеады» Плотина) имеет некоторые пересечения с платонизмом. Харрис выделяет такие общие для них темы, как:

> 1) вера в нематериальность реальности; 2) убежденность, что видимое и ощущаемое соотносятся с более высоким уровнем бытия, нежели тот, на котором они существуют; 3) приоритет интуиции над эмпирическими формами познания; 4) утверждение о бессмертии души; 5) вера, что Вселенная в своем наиболее реальном состоянии есть добро и может быть познана как добро; 6) склонность определять красоту, добро и истину как нечто единое и тождественное [Harris 1976: 3].

Кроме того, неоплатонизм отличается от платонизма в ряде существенных вопросов, включая утверждение о невозможности сказать, что есть Единое, кроме того, что Единое есть Добро, Истина и Красота. В сущности, мы можем использовать по отношению к Единому только определения от противного, сказать лишь то, чем оно не является. Впрочем, в конечном счете мы можем осуществлять познание только через молчание мистического союза[2]. Маккаллох отмечает ключевую роль молчания как в западной, так и в восточной церкви и отчасти объясняет ее «опорой на диалоги с греками, особенно с неоплатониками, чьи рассуждения об отсутствующем, безмолвном Боге становились все более радикальными», а также «с азиатскими восточными религиями» [MacCulloch 2013: 221].

Это «молчание мистического союза» с Единым может рассматриваться как совпадающее с так называемым интеллектуальным молчанием древнерусской культуры. Оно появилось в результате произошедшего в Византии смешения христианства и неоплатонизма и попало на Русь через монашество восточной церкви.

---

[2] Все это хорошо известно и широко признано; см., например, [Armstrong 1973: 374–377].

В итоге общение с божественным могло происходить только посредством собственного опыта, а не размышления или восприятия. Как в восточной, так и в западной церкви преобладало мнение, что лишь те вещи, которые сотворены Богом, могут быть восприняты чувствами. Следовательно, чувства не могут воспринять то, что не было сотворено, то есть самого Бога. Те, кто утверждал, что может воспринять Бога посредством чувств, вызывали подозрения. В XIV в. южноитальянский теолог Варлаам Калабрийский (1290–1348) обрушил критику на исихастов, заявлявших, что они видят божественный (фаворский) свет, когда повторяют Иисусову молитву, сосредоточив взгляд на пупке. Но вопрос, разделявший Варлаама и исихастов, состоял не в том, как часто утверждается, является ли знание результатом исследования (вывод) или видения (восприятие)[3]. Когда впоследствии Варлаам стал римско-католическим епископом, он отвергал аналитическое направление в позднейшей западной теологии. Он ассоциировал его с Фомой Аквинским:

> Фома и все рассуждающие, как он, думают, что для человеческого ума нет ничего недоступного; но мы считаем, что такое мнение исходит из души, не чуждой лукавому и горделивому демону, ибо большая часть того, что Божественно, недоступна человеческому познанию [Мейендорф 2000: 303].

Таким образом, отношение Варлаама к Фоме Аквинскому было таким же, как Бернарда Клервоского — к Абеляру (см. ниже). Варлаам сомневался в действенности диалектики и силлогизмов при рассмотрении теологических вопросов[4].

Возможно, за искаженное представление о взглядах Варлаама ответствен Григорий Палама (1296–1359), великий поборник исихазма. Во-первых, он, по мнению Роберта Э. Синкевича, исследователя восточного христианства, ошибочно полагал, что слова Варлаама о позиции латинян по отношению к филиокве

---

[3] См., например, [Magoulias 1982: 82].

[4] Об этом см. [Sinkewicz 1980: 493–494; Barlaam Calabro 1946a; Barlaam Calabro 1946b].

отражают его взгляды [Sinkewicz 1980: 498]. Затем он нападал на Варлаама за применение силлогистических аргументов к вопросам божественной истины. Синкевич указывает, что Варлаам использовал силлогистические аргументы только в своих антилатинских сочинениях, а в остальных трудах подкреплял свои взгляды обычными для восточной церкви цитатами из сочинений Святых Отцов. Как утверждает Синкевич, поскольку Варлаам «замечал, что латиняне имели обыкновение облекать свои аргументы в форму силлогизмов», он «решил поставить вопрос о правомерности привлекать божественные истины для проверки аристотелевской логики» [Ibid.: 500]. Палама считал, что Варлаам игнорирует сочинения Святых Отцов и основывает свои рассуждения исключительно на силлогизмах, тем самым опираясь на «опасные положения эллинской философии»[5]. Мнение Паламы о языческих («эллинских») философах вполне отражает общую позицию восточной церкви. Для него те были змеями, от которых «тоже есть польза, но только надо убить их, рассечь, приготовить из них снадобье и тогда уж применять с разумом против их укусов» [Григорий Палама 1995: 21]. Можно сказать, что Палама считал необходимым иметь представление о методах диалектики, чтобы знать, чего и как следует избегать, тогда как Варлаам был готов использовать их для ответных «укусов» и доказательства, что ошибочно применять диалектику к божественным вопросам. Таким образом, Палама и Варлаам были единодушны в своем противостоянии представителям западной церкви, использовавшим диалектику, однако имели разногласия по поводу способов борьбы против нее.

Другим вопросом, по которому расходились Палама и Варлаам, были эпистемологические утверждения исихастов. Варлаам не нападал на последних за их аналитический подход, поскольку, как пишет Мейендорф, «оторвавшись от интеллектуального реализма западной томистской схоластики, Варлаам столкнулся с мистическим реализмом восточного монашества» [Мейендорф 2000: 303].

---

[5] О враждебном отношении к светской философии см. [Gouillard 1967: 56–61].

В мистико-реалистических писаниях исихастов наподобие Нила Сорского (около 1433–1508 гг.), а также суфиев отражены следующие пять принципов и практик: 1) важность повторения молитвы, призывающей божественное имя; 2) контроль дыхания; 3) сердце как орган познания; 4) антифилософские взгляды, то есть сопротивление интеллекту, который не содержится в сердце[6]; 5) идея о рождении заново после падения. Исихасты выражали эти идеи посредством христианства, обращаясь к авторитету Библии и святоотеческой литературы (то есть Священного Писания и предания) там, где это было уместно, суфии — посредством ислама, обращаясь к авторитету пророка, других суфийских авторов, а иногда также Библии.

Ниже я рассмотрю параллельные принципы и практики исихазма и суфизма. Затем я поставлю несколько вопросов, касающихся возможного значения этих параллелей, с целью лучше понять обстоятельства, в которых возник исихазм таких авторов, как Григорий Палама и Нил Сорский[7].

Молитва божественного имени. Луи Гарде (1905–1986), французский римско-католический священник и исследователь ислама, предполагает, что исламская традиция *зикра*, то есть повторения имени Аллаха, может происходить от более ранней традиции Иисусовой молитвы, принятой в византийской церкви [Gardet 1952–1953]. Аннемари Шиммель (1922–2003), специалист по исламскому мистицизму, указывает, что «суфийская практика *зикра* основана на предписании Корана "вспоминай Бога часто" (Сура 33: 44), поскольку, как сказано в другом месте, "воспоминание о Боге смягчает сердце" (Сура 33: 44)» [Schimmel 1975: 167]. Суфийский мистик X в. Абу Наср ас-Саррадж утверждал: «Сердце можно уподобить Иисусу, вскормленному молоком Марии, которому соответствует *зикр*» [Ibid.: 173][8]. Мейендорф отмечает сходство между Иисусовой молитвой, с одной стороны, и индус-

---

[6] О «загадочной проблеме взаимоотношений разума и сердца» в писаниях Нила Сорского см. [Goldfrank 2008: 95–96].

[7] Следующий раздел основан на моей статье [Ostrowski 2008].

[8] Оригинал см. [Abū Naṣr' Abd Allāh ibn' Alī Sarrāj 1914: 116].

ской йогой[9], а также исламским зикром — с другой. он также указывает, что «в XIII в. между христианскими монахами и мусульманами часто бывали личные контакты. Множество примеров этого приводят такие тексты, как жития святых или сочинения Филофея и Григория Паламы». Наконец, он признает, «что отрицать взаимопроникновение этих двух духовных путей [христианского и исламского. — Д. О.] никто не может». Однако какиелибо другие сходства между двумя этими практиками он вполне однозначно отвергает [Мейендорф 2000: 295].

Нил Сорский в своем «Уставе» приводит типично исихастское описание правильного метода Иисусовой молитвы:

> Того ради подобаеть покушатися молчати мыслію и отъ мнящихся помыслъ десныхъ и зрѣти присно въ глубіну сердечьную и глаголати[10]: Господи Іисусе Христе Сыне Божіи, помилуй мя, все; овогда же полъ Господи Іисусе Христе, помилуи мя; и пакы премѣни глаголи Сыне Божіи, помилуи мя — еже есть и удобнѣе новоначалнымъ, рече Грігоріе Синаитъ. Не подобаетъ же, рече, чясто пременяти, но покосно. Прилагають же нынѣ отцы в молитвѣ слово, егда рекъ, Господи Іисусе Христе Сыне Божіи, помилуи мя, и абие речетъ — грѣшнаго [Нил Сорский 1912: 21–22].

Это описание восходит к Григорию Синаиту[11]. Краткая форма молитвы, описанная Нилом («Господи, Иисусе Христе, помилуй мя грешного»), получила широкое хождение в конце XIX в. после публикации в 1884 г. в Казани сборника «Откровенные рассказы

---

[9] Джон Дюпюш исследует раздел трактата «Метод священной молитвы», предписывающий сосредоточить взгляд на пупке (французский перевод Ирине Хаушерра см. в [La méthode d'oraison hésychaste 1927]), как одновременно исихастский и йогический текст, приходя к выводу, что оба эти прочтения равноправны [Dupuche 2000: 69–70]. Тем не менее Палама и древнерусские исихасты не следовали практике сосредоточения взгляда на пупке.

[10] Ср. [Псевдо-Симеон 2012: 99–100].

[11] Описание Иисусовой молитвы, данное Григорием Синаитом, см. в [Добротолюбие 2010, 5: 227–228].

странника духовному своему отцу» [Откровенные рассказы 1884], основанного на монастырских рукописных версиях, опубликованных в 1881–1883 гг. [Пентковский 2018: 343]. Еще большее распространение он получил впоследствии, когда был переведен на немецкий Рейнгольдом фон Вальтером [Ein Russicher Pilgrimleben 1925], а на английский — Реджинальдом Майклом Френчем [The Way of a Pilgrim 1930]. Вероятно, многие современные читатели (включая меня) впервые познакомились с Иисусовой молитвой (опять-таки в краткой форме) благодаря повести Дж. Д. Сэлинджера «Фрэнни и Зуи», в которой она играет ключевую роль.

Контроль дыхания. Важность управления дыханием была описана не только суфиями, но и определенными группами буддистов и индуистов, а также древними греками. В более развитой форме зикра, описанной Аль Ханком, «следует считать вдохи и выдохи; каждый выдох, выходящий без воспоминания о Нем, мертв, а каждый выдох, выходящий с воспоминанием о Господе, жив и связан с Ним» [Schimmel 1975: 173]. Как упоминает Шиммель, среди буддистов-амитаистов возникает идея о контроле дыхания при повторении «Наму Амида Буцу» («Слава Будде Амида») [Ibid.: 174]. Джами, говоря об учении своего наставника, сообщает следующее: «Цель зикра не в том, чтобы много говорить; за один выдох следует трижды сказать La ilaha illa 'llah ("Нет бога, кроме Аллаха"), начиная с правой стороны и перемещаясь к сердцу, а затем с левой стороны произнести Muammad rasl Allh ("И Мухаммед Его пророк"). Кроме того, возможно девяти- или восьмикратное повторение за один выдох» [Jāmī 1958].

В восточной православной церкви монахи Каллист и Игнатий в «Наставлениях безмолвствующим», входящих в состав «Добротолюбия», писали о важности контроля дыхания во время повторения Иисусовой молитвы: «...собрав ум от обычного ему во вне кружения и скитания, путем дыхания тихо сведи его внутрь сердца и держи молитву сию: *Господи, Иисусе Христе, Сыне Божий, помилуй мя!* Вместе с дыханием соединенно некако совводя туда и глаголы молитвенные» [Добротолюбие 2010,

5: 329]; однако о счете во время дыхания они не упоминали. Важность дыхания во время духовной молитвы подчеркивает и Нил Сорский: «...умъ въ сердцы затворяи и дыханіе держа, елико мощно, да не часто дышеши» [Нил Сорский 1912: 22][12]. Далее, в той же главе своего монастырского «Устава», Нил вновь связывает удержание мыслей в сердце с контролируемым дыханием: «Ты же аще видиши... нечистоту лукавых духов, сииръчь, помыслы въздвизаемы в умъ твоем, не ужасаися, не дивися, и аще блага разумънiа явяттися вещеи нъкыхъ, не внимаи тъмъ, но держа въздыханiе, якоже мощно, и умъ въ сердци затворяа, вмъсто оружia призываи Господа Iисуса часто и прилъжно, и отбъгнутъ яко огнемъ палими невидимо Божественымъ именемъ» [Там же: 22–23].

Уильям Норрис Кларк (1915–2008), священник-иезуит и философ-томист, полагает, что взгляды на контролируемое дыхание, выраженные Псевдо-Дионисием Ареопагитом (V–VI вв.), могут отражать влияние индуистского представления о *шакти*, или множественных божественных энергиях, и находит его дальнейшую разработку в богословии Григория Паламы [Clarke 1982: 121]. Кроме того, это представление наряду с буддийскими мнениями о том, как правильно дышать и видеть божественный свет, могло также оказать воздействие на развитие паламитской формы исихазма. Практика устремлять взгляд на пупок может восходить к принятой у индуистов и буддистов-махаянистов практике дхьяны, или непрерывного сосредоточения на одной точке, и имеет сходство с ней.

Не все исихасты практиковали устремление взгляда на пупок или искание фаворского света. Григорий Синаит не предписывает во время повторения Иисусовой молитвы сосредоточиваться на одной точке или искать божественный свет:

> Так как теперь царствует у нас тираническое преобладание страстей вследствие множества искушений, в нашем роде невозможно найти созерцания существенного духовного

---

[12] Восходит к Григорию Синаиту [Gregory of Sinai, a: 64–65].

света, немечтательного ума и нерассеянного, истинного действия молитвы, текущей всегда из глубины сердца, воскресения и устремления к небу души, ее Божественного изумления и полного восхищения, всецелого духовного выступления из этих чувств мышления, отвлечения от своих сил ума, ангельского духовного движения по Божию мановению, устремленного к беспредельному и непостижимому [Григорий Синаит 1999: 58].

Нил Сорский, принадлежавший к тому же направлению исихазма, что и Григорий Синаит, также не предписывал сосредоточиваться на одной точке, как явствует из его указаний, когда следует произносить Иисусову молитву: «И тако глаголи прилѣжно, аще стоа, или сѣдя, или лежа» [Нил Сорский 1912: 22]. Таким образом, молитва всегда должна быть с тобой, чем бы ты ни занимался. Такая формулировка ближе к взглядам кельтского христианства на повседневное переплетение священного и мирского[13], чем к поискам фаворского света, распространенным у паламитских исихастов.

Сердце как орган познания. Вопрос, позволяющий отделить диалектиков от исихастов, имеет эпистемологическую природу и призван определить, является ли знание результатом исследования или прозрения. Диалектики следуют подходу, характерному для аналитического течения в поздней западной теологии, тогда как исихасты вполне вписываются в мистическое мироощущение, преобладавшее в восточной церкви. Григорий Палама, великий поборник исихазма, писал: «Наша святая вера... есть видение нашего сердца, превосходящее всякое ощущение и вся-

---

[13] См., например, гимн или стихотворение «Лорика святого Патрика» (также известное как «Крик оленя» и восходящее к тем временам, когда святой Патрик и его ученики скрывались от язычников), в котором, в частности, говорится: «Христос со мной, Христос предо мной, Христос позади меня, / Христос во мне, Христос из меня, Христос от меня, / Христос справа от меня, Христос слева от меня, / Христос, где лежу, Христос, где сижу, Христос, где стою, / Христос в сердце каждого, кто думает обо мне, / Христос на устах каждого, кто говорит со мной, / Христос в очах каждого, кто смотрит на меня, / Христос в ушах каждого, кто слушает меня» [Крик оленя 2008: 186].

кое понимание, ибо она выходит за рамки всех умопостигающих способностей нашей души» [Мейендорф 1997: 234]. Между пониманием через душу и пониманием через сердце нет противоречия. Сердце рассматривается не как что-то отличное от души, а как самый ее центр[14].

Возможно, именно эту формулировку наряду с иными наставлениями исихастов имел в виду Варлаам Калабрийский, обличая как «нечто чудовищное» их «учения невежества, недостойные, чтобы отнести их к разуму, порождения не размышления, но ложного мнения и опрометчивого воображения». Наряду с их учениями «о неких чудовищных разлучениях и сопряжениях ума с душой» он особо выделяет «соединение Господа нашего с душой, происходящее внутри пупка в ощущении и полноте сердца» [Варлаам Калабрийский 2012: 259–260]. Идея о соединении с божеством типична как для исихазма, так и для суфизма. Так, суфий Абу Саид Абуль-Хайр писал: «Суфизм есть сердце, находящееся рядом с Богом, и ничего между ними» [Nurbakhsh 1981: 21]. Нил предлагает следующую формулировку: «Обдержно же имать сіе в жительствѣ нашемъ, еже всегда и въ всѣхъ въ всякомъ начинаніи душею и тѣломъ, словомъ и дѣломъ, и помышленіемъ в дѣлѣ Божіи пребываті еліко по силѣ» [Нил Сорский 1912: 36]. В другом месте Нил, цитируя Мф. 23:26 и Ин. 4:23, пишет: «...отъ сердца исходятъ помышленіа зла и сквернятъ человѣка, и внутрешняя съсуда научивша очищати, и еже духомъ, рече, и истинною подобаетъ Отцу кланятися» [Нил Сорский 1912: 12][15].

Чешский иезуит Томаш Шпидлик (1919–2010) приписывает разграничение между сердцем и умом Фоме Аквинскому, хотя оно, несомненно, сформировалось раньше — в теологии западной церкви. В современном английском языке идея о сердце как органе познания сохранилась в выражении to learn by heart. Оно

---

[14] О сердце как органе познания см. [Špidlík 1973].

[15] Согласно Голдфранку, фрагмент об очищении сосуда изнутри восходит к «Слову о трезвении и хранении сердца» Никифора Уединенника и «Методу священной молитвы» Симеона Нового Богослова. Вторая часть представляет собой цитату Ин. 4:23–24.

впервые было использовано Чосером еще в 1374 г., но изначально восходит к древним римлянам (ср. также record от re («снова») + cor («сердце»)). Эта идея составляет одно из сходств между исихазмом и суфизмом (см. ниже). В свою очередь, суфизм мог оказать воздействие на развитие исихазма в восточной церкви.

После того как в 640 г. мусульмане захватили Александрийскую академию, неоплатоническая эпистемология могла повлиять на суфизм и его идею о том, что ребенок рождается, уже обладая знанием Бога. Суфий описывается как тот, у кого Бог всегда находится на переднем плане сознания, на что указывают постоянное повторение про себя начальной части *шахады* — La ilaha illa 'llah — и частое употребление фразы bismallah («во имя Бога») в начале высказываний. Устойчивое повторение священной формулировки до тех пор, пока это не начинает происходить неосознанно, соотносится с понятием Нила о цели Иисусовой молитвы — отгонять неподобающие помыслы «памятію Божіею», а не заниматься поиском божественного света.

Для суфиев Бог находится как снаружи, так и внутри («ближе, чем яремная вена»), о чем гласит сура 50, стих 16 Корана. Такую формулировку могли бы полностью разделить Нил Сорский, Григорий Синаит и другие исихасты этой традиции. Так, Григорий Синаит писал: «Прежде всего надлежит сказать о том, как может кто найти или, лучше, уже нашел приобретенное, то есть получил чрез крещение Христа в Духе, согласно апостолу Павлу, утверждавшему: "Разве вы не знаете, что Христос Иисус живет в сердцах наших?"» [Григорий Синаит 1999: 86]. Григорий, очевидно, имеет в виду Эф. 3:17: «...верою вселиться Христу в сердца ваши»[16]. Но его формулировка существенно отличается от слов апостола Павла. В послании последнего выражается надежда, что эфесяне обретут Христа. Но в интерпретации Григория Синаита божественность уже существует в наших сердцах, что более согласуется с эпистемологией неоплатоников, нежели со взглядами исихастов и суфиев.

---

[16] Здесь и далее цитаты из Библии приводятся по русскому синодальному переводу.

Суфийский книжник Ибн аль-Араби (1165–1240) в своем сочинении «Геммы мудрости» («Fuṣūṣ al-Ḥikam») писал: «Ведь Иисус сказал сынам Израилевым: "Сыны Израилевы! Сердце всякого человека там, где богатство его; поместите богатство ваше на небесах, и на небесах будут сердца ваши"» [Ибн Араби 1993: 260]. Араби имеет в виду Мф. 6:19–21:

> Не собирайте себе сокровищ на земле, где моль и ржа истребляют и где воры подкапывают и крадут, но собирайте себе сокровища на небе, где ни моль, ни ржа не истребляют и где воры не подкапывают и не крадут, ибо где сокровище ваше, там будет и сердце ваше.

Нил Сорский цитирует Мф. 5:40 («...и кто захочет судиться с тобою и взять у тебя рубашку, отдай ему и верхнюю одежду...») в схожем контексте [Нил Сорский 1912: 6]. Кроме того, он приводит ряд других схожих формулировок:

> А еже отъ мѣста имя имѣти добрѣиша монастыря, и множаишеи братіи, сіе гордыни мірскихъ рекоша отціи іли по удержавшему нынѣ обычаю отъ стяжаніи селъ и притяжаніи многихъ имѣнніи и отъ прдспѣянія въ явльніихъ к миру [Там же: 59].

Подобные формулировки ближе к евангельской этике, чем обещания мирских благ, исходившие от более поздних лидеров христианской церкви[17].

Антифилософия (против ума, который не находится в сердце). Шиммель указывает, что «главной целью критиков со стороны суфиев была философия, сложившаяся под влиянием греческой мысли: "Нет никого более далекого от хашимитского закона, чем философ", — говорит Аттар, вторя мыслям Сана, писавшего:

---

[17] См., например, относящееся к июню 1370 г. послание Филофея, патриарха Константинопольского в 1353–1354 и 1364–1376 гг., к русским князьям, обещавшее, что за поддержку митрополита Киевского и всея Руси Алексия (митрополит в 1354–1378 гг.) Бог подаст им «усиление власти, долготу жизни, успех в делах, благоденствие, исполнение всех благ, жизнь беспечальную и безбедную и здравие телесное» [РИБ 1880: стлб. 114].

"Отталкиваясь от слов наподобие "первичная материя" и "первопричина", никогда не найдешь путь к Присутствию Господа"» [Schimmel 1975: 18–19]. Подобным образом Нил Сорский писал русскому монаху, бывшему боярину Вассиану Патрикееву (около 1470 — после 1531 г.), предостерегая его от ловушек мирского знания и удовольствий:

> Положи мысль твердѣ въ глаголемое. Чимь ползова мир дръжащихся его? Аще кои и славы, и чьсти, и богатство имѣша, не вся ли сиа ни въ что же быша и яко сѣнь мимоидоша и яко дым исчезоша? И мнози от сих, съобращающеся в вещех мира сего и любяще пошествие его, въ время юности, благоденьства своего смертию пожати быша, яко цвѣтци сельнии, процвѣтше, отпадоша и, нехотяще, отведени быша отсюду. А егда пребываху в мирѣ семь, не поразумѣша злосмрадиа его, но тщахуся въ украшение и покой тѣлесный, изъобретающе разумы прикладныя въ прибытки мира сего, и въ учениих прохождааху яже вѣнчевають тѣло въ вѣце сем преходящем. И аще сиа вся получиша, а о будущем и некончаемом блаженьствѣ не попекоша, что непщевати о таковыхь? Точию сих миръ безумнѣйши не имать, якоже рече нѣкый премудрый святый [Прохоров 1974а: 136].

Нил использует отсылки к Книге Премудрости Соломона и Псалтырю, чтобы поддержать доводы антифилософии. Как исихасты, так и суфии полагали, что те, кто тратит время и силы на формулирование мудрых ученых высказываний и познание мертвой философии, прямиком следуют к погибели души. Ирония состоит в том, что как исихасты, так и суфии очень многим обязаны неоплатонической эпистемологии, которую Отцы Церкви вроде Августина Гиппонского усердно стремились соединить с евангельским учением.

Перерождение после падения. Французский исследователь исламской философии Анри Корбен (1903–1978) указывает, что «все исламские духовные мыслители знали и осмысляли Ин. 3:3: "...если кто не родится свыше, не может увидеть Царствия Божия"» [Corbin 1993]. Нил Сорский не ссылается именно на это место, однако он транслирует эту идею, цитируя Григория Синаита:

Глаголетъ бо блаженыи Грігорие Сініаитъ: аще не оставленъ будетъ человѣкъ и побѣжденъ будетъ и пообладанъ, порабощься всякою страстію, и помысломъ и духомъ побѣждаемъ, и ни отъ дѣлъ помощь обрѣтаа, или отъ Бога, или отъ нѣчего отнудь, яко вмалѣ убо и в нечааніе пріити, насилуемъ въ всѣхъ, не можетъ съкрушитися и имѣти себе подъ всѣми и послѣднѣиша раба всѣмъ, и самыхъ бесовъ горша, яко отнудь насилуема и побѣждаема. И се есть смотрителное промысла и наказателное смиреніе. Имь же второе и высокое отъ Бога дается, еже есть Божественая сила, дѣиствующіа и творящіа вся еа ради, съсудъ себѣ того видя выну, и тоа ради чюдеса Божіа дѣлающь [Нил Сорский 1912: 35][18].

Идея о рождении заново после падения близко соотносится с центральным переживанием христианства — страданиями, мучениями и терзаниями Христа, который умер на кресте, на третий день воскрес из мертвых и вознесся на небо.

* * *

Если считать, что вышеперечисленные параллели не подтверждают прямую или косвенную связь между суфизмом и исихазмом, нам придется рассмотреть другие возможные причины их сходства. Полагаю, мы можем исключить объяснение, что эти концепты появляются в обеих традициях вследствие простого совпадения. Вместо этого мы должны рассмотреть одну возможную причину: сходство между христианским и исламским учениями независимо друг от друга привело к параллельному развитию их выдающихся мистических традиций. Помимо этого, я позволю себе предположить, что нам следует воспринимать исихазм и суфизм не как крайние формы своих религий, а как часть основного направления этих в значительной мере мистических религий, христианства и ислама соответственно. Происхождение слова «суфизм» не яс-

---

[18] Как отмечает Голдфранк, этот пассаж заимствован из сочинения Григория Синаита «Весьма полезные главы, расположенные акростихами» [Gregory of Sinai, b: 1281C–D].

но — в отличие от происхождения слова «исихазм». Оно проистекает от греческого ἡσυχία («спокойствие, молчание»). Однако может ли независимое развитие сходных принципов и практик объясняться исключительно общими корнями, находящимися в иудаизме, Евангелиях и влиянии неоплатонизма?

Напротив, если считать, что вышеперечисленные параллели позволяют допустить возможность прямой или косвенной связи между суфизмом и исихазмом, следует задуматься, как эта связь могла возникнуть и какова в точности была ее природа. Исихазм представляет собой богословскую систему, в которой различные духовные составляющие, уже существовавшие в традиции восточной церкви, складываются в согласованное единство. Стимул к созданию и модель этой системы не были в полной мере исконно христианскими. Веками восточная церковь и ислам занимались взаимосвязанными заимствованиями друг у друга, если угодно, пребывали в синергии. Можно предположить, что причина этого проста и кроется в географической близости. Но у нас есть и более прямые доказательства этой синергии. Ислам усвоил христианские неоплатонические взгляды после захвата Александрийской академии в 640 г.[19] Мусульманский обычай простирания ниц при восхвалении Бога, а также молитвенные ниши (михрабы) и посты, возможно, были заимствованы из практик раннего сирийского христианства[20]. Со своей стороны, восточная церковь отказалась от скульптурных изображений и выработала строгие правила иконописи в результате противостояния с иконоборчеством, происходившего в Византийской империи на протяжении VIII–IX вв. Это противостояние, в свою очередь, могло явиться результатом взаимодействия с запретом на религиозные изображения людей и животных в исламе, а также того влияния, которое этот запрет мог оказать на иконоборцев, и последующей

---

[19] О неоплатонизме в исламской мысли см., помимо прочего, [Netton 1982].

[20] О практиках раннего сирийского христианства см. [Иоанн Мосх 1896]. Схожие способы богопочитания до нашего времени (по крайней мере, еще в 1997 г.) практиковались христианскими верующими в монастыре Мор-Габриэль (в Восточной Турции недалеко от границы с Сирией); см. [Dalrymple 1997: 105, 304].

реакции иконопочитателей на это влияние[21]. В то же время отдельные представители обеих религий решительно отрицали подобное влияние (поскольку признать его означало навлечь на себя обвинения в ереси); заимствуя идеи и практики из другой религии, они приспосабливали их под доктрины собственной.

Если суфизм повлиял на развитие исихазма, можно было бы попытаться найти механизм этого влияния. В этом смысле наглядной фигурой для исследования может послужить Григорий Синаит [Gardet 1952–1953: 645n4; Hausherr 1927: 132; Dupuche 2003: 343]. В конце XIII в., когда он был молодым человеком и жил в Анатолии, он и его семья оказались в плену у турков-сельджуков, которые намеревались продать их в рабство. Их выкупили лаодикийские христиане. Несколько лет он провел на Кипре, где принял малую схиму, а затем отправился в монастырь Святой Екатерины на Синае, где принял великую схиму. В монастыре он мог познакомиться с учением мистика Никифора, жившего двумя веками ранее. Впоследствии Григорий отправился на Крит, где, как считается, монах Арсений обучил Григория искусству молитвы. Покинув Крит, Григорий последовал на Афон, в Константинополь, во Фракию [Каллист 2006].

Краткий очерк его жизни позволяет предположить, когда именно Григорий мог вступить в более или менее непосредственный контакт с суфизмом (то есть во время нахождения в плену у турков-сельджуков), но это могло произойти и в любой другой период его юности, поскольку он вырос на территориях, где основное население составляли мусульмане. В таком случае особая христианская форма исихазма, вдохновленная суфизмом, могла сложиться благодаря пребыванию Григория в монастыре Святой Екатерины, с помощью монаха Арсения. В свою очередь, сочинения Григория заложили основу для исихазма, приверженцем которого был Нил Сорский. Вне зависимости от того, имела ли место между суфизмом и исихазмом синергия, взаимопроникновение, взаимное прямое заимствование, или просто происходило независимое параллельное развитие этих двух направлений,

---

[21] О возможных влияниях на иконоборчество см. [Hussey 1986: 34–36].

будет полезно обозначить их сходные практики и принципы, чтобы лучше понять русскую разновидность исихазма.

Рассматриваемая проблема имеет эпистемологический характер. Согласно учению неоплатонизма, проявления Божественной Души есть в каждом из нас, в наших душах. Неоплатоники считают, что мир, в котором мы живем, находится на границе несуществования. Человек для них несовершенен; у нас есть недостатки, а наш физический мир постоянно меняется. Но каждый отдельный человек имеет связь с Божественной Душой (то есть с вечным), поскольку в каждом есть часть Божественной Души. Подобно пальцам на руке, души отделены одна от другой, но соединены с ладонью Божественной Души. Когда христианские авторы III–IV вв. усвоили это представление, они с легкостью поместили Бога на позицию Единого. Таким образом, Божественный Разум исходит от Бога, а Божественная Душа действует как посредник между Божественным Разумом и миром, в котором мы живем, а также телом, которое мы занимаем. С этой точки зрения каждый человек может обрести понимание Божественной Души при посредстве собственной. Но никто не может обрести понимание Божественной Души при посредстве материального мира, в котором мы все живем, поскольку этот мир есть мир иллюзий и обмана, изменений и мутаций. Несовершенство мира сбивает нас с пути. Люди по-настоящему не учатся на опыте, связанном с этим миром. Опыт, связанный с этим миром, только открывает или обнажает формы, с которыми каждый рождается, то есть те, которые уже существуют в душе каждого человека. Такова неоплатоническая эпистемология, преобладавшая на Западе (по крайней мере, до Просвещения, а среди некоторых мыслителей — и позже)[22].

Явное проявление мистицизма восточной церкви, состоящее в том, что часть евхаристии происходит в святилище за иконостасом, может пониматься как следствие более явного осуществ-

---

[22] Например, в XIX в. проповедник-унитарианец Уильям Эллери Чаннинг (1780–1842) выступал как предшественник трансцендентализма и утверждал, что все наше знание происходит из «нашей собственной души» [Channing 1950: 23].

принципы

неразделимая природа

все неразделимое исключено из одного

единственное неразделимое

неразделимое бытие

природа

интеллект

душа

тело

единственное неразделимое
сверхосновное
сверхжизненное
сверхинтеллектуальное

неразделимое бытие
бытие
жизнь — основное
интеллект

неразделимая природа
бытие
жизнь — жизненное
интеллект

неразделимый интеллект
бытие
жизнь — интеллектуальное
интеллект

неразделимая душа
бытие
жизнь — психическое
интеллект

неразделимое тело
бытие
жизнь — божественное
интеллект

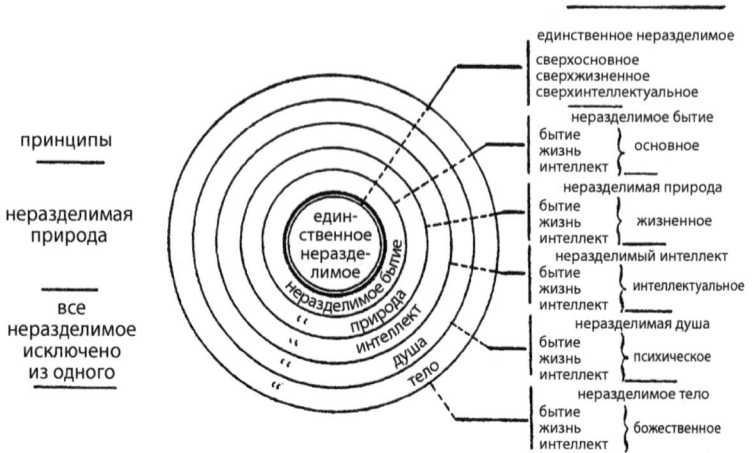

Рис. 2.1. Геометрическое представление Д. Э. Вагенхальса предложения 99 «Метафизических элементов» Прокла. Источник: [Proclus 1873: 199]

ления таинства Бога. Мы не только не имеем какого-либо позитивного знания о Боге — всякое знание о Божественном Разуме, которое мы можем получить посредством Божественной Души, частично и несовершенно. Спасение для наших душ происходит только через них самих. С точки зрения восточной церкви Запад отказался от забот о спасении души. Богослов восточной церкви мог считать, что, подобно тому как на Западе вследствие прогресса загрязнили землю и поставили наш земной дом под угрозу уничтожения, тамошние люди загрязнили свои души: «Ибо какая польза человеку, если он приобретет весь мир, а душе своей повредит?» (Мк. 8:36; Мф. 16:26)[23] (рис. 2.1).

---

[23] Слово «душа» соответствует греческому ψυχή, и это же самое слово использует Плотин, когда говорит о Божественной Душе. Знаменательно, что в английской «Revised Standard Version» слово ψυχή переведено как life, что, возможно, ближе к понятиям I в., но явно не соответствует употреблению этого слова неоплатониками.

Дальше можно рассуждать следующим образом: поскольку мир, материальный мир, в котором мы живем, несовершенен и обманчив, поскольку вся истина уже открылась посредством Библии, решений Вселенских соборов и писаний Отцов Церкви, для обретения новых истин явно нет потребности в так называемых западных ценностях или в том, что мы могли бы назвать аналитическим подходом: просто потому, что нет новых истин, которые можно было бы установить. Всякий, кто утверждает, что обладает новыми истинами, может только пытаться склонить вас к тому, чтобы заменить настоящие (старые) истины новой ложью[24], поэтому наряду с другими причинами «Апостольские постановления» IV в. предписывают христианам читать только Библию:

> От всех книг языческих удерживайся. Ибо, на что тебе чужие речи, или законы, или лжепророки, когда они даже отвращают слабых от веры? Чего не достает тебе в законе Божием, чтобы устремляться тебе к тем басням языческим? Хочешь ли ты проходить сочинения исторические? Имеешь Книги Царств. Хочешь ли проходить сочинения софистические и пиитические? Имеешь пророков, Иова, приточника, в которых найдешь гораздо больше ума, нежели в какой бы то ни было пиитике и софистике, потому что это — вещания Господа, единого премудрого Бога. Желаешь ли ты сочинений лирических? Имеешь псалмы. Древностей ли желаешь? Имеешь Бытие. Сочинений ли о законах и заповедях желаешь? Имеешь славный закон Господа Бога. Итак, от всего чуждого и дьявольского воздерживайся усильно [Постановления апостольские 1864: 8–9].

---

[24] Сирил Гордон указывает на схожее явление, с которым встречались те, кто пытался внедрить какие-либо новшества: «Новшество по самой своей сущности не предполагает соответствия общему мнению. Политически проницательные люди никогда не станут противостоять общему мнению. Крестоносцы противостояли ему во имя истины и впоследствии поплатились» [Gordon 1974: 156]. Или, как писал Марк Твен: «Человек, одержимый новой идеей, успокоится, только осуществив ее». (Из советского собрания сочинений. По-моему, перевод не вполне точен. И эти слова — эпиграф, а не авторский текст.)

Кроме того, Изборник 1076 г. рекомендует чтение Писания «каждому христианину» [Изборник 1999: 407]. Подобные советы отличаются от указаний католической церкви, что Библию следует читать только под правильным руководством, то есть под руководством священника, чтобы читатель не впал в заблуждение[25]. А Климент Смолятич, митрополит всея Руси в 1147–1155 гг., был вынужден написать сочинение, в котором защищался от обвинений некоего Фомы, что он, «оставив почитаемые писания, стал писать из Гомера, и Аристотеля, и Платона, прославившихся эллинскими хитростями» [Климент Смолятич 1997: 119].

В западноевропейской средневековой традиции христианский неоплатонизм укреплялся и видоизменялся благодаря сочинениям Августина, Псевдо-Дионисия Ареопагита (конец V в.) и, помимо прочих, Иоанна Скотта Эриугены (около 810 — около 877 г.) [Wallis 1972: 161]. Он стал основным направлением внутри этой традиции, но иные подходы также не исключались. Эти иные подходы должны были поставить под сомнение мистическое миросозерцание, преобладавшее внутри неоплатонической системы. В Византии тот синтез, который помог осуществить Августин, и даже сочинения самого Августина нашли мало последователей и вообще были плохо известны. Немецкий историк католической церкви Бертольд Альтанер (1885–1964) пишет о том, «насколько ужасна была интеллектуальная изоляция обособленных в языковом отношении греческого Востока и латинского Запада»: «Ни один греческий богослов или церковный иерарх с V по IX в. не мог заявить о сколько-нибудь достаточном знакомстве с трудами и богословскими взглядами великого Августина. Если в литературе греческой церкви кое-где упоминается имя величайшего западного богослова или встречается цитата из его сочинений, это ни в коей мере не указывает на серьезное изучение трудов епископа Гиппонского. В итоге необходимо

---

[25] Кардинал Гаскей в конце XIX в. выдвинул предположение, что католическая церковь одобряла чтение Библии на национальном языке в дореформационный период [Gasquet 1897: 160–163]. Но большинство исследователей указывают на враждебность, с которой церковные лидеры встречали любые попытки чтения Библии. Об этом см. [Berkowitz 1968: 46].

признать, что жизнь и труды Августина остались для греческой церкви книгой за семью печатями» [Altaner 1967: 98].

По мнению Йозефа Лёссля, историка ранней христианской церкви и патристики, отсутствие интереса к Августину в Византии отчасти обусловлено отсутствием в ней интереса к латинской учености вообще [Lössl 2000: 275]. Только в XIII в. его трактаты начали переводиться на греческий язык [Schrenk 1989: 451; Dekkers 1953: 193–233]. Прохор Кидон (около 1330–1369 гг.), один из переводчиков, также переводил сочинения Боэция и помогал брату, Димитрию Кидону (1324–1398), в переводе «Суммы теологии» Фомы Аквинского. Константинопольский собор 1389 г. осудил обоих братьев как еретиков. По утверждению Лёссля, «близкое знакомство Прохора с подобными идеями вызывало подозрение со стороны его собратьев-монахов»; «когда Прохор высказывался по некоторым богословским вопросам, он [Палама. — Д. О.] учитывал, что он [Прохор. — Д. О.] был осужден за ересь» [Lössl 2000: 290]. Подобная обстановка не благоприятствовала изучению одного из величайших аналитических мыслителей западной церкви.

Впрочем, не все исследователи признают роль, которую Августин сыграл в западной церкви. Например, англиканский священник и историк церкви Чарльз Бигг (1840–1908) заявлял, что начало неоплатонизму положил Климент Александрийский (около 150–213 гг.) [Bigg 1886: 64]. Однако далее, в той же работе, он сделал оговорку: «Основателем неоплатонизма, по справедливости, может быть признан Нумений, с учетом того что уже говорилось о Клименте» [Ibid.: 253]. Британский историк философии Уильям Томас Джонс (1910–1998) заявляет, что «неоплатоническая метафизика и христианская ортодоксия во многих отношениях глубоко антагонистичны. И в самом деле, они невообразимо далеки друг от друга, и только из-за ошибочной веры, что Псевдо-Дионисий был божественно вдохновленным учеником святого Павла, Иоанн [Скотт Эриугена. — Д. О.] или кто-либо еще мог допустить, что возможно их объединение». Более того, Джонс утверждает, что Августин, Псевдо-Дионисий и «другие христианские авторы в различной степени подверглись лишь легкому влиянию неоплатонизма» [Jones 1952, 1: 421; 422][26]. Однако маловероятно, что принятие христианами неоплатонической системы зависело исключительно от «ошибочной веры» в подделку. «Ареопагитика» («Corpus Areopagiticum») приписывалась Дионисию, который в I в. состоял членом афинского Ареопага и был обращен в христианство апостолом Павлом (Деян.: 17:34). Однако этот корпус сочинений был, по всей видимости, написан в Сирии между концом V в. и 532 г. (первое определенное упоминание о нем). Хотя сомнения в его подлинности выражались уже в начале VI в., ее сторонники в то время одержали верх. Однако сомнения продолжали высказываться на протяжении веков, в том числе со стороны Пьера Абеляра и Фомы Аквинского. Наконец, в 1895 г. немецкий иезуит Йозеф Штигльмайр (1851–1934) и немецкий католический теолог и историк церкви Гуго Кох (1869–1940) указали на зависимость «Ареопагитики» от сочинений философа-неоплатоника V в. Прокла [Stiglmayr 1895a; Stiglmayr 1895b; Koch 1895a; Koch 1895b]. Популярность «Ареопагитики» и почти всеобщая готовность считать ее подлинным апостольским сочинением были обусловлены тем, что она как нельзя лучше соответствовала уже ставшей общепринятой среди христианских теологов позиции — слиянию неоплатонизма с христианской теологией.

Напротив, в неоплатонизме содержался ряд важных концептов, общих с ранним христианством и упростивших взаимодействие между ними, что, в свою очередь, усилило значимость этих концептов для последующей христианской теологии. Например, и неоплатонизм, и христианство считают, что этот мир неважен по сравнению с грядущим («Царство Мое не от мира сего» (Ин. 18:36); понятие о Троице соответствует неоплатоническим трем ипостасям; дракон из Откровения (12:7; 19:11–21), то есть сатана из Нового Завета, соотносится с материальным миром: дьявол искушает Иисуса в пустыне обещанием мирских благ (Мф. 4:1–11; Лк. 4:1–13)).

---

[26] См. также [Tresmontant 1961], где утверждается, что Отцы Церкви защищали уже существующую христианскую философию от эллинской (читай: неоплатонической) мысли.

Мнение Джонса отражает антинеоплатоническую позицию, выражавшуюся в ранних христианских источниках, и в этом смысле его могла ограничивать позиция его источников. Так, в 426 г. Августин писал, что сожалеет о том, что ранее благожелательно относился к неоплатонизму: «Я решительно недоволен также похвалой, которую расточал Платону, или платоникам, или философам-академикам, чрезмерной для таких нерелигиозных людей, особенно тех, от чьих великих заблуждений следует защищать христианскую церковь» [Augustine 1968: 10][27]. Полемика между язычниками-неоплатониками и ранними христианскими авторами продолжалась почти 200 лет. Одной из характерных черт получившегося синтеза стало отсутствие в христианских теологических формулировках сверхъестественной фигуры дьявола, или сатаны, как источника зла, хотя понятие о сатане продолжало параллельно существовать на уровне народной религии (например, среди определенных направлений манихейства, таких как катары) [Russell 1981].

В западной церкви подходы, отличные от общепринятых христианско-неоплатонических воззрений, развились в организованные модели и в конечном счете привели к созданию школы номиналистов, ставивших под сомнение господствовавшие взгляды реалистов (то есть идеалистов)[28]. Более того, эти подходы наряду с буддийскими представлениями о правильном дыхании и созерцании божественного света оказали несомненное влияние на развитие исихазма.

---

[27] Краткое изложение того, что христианские Отцы Церкви одобряли и не одобряли в Платоне, см. в [Shorey 1938: 79–80].

[28] О номиналистах см., помимо прочего, [Gilson 1955: 499–520].

Глава 3
Откуда взялся Абеляр?

На вопрос «Где был русский Абеляр?» не так просто ответить. Его следовало бы перефразировать: «Откуда вообще взялся Абеляр?». Для ответа на последний вопрос следует обратиться к собственным сочинениям Абеляра и тем влияниям, которые он испытал на себе. Благодаря этому мы сможем получить определенные подсказки, почему Абеляр появился именно в таком месте и в такое время.

В Париже Пьер Абеляр посещал лекции по логике и риторике Гильома из Шампо, с которым вступил в конфликт [Iwakuma 1999], и лекции по теологии Ансельма Ланского, в 1113 г. изгнавшего Абеляра из своей школы [Абеляр 1959: 18]. Собственный взгляд на универсалии Абеляр представил в своих «Глоссах к Порфирию» — комментариях к осуществленным Боэцием переводу и толкованию «Исагоги» Порфирия. Во всех четырех главных сочинениях по логике, частично утраченных, Абеляр рассматривает сочинение Порфирия. Последний, язычник-неоплатоник, написал «Введение к "Категориям" Аристотеля» (которое средневековые авторы и называли «Исагогой»), ставшее общепринятым руководством по логике в средневековой Западной Европе. По мнению канадского переводчика Эдварда У. Уоррена, влияние «Исагоги» было обусловлено «1) первой страницей, где Порфирий, используя общие и конкретные термины, перечисляет более глубокие вопросы, связанные с формой существования; 2) переводами, выполненными Марием Викторином и Боэцием; 3) публикацией в качестве вступления в последующих латинских изданиях сочинений Аристотеля по логике. "Исагога" стала стандартным введением в аристотелевскую логику» [Warren 1975: 12]. Иоанн Солсберийский (около 1115–1180 гг.) в своей «Металогике» описывает, как использовались труды Порфирия в XII в.: «Весьма суровый и жестокий хозяин, забирающий, что не им положено, и пожинающий, что не им посеяно, — вот тот, кто заставляет Порфирия выдавать то, что перенимают все философы; кто не удовлетворен, если книга не учит чему-либо, что уже где-либо написано». Это, конечно, преувеличение, но хорошо известно, что «Исагога» оказала огромное влияние на западноевропейскую мысль благодаря тому, что служила своего рода вводным курсом к аристотелевской логике [Bocheński 1961: 134; Kneale 1962: 198; Lloyd 1967: 281; Walzer 1966: 278]. Что же касается «более глубоких вопросов», которые Порфирий ставит в начале своего сочинения, ирония состоит в том, что он ставит их лишь затем, чтобы заявить об отсутствии у него намерения их обсуждать:

> ...я буду избегать говорить относительно родов и видов — существуют ли они самостоятельно или же находятся в одних только мыслях, и если они существуют, то тела ли это или бестелесные вещи, и обладают ли они отдельным бытием или же существуют в чувственных предметах и опираясь на них: такая постановка вопроса заводит очень глубоко, требует другого, более обширного исследования [Порфирий 1939: 53].

Однако, обозначая проблемы, которые он не собирается обсуждать, Порфирий по меньшей мере ставит вопрос о возможности, не являются ли аристотелевские категории рода и вида тем же самым, что и платоновские трансцендентные формы [Knowles 1962: 110]. По мнению Артца, этот пассаж сосредоточивается не только на сущности различий между платонизмом и аристотелизмом, но и на сути различий между средневековым реализмом и номинализмом. Кроме того, Артц утверждает, что «эти строки Порфирия со времен Эриугены играли более важную роль в истории мысли, чем любой другой отрывок равной длины из всей литературы, не считая Библии» [Artz 1980: 255][1]. Даже если не вполне соглашаться с Артцем в оценке важности этих строк для интеллектуальной истории Западной Европы, все же необходимо признать, что они сыграли выдающуюся роль в мировоззрении Абеляра. Как указывает канадский историк Брайан Сток (родился в 1939 г.), на вопросы, поставленные Порфирием, Абеляр ответил амбивалентно (или, скорее, решительно высказался по поводу обеих сторон проблемы): «Он [Абеляр. — Д. О.] пытался ответить на три вопроса из "Исагоги" Порфирия: "Существуют ли универсалии? Они телесны или бестелесны? Являются ли они частью чувственно воспринимаемого мира или нет?" Его ответ в каждом случае был и да, и нет» [Stock 1978: 46]. Подобный ответ имеет сходство с космологическими воззрениями Иоанна Итала на состояние мира: «Таким образом, Вселенная возникла из небытия и также имеет бытие; таким образом, она одновременно существует и не существует, есть и не будет, не есть и будет» [John Italos 1956: 123]. Это разделение на две части, проведение различий составляет ядро диалектического мышления. У нас нет сведений, какое образование получил Иоанн Итал до прибытия в Константинополь. Размышления над его именем привели некоторых исследователей к предположению, что он родился и вырос на Сицилии. В таком случае там он мог познакомиться с тривиумом, преподававшимся в западной церкви (в частности, с «Исагогой» Порфирия, написанной на Сицилии на 800 лет раньше).

В западной церкви предварительное решение вопросов Порфирия было двухуровневым, диалектическим. Несовершенный мир принадлежит Аристотелю; совершенный — Платону. Примирительный компромисс Фомы Аквинского всего лишь предложил формальную теологическую формулировку этого пробного решения[2]. Это двухуровневое решение выработалось

---

[1] Кук и Херцман дают сходную оценку фрагменту из Ансельма Кентерберийского, содержащему онтологическое доказательство существования Бога: «Текст Ансельмова доказательства комментировался больше, чем любой другой философский текст сопоставимого объема со времен Средневековья» [Cook, Herzman 1983: 266–267].

[2] Фридрих Хеер употребляет выражение «двухуровневая теологическая структура» [Heer 1962: 222].

в неоплатонических школах Афин и Александрии, где изучение природного мира было основано на Аристотеле, а теологии — на Платоне [Warren 1975: 10]. Тем, кто постигал природный мир, разрешалось использовать диалектику, а тем, кто осваивал теологию, позволялось присоединять ее к более высокому эпистемологическому авторитету, то есть к откровению. Ирония состоит в том, что Платон считал диалектику краеугольным камнем образования, средством, которое позволяет «быть в высшей степени сведущими в деле вопросов и ответов» [Платон 1994: 319]. Иронично и то, что воззрения Платона отождествлялись с риторикой. Платон, сам непревзойденный ритор, объявлял риторику «частью угодничества», противопоставляя ее искусствам, «которые пекутся о высшем благе»: законодательству, правосудию, гимнастике и медицине [Платон 1990: 496]. Платон выступал против риторов, то есть тех, кто верил только в риторику, а именно софистов, и пытался защитить Сократа от обвинений в софистике.

Риторика, основанная на сочинениях Отцов Церкви, служила в восточной церкви основным орудием для защиты ее синтеза неоплатонизма и христианства. Западная же церковь для защиты своего синтеза использовала сочетание риторики и диалектики еще до появления аристотелизма. Эта разница в «орудиях» защиты могла явиться следствием более сильного влияния неотвеченных вопросов Порфирия на западную церковь. Таким образом, если для космологии Плотина мистическая концепция Единого была первичной, Порфирий и его комментаторы оставили возможность для использования аналитического мышления и тем самым позволили Абеляру поставить под сомнение (а тем, кого назвали номиналистами, впоследствии и подвергнуть нападкам) господствовавший неоплатонический мистицизм реалистов. Иными словами, к XIII в. уже была подготовлена почва для принятия Аристотеля западной церковью. Тем не менее это принятие оказалось условным, поскольку зависело от оговорки, что аристотелевская мысль не должна применяться к теологическим вопросам. Или (как описывает это Уоррен): «Представление, что Платон и Аристотель находятся в гармонии, отчасти сложилось в то время благодаря закреплению за каждым из них особой сферы интересов» [Knowles 1962: 10]. Однако это представление возникло только после того, как собор в Сенсе в 1210 г. попытался запретить научные (то есть натурфилософские) сочинения Аристотеля [Chartularium Universitatis Parisiensis 1889: 70]. В 1215 г. папский легат Роберт в описании Правил Парижского университета запретил читать лекции «по книгам Аристотеля о метафизике или натуральной философии либо по извлечениям из них». Однако знаменательно, что он разрешил читать лекции «по книгам Аристотеля по диалектике старой и новой... ординарным, но не беглым (ad cursum) способом», но только ординарным профессорам [Ibid.: 78–79][3]. Однако в 1231 г. Григорий IX, папа римский в 1227–1241 гг., постановил, что «очищенные» варианты сочинений Аристотеля по метафизике и натуральной философии могут использоваться в школьном преподавании [Ibid.: 136–139, 143–144]. Таким образом, те самые труды Аристотеля, которые западная церковь считала столь опасными (по метафизике и натуральной философии), стали нормальной частью образования в Византии, а труды по диалектике, которые были естественной частью учебного курса в западной церкви, в византийской образовательной системе воспринимались с опасением.

На верхнем уровне находились неоплатонические учения и церковные догмы (например, учение о Троице). Вопросы на этом уровне были по своему существу мистическими и таинственными, лежащими за пределами обсуждений и дискуссий, непостижимыми для человеческого мышления (διάνοια), но только для разума (νοῦς). В 1228 г. Григорий IX подтвердил гегемонию верхнего уровня, когда объявил факультету теологии в Париже, что «теология, господствующая над всеми другими дисциплинами, осуществляет свою власть над ними подобно тому, как дух осуществляет свою власть над плотью» [Gilson 1952, 2: 395–396].

На нижнем уровне находились суждения и представления об этом мире (например, вопрос о движении, аристотелевский, по

---

[3] О различиях между ординарными и экстраординарными (или «беглыми») лекциями см. [University Records and Life in the Middle Ages 1944: 28].

сути). Вопросы этого уровня представляли собой подходящий предмет для обсуждения и осмысления человеческим мышлением. Проблемы, связанные с этим разделением ролей, явились результатом усилий тех, кто хотел применить аристотелевскую логику к неоплатоническим доктринам.

Таинства верхнего уровня подвергал сомнению Эриугена, веривший, что разум может их постигнуть, но его сочинения были осуждены. Главный труд Эриугены — «О разделении природы» («De divisione natura») — не привлекал особого внимания, пока Альмарик из Бена (умер около 1204–1207 гг.) не сослался на него в ответ на обвинение в пантеизме. Тогда в 1225 г. Гонорий III, папа римский в 1216–1227 гг., объявил это сочинение еретическим. Вероятно, если бы сочинение Эриугены оставалось неизвестным еще несколько лет, впоследствии оно так и не получило бы папского одобрения. Напротив, папство могло рассматривать Эриугену как представителя сопернической кельтско-ирландской традиции (по крайней мере, в рамках западного христианства).

В начале XI в. Беренгарий (около 1000–1088 гг.), французский теолог и глава кафедральной школы в Туре, применил диалектику к теологии, в результате чего пришел к отрицанию пресуществления и, отвечая Ланфранку из Бека, отверг мнение церковных авторитетов. Актуальные в то время взгляды на пресуществление были основаны на идее Пасхазия Радберта, аббата монастыря Корби, что во время евхаристии после освящения хлеб становится настоящим телом, а кровь — подлинной кровью Христа. Беренгарий в своем сочинении «О теле и крови Господа» («De corpore et sanguine Domini») придерживается мнения, поддержанного Ратрамном, монахом монастыря Корби, что хлеб и вино становятся телом и кровью Христа лишь символически [Montclos 1971: 49–50]. Соответственно, по утверждению Беренгария, именно такое осмысление означает, что человек создан по образу и подобию Бога. Таким образом, поскольку диалектика есть разум, следует «прибегать к диалектике во всех предметах» [Haskins 1927a: 27][4]. Некоторые церковные соборы, прошедшие

---

[4] См. также [Southern 1953: 198–200; Leff 1958: 95].

с 1049 по 109 г., осудили взгляды Беренгария на евхаристию и вынудили его отречься от них.

Ближе к концу XI в. Ансельм Кентерберийский предположил, что Росцеллин Компьенский (около 1045 г. или 1050–1120 гг.), по сути, подверг сомнению саму неоплатоническую основу верхнего уровня, полностью отрицая универсалии и считая, что они «не более чем словесные выражения (flatum vocis)» [Anselmus Cantuariensis 1853: col. 265][5]. Трудно в точности установить, каковы были взгляды Росцеллина, поскольку единственным сочинением, которое обычно ему атрибутируется, является письмо к Абеляру о Троице [Roscellinus 1855]. Но кажется невероятным, что Росцеллин отрицал универсалии как таковые. Собор в Суассоне в 1092 г. только поставил его взгляды под сомнение, но не осудил их. Если бы он отвергал существование универсалий, это наверняка привело бы к его осуждению. Вместо этого Росцеллин мог просто поднять эпистемологический вопрос, каким же образом нам становится известно, что то, что мы называем универсалиями, действительно является универсалиями, а не словесными выражениями[6].

Некоторые исследователи предполагают, что скорее Абеляр, нежели Росцеллин, должен рассматриваться как основатель номинализма [Normore 1987: 203–205]. Другие считают, что первый пытался найти срединный путь (иногда называемый концептуалистским) между общепринятыми неоплатоническими взглядами реалистов и возражениями против них со стороны номина-

---

[5] См. также «Металогик» Иоанна Солсберийского. Указывая, что при изложении этого мнения Ансельм не цитирует сочинения Росцеллина, Жильсон воспринимает характеристику взглядов Росцеллина, данную Ансельмом, как «вероятную» [Gilson 1955: 625].

[6] Любопытно, что Орео приписывает текст универсалий Росцеллину [Hauréau 1890–1893, 5: 325–333]. Историк средневековой философии Морис де Вульф (1867–1947) отвергает эту атрибуцию как «всего лишь конъектуру», очевидно, потому, что автор этого сочинения признает существование универсалий [Wulf 1952, 1:148]. Мы же, в свою очередь, можем не принимать в расчет мнение де Вульфа, поскольку оно основано на сомнительных обвинениях со стороны оппонентов Росцеллина — Ансельма Кентерберийского и Иоанна Солсберийского, а не на собственных словах Росцеллина.

листов. Однако номинализм как философская школа сформировался уже после Абеляра, поэтому маловероятно, что он пытался найти способ примирить номинализм с тем, чего еще не существовало. Напротив, беспокойство реалистов скорее было связано с тем, что Абеляр и Росцеллин выдвигали идеи, подрывавшие их позицию. Впоследствии номиналисты делали именно то, что, согласно опасениям реалистов, делали в XI в. Абеляр и Росцеллин. Хотя реалисты не отличались терпимостью к каким-либо сомнениям в общепринятых взглядах, при описании позиции Росцеллина и Абеляра по поводу универсалий имеет смысл отделять взгляды их обоих от воззрений номиналистов.

Если считать номиналистами тех, кто отрицал существование универсалий, ни Росцеллин, ни Абеляр не были номиналистами. Напротив, и Росцеллин (насколько мы можем реконструировать его взгляды), и Абеляр скорее полагали, что изучение этого мира посредством диалектики может помочь нам в понимании универсалий, то есть они сомневались в эффективности интуитивных, врожденных понятий об универсалиях, а именно эти интуитивные, врожденные понятия неоплатоники-реалисты, чьи взгляды господствовали в то время, называли универсалиями, отделенными от предметов этого мира. По их мнению, чувственное восприятие может открыть знание универсалий, уже существующее внутри нас. В противном случае чувственное восприятие может только сбить нас с пути. Росцеллин и Абеляр не ставили вопрос о существовании универсалий как таковых — они только задавались вопросом, как можно прийти к их познанию. Ответ Абеляра был таким: используя диалектику в качестве диагностического инструмента.

Фома Аквинский пытался разрешить эту проблему путем компромисса. Он допускал, что с помощью веры мы осознаем, когда нам открывается внутреннее понимание универсалий, но это понимание также может прийти при использовании диалектики в качестве диагностического инструмента. Поскольку универсалии существуют в Божьем разуме до вещей (universalia ante rem), они могут существовать в человеческом разуме после вещей (universalia post rem). Таким образом, Фома Аквинский признает как интуицию, так и диалектику путями к истине, если диалектика не противоречит вере. Если же диалектика противоречит вере, значит, по мнению Фомы Аквинского, она применяется неправильно. Нам, находящимся по другую сторону научной революции, может показаться подозрительным, что Фома Аквинский пытался использовать диалектику для доказательства уже сложившихся представлений. Однако более широкая область диагностики, открывшаяся для диалектики благодаря Фоме Аквинскому, дала настоящим номиналистам и другим приверженцам «современного пути» возможность усомниться в подобной попытке решения проблемы, поставить под сомнение само существование универсалий [Gilson 1952: 489–520].

Возможно, благодаря самому Росцеллину (или же при посредничестве Гильома из Шампо) Абеляр впервые осознал значимость вопросов, перечисленных Порфирием. Таким образом, благодаря сформулированной Порфирием фундаментальной проблеме примирения Платона с Аристотелем и широкому распространению «Исагоги», где появилась эта формулировка, а также комментариев Боэция вопросы Порфирия не только остались неразрешенными, но и оказались в центре дискуссии, которая велась внутри западной церкви.

В восточной же не допустили развития оформленных взглядов, противоречащих общепринятым христианско-неоплатоновским воззрениям. В этом смысле не возникло необходимости, чтобы кто-нибудь попытался примирить две противоположные позиции. Вопросы Порфирия не сыграли существенной роли в восточной церкви. Его труды вызвали гнев Константина I (годы правления — 306–337), а Феодосий II (годы правления — 402–450) в 448 г. приказал сжечь все списки его сочинения «Против христиан» («Kata Christianōn»)[7]. В Византии в V в. не проявляли терпимости к языческим философам-неоплатоникам. При императоре Зеноне (годы правления — 474–475, 476–491) преподаватели-язычники, обвиненные в распространении учения неопла-

---

[7] Пселл упоминает об указе, требовавшем сжечь все сочинения Порфирия [Psell 1936: 267].

тоников, должны были принять христианство, в противном случае они лишались должности. Еще в 415 г. в Александрии представительница неоплатонизма, женщина-философ Гипатия (около 350/370–415 гг.) была схвачена христианскими фанатиками, приведена в церковь, где ее раздели и забили до смерти [Дамаский 2019: 72; Сократ Схоластик 1996: 279–280; John of Nikiu 2007: 100–101]. В середине VII в. неоплатоническую академию в Александрии захватили мусульмане, а неоплатоническая академия в Афинах, которая, возможно, могла бы привнести двухуровневую образовательную структуру в восточную церковь (и, таким образом, продолжила бы ставить вопросы Порфирия), была закрыта Юстинианом в 529 г. Государственный аппарат Восточной Римской империи работал так, что официально запрещенные сочинения едва ли могли оставаться необнаруженными. После распада Западной Римской империи отсутствие централизованной политической власти сделало возможным, чтобы сочинения и идеи, воспринимавшиеся как диссидентские, не только сохранились, но и приумножились. И даже когда в Европе восстановилась сопоставимая по силе светская власть (в Каролингской империи), внедрением тривиума занимался «министр образования» Карла Великого, Алкуин Йоркский.

Однако было бы неправильно полагать, что восточная церковь с нетерпимостью относилась к сочинениям Порфирия, или что рукописи «Исагоги» сохранились только в Западной Европе [Walzer 1991: 948][8], или что в западной церкви на вопросы Порфирия попытался ответить Абеляр, в то время как в восточной церкви никто даже не знал об этих вопросах. Порфирий был известен на территориях восточной церкви. Иероним Стридонский (около 347–420 гг.) сообщает, что он уже в 370-е гг. в Антиохии обучался логике по «Исагоге» [Иероним 1884: 47]. В IV в. Афанасий Александрийский (около 296/298–373 гг.) в «Житии Антония Великого» упоминает, как Антония «посетили несколько язычников, почитавшихся мудрецами», которые «имели...

---

[8] «Исагога» — единственное сочинение Порфирия, сохранившееся и на греческом, и на арабском языке [Walzer 1966: 278].

намерение войти в рассуждение о проповеди Божественного Креста». Антоний сказал им: «Вера происходит от душевного расположения, а диалектика — от искусства ее составителей, поэтому в ком есть действенность веры, для того не необходимы, а скорее излишни доказательства от разума» [Афанасий Великий 1903: 235, 238]. Но эти вопросы решались в рамках одноуровневой иерархической схемы апофатической теологии, основанной на отрицании[9]. Таким образом, говорить о Боге было возможно только от противного, подобно тому как язычники-неоплатоники говорили о Едином. Максим Исповедник (580–662) писал, что «отрицания применительно к божественным [предметам. — Д. О.] истинны» [Максим Исповедник 2006: 218][10]. Таким образом, отдельный человек может общаться с Богом только посредством молчания и «знающего неведения». И Григорий Назианзин (около 329–390 гг.), и Псевдо-Дионисий утверждали, что «само неведение Его есть ведение, превосходящее ум» [Максим Исповедник 1993: 107][11]. Кроме того, Максим Исповедник в толкованиях Псевдо-Дионисия писал: «Бог становится вéдомым через неведение» [Дионисий Ареопагит 2002: 253]. Таким образом, как он утверждал в другом месте, «чист ум, отделившийся от неведения и просвещаемый Божественным светом» [Максим Исповедник 1993: 99].

Ранние богословы восточной церкви основывались на аристотелевской логике, диалектике и даже «Исагоге» Порфирия. Леонтий Византийский (475–543/4), которого называли основателем

---

[9] Эмиль Брейе в своей работе по средневековой философии указывает (возможно, с сожалением), что в «восточных странах... любая интеллектуальная деятельность была поглощена богословскими науками» [Bréhier 1937: 3].

[10] См. также [Thunberg 1965: 436–44].

[11] См. также послание I Псевдо-Дионисия, где утверждается, что только через незнание (αγνωσία) мы можем познать Бога [Дионисий Ареопагит 2002: 764–767]. В. Н. Лосский в «Очерке мистического богословия восточной церкви» писал: «Идя путем отрицания, мы подымаемся от низших ступеней бытия до его вершин, постепенно отстраняя все, что может быть познано, чтобы во мраке полного неведения приблизиться к Неведомому» [Лосский 1972: 18].

византийского аристотелизма [Rugamer 1894: 72; Evans 1970; Loofs 1887: 297–303; Harnack 1886–1890], утверждал, что применение к миру аристотелевских категорий рода и вида ведет не к истине, а к бесконечному отдалению от нее [Leontios 1863: col. 1296.]. Иными словами, все меньше вещей становятся для нас ясными.

Иоанн Дамаскин также был сведущ в диалектике. Первая часть его «Источника знания» («Πηγὴ γνώσεως») посвящена диалектике как таковой (которую он определяет как «служанку богословия»), особенно «Исагоге» Порфирия. Подобно Леонтию, Иоанн не претендует на оригинальность: «Своего же... я не скажу ничего» [Иоанн Дамаскин 2002: 52]. Это указывает на его приверженность представлению, что вся истина уже открыта. Это стандартный топос, который также усвоили Григорий Назианзин и Псевдо-Дионисий наряду с другими, более восточными авторами[12]. Но поскольку Иоанн Дамаскин много говорит и от себя, он имеет в виду, что все сказанное им совпадает с ранее известной истиной. По мнению Иоанна Дамаскина, как и позднейших восточнохристианских авторов, диалектика должна заходить не дальше, чем необходимо для поддержки веры, то есть в пределы уже открытой истины, но не должна использоваться для установления новой, ранее неизвестной истины, поскольку таковая (по определению) не может существовать. Иными словами, диалектика служила лишь дескриптивным, а не диагностическим инструментом. Такие же взгляды преобладали и в западной церкви времен Абеляра[13].

---

[12] Например, Конфуций: «Я передаю, но не создаю; я верю в древность и люблю ее» [Переломов 1998: 347].

[13] Умберто Эко вкладывает в уста своего персонажа Хорхе де Бургоса слова, в которых выражается это господствовавшее в западной церкви мнение: «...наш вид работы, принятый в нашем ордене и, в частности, в нашем монастыре, — в большой своей части, да что там, почти целиком сводится к учению и к охране знаний. К охране, говорю я, а не к разысканию. Ибо знание, в силу своей божественности, полновесно и совершенно даже в самых началах, оно совершенно полно уже в истоке — в божественном Слове, которое высказывается само через себя. Охрана, говорю я, а не разыскание. Ибо знание, в силу своей человечности, целиком определилось и целиком исполнилось смысла уже в те столетия, которые протекли от проповеди

Согласно критикам Абеляра, он использовал диалектику не только для описания общепризнанной истины, но и для обнаружения новых истин в области богословия. Бернард Клервоский и другие сторонники господствующих воззрений полагали, что подобная деятельность угрожает добру и красоте. В письме Бернарда Клервоского к Иннокентию II, папе римскому в 1130–1143 гг., Абеляр охарактеризован как «новый теолог из старых магистров, кой с юных лет своих резвился в искусстве диалектики, а теперь беснуется в Священном Писании» [Шталь 1996: 192]. Характеризуя Абеляра подобным образом, Бернард явственно указывает, что он видит угрозу для старой, высшей теологии со стороны диалектики, которой увлекается новый (читай: низший) теолог. Кроме того, Бернард критикует гордыню Абеляра, полагающего, что посредством диалектики он сможет постичь тайны веры:

> Он, кой недостоин знать из всего того, что вверху на небесах или внизу на земле, ничего иного, кроме как только «я не знаю», отверзает на небеса уста свои, испытует глубины Господни, воротясь, преподносит нам непроизносимые слова, «которые человеку нельзя пересказать» (2-е Кор. 12:4) и, хотя готов обо всем судить на основании разума, даже о том, что выше разума, дерзает и против разума, и против веры [Там же].

Бернард сетует, что «Пьер Абеляр, пытаясь уничтожить заслугу христианской веры, полагает возможным при помощи человеческого разума постигнуть все то, что есть Бог. <…> И самому себе он представляется великим, рассуждая о вере противно вере и свободно бродя среди того, что выше его, среди чудесного и великого, которое он исследует, измышляя ереси» [Абеляр 1959: 135].

Подобная критика напоминает претензии Ланфранка, архиепископа Кентерберийского, к Беренгарию, который пытался понять «то, что не может быть понято» [Lanfranc: col. 427]. По словам

пророков до толкований Отцов Церкви. Ему нет продвижения, ему нет смены столетий, знание не нуждается в прибавлении; самое большее — в возвышенном, неустанном пересказывании» [Эко 1989: 343].

Бернарда, «вера благочестивых верит, а не рассуждает» [Абеляр 1959: 150]. Сам Бернард полагал, что человек достигает мистического союза с Богом «бдениями, и мольбами, и многим трудом, и потоком слез» [Sancti Bernardi abbatis Clarae-Vallensis Opera Omnia, vol. 1, pt. 2, col. 2870]. Абеляр, напротив, не только защищал использование диалектики, но и в своем комментарии ко «Второй аналитике» превозносил ее как средство распознавания истины:

> ...особенно же до́лжно настаивать на изучении этой науки, которой познается сильнейшая истина. Она же есть диалектика, которой настолько подчинено всякое определение истинности или ложности, что она, предводительница всей учености, обладает первенством и главенством во всей философии. Она также является столь необходимой для католической веры, что никто не может противостоять софистическим рассуждениям схизматиков, если не защитится ею [Abelard 1836: 435].

Матвей Парижский (около 1200–1259 гг.) выражал ту же позицию, когда упоминал «правила логики, которая есть непогрешимая искательница истины» [Matthew Paris 1880: 211].

Западные церковные деятели (наподобие Ансельма Кентерберийского и Бернарда Клервоского) понимали, что диалектика может использоваться для достижения деструктивных выводов, и стремились этого избежать. Мы в XXI в., воспринимая Абеляра как конструктивного и прогрессивного мыслителя, должны помнить, что современные ему авторитеты считали его опасным и достойным порицания. Американский историк Генри Осборн Тейлор (1856–1941) утверждал, что Абеляр был одержим «фатальным стремлением доставлять неудобства» и «явно обладал необузданным желанием раззадоривать своих противников». Тем самым он «приводил себя и других к тернистой жизни» даже в позднейшие века, «когда некоторые из его методов и мнений стали общепринятыми» [Taylor 1927, 2: 372–373]. Если личные качества Абеляра предопределили его успех среди учеников, это нельзя считать достаточным объяснением, почему аналитическое мышление восторжествовало в западной церкви. Несомненно, в восточной церкви также были честолюбивые личности, склонные возмущать спокойствие; к таковым относился и Иоанн Итал. Впрочем, последний попытался применить диалектику к богословским вопросам, когда уже достиг вершины карьеры и находился в преклонном возрасте.

Для тех авторитетов, которых возмущал Абеляр, три свойства Единого: Истина, Добро и Красота — не могли находиться в оппозиции друг к другу. Таким образом, любые «истины», которые Абеляр и диалектика постигали, понимая их как противоречащие Добру и Красоте, неизбежно оказывались ложными и, следовательно, не были Истиной. В восточной церкви несколькими веками ранее Иоанн Дамаскин осознал эту проблему и отчетливо сформулировал ту самую позицию, отрицающую диагностическую ценность диалектики для богословских вопросов. С тех пор в восточной церкви не было значительного диалектического течения, до Иоанна Итала никто всерьез не сомневался в этой точке зрения. Возможно, Иоанн Дамаскин просто нанес смертельный удар по концепции, которая не проявила жизнеспособности в рамках восточной церкви. Позднее, в IX в., анонимный автор жития Иоанна Психаита сообщал, что его герой не пользовался диалектикой, «а предпосылки, силлогизмы и софизмы, являющиеся паучьим тканьем, он предоставлял валяющимся в навозе» [Сенина 2019: 158]. В XIV в. Димитрий Кидон в своей «Апологии» выражал удивление, что теологи западной церкви «выказывают великую жажду к блужданию в лабиринтах Аристотеля и Платона, к которым... народ никогда не проявлял любопытства» [Demetrios Kydones 1931: 366][14]. Тех же, кто проявлял любопытство (например, Иоанна Итала и его учеников), успешно подавляли.

Я отмечал, что разница в менталитете между восточной и западной церковью может объясняться различиями в интерпретации неоплатонизма. Теперь я (сколь возможно) отчетливо обозначу, в чем я вижу разницу их менталитетов. Наибольшее воздействие на христианство оказали три аспекта неоплатонизма:

---

[14] Общее исследование «Апологии» Димитрия Кидона см. в [Kianka 1980].

ипостась, иерархия и эманация. Богословы восточной и западной церкви по-разному применяли концепт ипостаси к таинству Троицы, что и обусловило окончательный раскол между ними. Свойственное западной церкви представление о чистилище явно противоречило представлению восточной церкви о едином иерархическом континууме, которое впервые сформулировал Псевдо-Дионисий[15] и окончательно утвердил Иоанн Лествичник (около 579–649 гг.). Однако наиболее показательным в смысле различных интеллектуальных интерпретаций было понятие эманации. В диалектической традиции западной церкви оно интерпретировалось следующим образом: если этот мир есть эманация от Бога, тогда этот мир дает подсказки для понимания сущности Бога. Последние стимулируют мотивацию к изучению материального мира для понимания Божественного Разума. Однако эти подсказки следует анализировать в свете диалектики, то есть при помощи аналитического подхода, столь тесно связанного с западными культурными ценностями (как религиозными, так и светскими).

Кульминацию этой линии развития мы видим в философии истории Георга Вильгельма Гегеля (1770–1831), утверждавшего, что история есть развертывание Абсолюта и что если мы понимаем историю, то понимаем Абсолют и сами становимся почти божественными[16]. Гегель признавал, что неоплатоник Прокл оказал влияние на его философию [Wallis 1972: 130]. В XVII в. немецкий математик Иоганн Кеплер (1571–1630) полагал, что математические рассуждения дают средство для постижения Бога, и пришел к следующему убеждению: «Геометрия... столь же вечная, как и Бог, и сияющая в божественном Разуме, дала Богу примеры... как подобает устроить Мир, чтобы он стал Лучшим и Красивейшим и наконец наиболее подобным Творцу» [Kepler

---

[15] Пауль Тиллих предполагает, что Дионисий мог впервые ввести в употребление слово «иерархия» [Tillich 1968: 91]. Ле Гофф не затрагивает этот вопрос в своем всеобъемлющем в иных отношениях исследовании чистилища [Le Goff 1981].

[16] Рассмотрение этих аспектов гегелевской философии см. в [Malia 1961: 228–233].

1940: 104–105]. В другом месте Кеплер утверждал: «Геометрия единая и вечная, сияющая в разуме Бога; участие в ней, данное людям, является одной из причин (inter causas est), почему человек есть образ Бога» [Kepler 1941: 308]. Параллелью к этому утверждению выступают слова физика Стивена Хокинга (1942–2018), что если мы откроем полную теорию Вселенной, то сможем ответить на вопрос, почему Вселенная существует, и «это будет полным триумфом человеческого разума, ибо тогда нам станет понятен замысел Бога» [Хокинг 2001: 238]. Можно утверждать, что понятие о «большом взрыве», до которого не существовали известные нам законы физики, само по себе представляет неоплатонический конструкт. Впоследствии Чет Реймо (родился в 1936 г.), просветитель и натуралист, выразил эту формулировку по-новому: «Именно так я бы начал выстраивать понятие о Боге, соответствующее нашему времени, — с помощью математики. <…> Если мы математические сознания, то потому, что мир в некоем глубоко таинственном смысле математический. Назовите это, если угодно, разумом Бога» [Raymo 1992: 26][17].

В основе этих попыток понять Разум Бога лежит теофания, то есть представление о том, что этот мир являет собой развертывание идеальных и вечных форм Божественного Интеллекта. Действительно, на тривиуме и квадривиуме основаны два определяющих принципа западных интеллектуальных достижений: искусство рассуждения и наука о числах. Предметы тривиума: грамматика, риторика, диалектика — служат для убедительного выражения аргументов, тогда как предметы квадривиума различным образом задействуют числа: числа сами по себе (арифметика); числа, принимающие форму, но неподвижные (геометрия); числа, принимающие форму, но движущиеся (астрономия); отношение чисел друг к другу (музыка) [Klinkenberg 1976: 2]. Когда в начале VI в. Боэций писал об изучении чисел самих по себе (об арифметике), он одним из первых выдвинул положение, приверженцами которого в дальнейшем стали Кеплер и Хокинг:

---

[17] См. также [Weinberg 1992: 242]. Среди недавних книг, задействующих эту концепцию, — [Trefil 1989; Craig 1987; Davis 1991; Matthews 1992].

«Все, что создано изначальной природой вещей, представляется образованным на основании чисел, ибо это был главный образец в душе создателя» [Boethius 1847b: col. 1083]. Хотя сам Кеплер возводил свои взгляды к Платону и Проклу, использованием количественных единиц, а не абстракций при описании Разума Бога он обязан скорее Евклиду и Боэцию[18].

С точки зрения восточной церкви любые попытки постичь Разум Бога безнадежны и обречены на провал. Для восточнохристианских богословов интерпретация неоплатонического наследия происходит следующим образом: если Бог есть тайна, а этот мир — эманация от Бога, то и этот мир есть тайна. В восточной церкви не задавали вопроса «почему?», вероятно, потому, что любой ответ, всякое объяснение были бы всего лишь голословными утверждениями. Зачем разделять на категории то, что цельно и бесшовно? Зачем пытаться проговорить то, что невыразимо? В таинственности всего этого и есть Красота, Добро и Истина. В этом и состоит «грубый факт». В этом и заключается путь. Даже вопрос «Где был русский Абеляр?» чужд подобному способу мышления. Его просто не было. И на этом все.

Хотя апофатическая теология также господствовала в западной церкви до XIII в., существовала и другая традиция, катафатическая, которая утверждала, что этот мир и некоторые части Божественной Души и Разума Бога могут быть постигнуты посредством нашего разума, рациональных рассуждений и дискуссий. Соответственно, осуществленное Фомой Аквинским примирение апофатической и катафатической теологии выглядело так: вера и разум (правильно применяемый) никогда не могут по-настоящему пребывать в противоречии. Для восточной церкви вера всегда превосходила разум. Восточнохристианские мыслители не видели никакой пользы в дискуссиях, поскольку Бога невозможно познать с помощью рациональных рассуждений — только с помощью интуитивного общения наших душ с Божественной душой, лишь в отрицательном смысле определив, чем Бог не является.

---

[18] О связи Кеплера с Платоном, Евклидом и Проклом см. [Field 1988].

Американский философ Роберт Пёрсиг (1928–2017), анализируя связь диалектики Платона с риторикой софистов, проводит разграничение между истиной (диалектикой) и добром (риторикой). Хотя существует тенденция ассоциировать диалектику с логичным и разумным, а риторику — с ложным, искусственным и показным, Пёрсиг воспринимает их ценность с точностью до наоборот. Вот как он описывает работу разума своего персонажа Федра, когда преподаватель философии задал ему вопрос:

> Ум его спешит все дальше, сквозь перестановки диалектики, дальше и дальше — сталкивается с чем-то, находит новые ветви и отростки, взрывается гневом при каждом новом открытии порочности, мерзости и низости этого «искусства», называемого диалектикой... Ум Федра спешит все дальше — и видит наконец нечто злое: это зло глубоко окопалось в нем самом, оно только *делает вид*, будто пытается понимать любовь, красоту, истину и мудрость, но подлинная его цель — никогда их не понимать, всегда узурпировать их и возводить на трон себя. Диалектика — узурпатор. Вот что он видит. Выскочка, она навязывается Благу, стремится удерживать и контролировать его [Пёрсиг 2012: 413–414].

Полагаю, Бернард Клервоский и восточнохристианские богословы охотно согласились бы с характеристикой диалектики, данной Пёрсигом.

Это разделение между диалектикой и риторикой мы можем (с необходимыми оговорками) приложить к различиям, в соответствии с которыми неоплатоническое христианство развивалось в западной и восточной церкви. В западном христианском мире после XIII в. поиск более великих, ранее неизвестных истин об этом мире (посредством диалектики) воспринимался как благо и одержал верх над сохранением меньших, уже известных истин. В восточном христианском мире сохранение старых (и единственных) истин воспринималось как благо и одержало верх над поиском новых (и, следовательно, ложных) истин. Однако для молодежи всегда привлекательнее искать и изобретать новое, чем оставаться в рамках старого. В педагогическом смысле это различие привело к оживленному пробуждению науки в западных кафедральных школах и университетах в XII–XIII вв. Абеляр своим преподаванием увлекал сотни учеников, поскольку его подход вызывал у них отклик. Он получил готовых слушателей, которые за предшествующее время обучились диалектике. Австрийский историк Фридрих Хеер (1916–1983) выразительно описал этих слушателей:

> Именно в XII в. на подмостках европейской истории впервые по-настоящему появилась молодежь, полная физической и ментальной активности, жаждущая изведать вкус реальности. Особенно знаменательным было преобладание грамотных молодых людей, готовых работать и учиться, исследовать космос разума и духа; эти молодые мужчины, вполне в духе «Бури и натиска», к которым очень скоро присоединились и молодые женщины, всегда стремились больше узнать, больше найти, больше испытать, больше любить и даже больше страдать. Впервые множество этих «молодых людей» (которым могло быть сколько угодно лет — 12, 17 или даже 40) пробудилось до самых глубин своего существа, до глубин, до тех пор не откликавшихся ни на обращение в христианство, ни на народную культуру [Heer 1962: 81].

Знаменательно упоминание «грамотных людей» (то есть «светского духовенства»). В этой точке европейской истории начала развиваться светская система ведения документации. В королевских дворцах и домах знати возникла потребность в грамотных письмоводителях, и в поисках образованных канцеляристов светские правители обратились к церковной системе ведения документации [Baldwin 1976]. Интеллектуальными наследниками этих канцеляристов стали светские служащие, которые в 1789 г. наряду с юристами составили Учредительное собрание, провозгласили Великую французскую революцию и объявили Разум новым божеством. Кроме того, согласно исследователю интеллектуальной истории Эндрю Джорджу Леманну (1922–2006), около 20 кардиналов и 50 епископов объявили себя учениками

Абеляра [Lehmann 1984: 61][19]. Известно, что к 1200 г. в одном только Париже насчитывалось 5000 студентов. Средневековые перипатетики спровоцировали научную революцию, показав своим ученикам, как использовать нож диалектики, чтобы резать на куски идеи, доводы и даже слова своих оппонентов. Абеляр и его единомышленники-диалектики превратили диалектику из предмета изучения в метод, который можно применять для исследования любого предмета. Должно быть, этих студентов очень воодушевило получение нового способа мышления.

Хаскинс поднял вопрос, «почему при существовании перевода Боэция "Новая логика" оставалась в пренебрежении до XII в. и почему она столь внезапно вернулась к жизни». Сам Хаскинс предлагает довольно бездоказательное объяснение, что «в эпоху, когда использовалась только элементарная логика... более сложные исследования оказались забыты», а «с возрождением диалектики в XII в. начались поиски дополнений к запасу сочинений по логике и были обнаружены тексты Боэция» [Haskins 1927a: 233]. Мне представляется, что дело обстоит сложнее, чем если бы одна эпоха использовала только элементарную логику, а другая — более развитую. Важно то, с какой целью употребляется логика: как упражнение для ума или как подход к миру. Такие люди, как Беренгарий, Росцеллин и Абеляр, вероятно, видели в диалектике средство, чтобы добиться широкой поддержки в борьбе со своими противниками внутри церкви. Американский историк Генри Адамс (1838–1918) объясняет успех Абеляра у молодежи тем, что тот использовал определенный вид логики, reductio ad absurdum [Adams 1950: 288]. Те, кто прибегает к reductio ad absurdum, часто делают это с явным удовольствием. Напротив, византийский автор Феодор Продром (около 1100 — около 1165 или 1170 г.) весьма подробно описывал, какое пренебрежение к учебе выказывали ученики в византийских школах [Cantarella 1948, 1: 185–194, № 82; cf. 2: 215–225]. Ученики должны быть вовлечены

---

[19] Леманн указывает, что среди учеников Абеляра были будущий папа римский Иннокентий III и Морис де Сюлли, инициировавший строительство собора Парижской Богоматери.

в свой предмет. Они обязаны взаимодействовать с ним. Возможно, повторение — мать учения, но постоянное повторение подавляет интерес к учению.

Возможно, не будет чрезмерным обобщением, если охарактеризовать восточную церковь как синтетическую, сводящую все к единому целому, в одну совокупность, вечность. Именно это имел в виду французский медиевист Жан Жимпель (1918–1996), когда писал, что до XX в. православные священники не разрешали устанавливать в церквах механические часы. Для служителей восточной церкви часы «выглядели святотатством, поскольку математическое разделение времени... не имело отношения к вечности» [Gimpel 1976: 169]. Эти воззрения отражала и политическая структура: один басилевс — над всем миром, Царство Небесное — на земле[20]. Такой подход характеризовал личность как неотделимую часть целого, а целое охватывало все отдельные части. Одним из проявлений этого подхода, утверждавшего, что «это есть это, а то есть то», стала теория двух мечей. И в наше время на Западе некоторые пытаются восстановить синтетическую целостность вещей во всей ее красе. Таковы, например, поиски теории Великого объединения в квантовой физике или тенденция к созданию мирового правительства, но до сих пор существует слишком много категорий, чересчур много различий, чрезмерно много «уродливых фактов», режущих на куски все эти прекрасные теории Великого объединения.

Восточнохристианские богословы не видят смысла спорить о тайне вещей, поскольку отсутствует сам предмет для спора. Когда журналист попросил музыканта Луи Армстронга (1901–1971) описать, что такое джаз, тот ответил: «Если вы спрашиваете, что это такое, вы этого никогда не узнаете». В этом смысле православное христианство похоже на джаз.

---

[20] Э. Ч. Ллойд понимает вопрос об «отражении политической структуры» в философии в связи с развитием неоплатонизма в Римской империи в III в. [Lloyd 1967: 274].

Глава 4
Философские взгляды восточной церкви

Я приведу здесь лишь один пример того, насколько сложно исследователю западной выучки понять менталитет восточной церкви. Английский историк Стивен Рансимен (1903–2000) следующим образом описывает происходившую в XVI в. переписку между лютеранами и Иеремией II Траносом, Константинопольским патриархом в 1572–1579, 1580–1584, 1587–1595 гг.:

> В середине века лютеране с подачи Филиппа Меланхтона начали делать попытки сближения с греческой церковью, ища в ней союзника против Рима. Греков это несколько смущало. Когда патриарху прислали Аугсбургское исповедание, специально для него переведенное на греческий язык, он не ответил. Был отправлен второй экземпляр, и на этот раз патриарх Иеремия II был вынужден ответить вежливым, но твердым заявлением, в котором указывал, что с православной точки зрения Аугсбургское исповедание является еретическим, особенно в смысле отношения к монашеским обетам, иконам, таинствам, оправданию верой, свободной воле и исхождению Святого Духа (в чем лютеране следовали латинскому заблуждению). Лютеране пытались оспорить эти положения; тогда Иеремия повторил свои возражения и в ответном послании попросил больше не приводить доводов, а писать письма только по делам дружбы [Runciman 1957: 47].

Рансимен объясняет нежелание патриарха вступать в дискуссию политическими затруднениями, но трудно понять, что мешало восточной церкви присоединиться к политической дискуссии протестантов против общего врага, латинской церкви. В конце концов, свой третий ответ Иеремия завершил такими словами: «...впредь о догматах к нам не пишите, а разве только по дружбе, если вздумаете» [Иеремия 1866: 300]. Очевидно, Иеремию не смущали возможные дружеские отношения с лютеранами. Кроме того, он не выглядит невежественным или неспособным к участию в спорах. Достаточно взглянуть на его ответы, чтобы увидеть его владение литературным языком (или его секретарей). Если же принять во внимание, что патриарх действовал в рамках восточнохристианской неоплатонической традиции, можно лучше понять его нежелание вступать в праздные споры. Патриарх вполне ясно указывает на это в конце того же самого послания:

> В заключение же просим вас не утруждать нас более, ни писать об этом, ни посылать к нам, когда вы светильников Церкви и богословов перетолковываете иначе, и, на словах почитая их и превознося, на самом деле отвергаете, и доказываете, что оружие наше бесполезно, то есть святые и божественные их слова, при помощи которых мы могли бы и еще писать и опровергать вас. Итак, избавьте, со своей стороны, нас от хлопот [Там же: 299–300].

Если воспринять его слова без обиняков, Иеремии досаждала та запальчивость, с которой лютеране вели теологические споры. «Зачем они пререкаются с Истиной?» — таким вопросом наверняка задавался Иеремия. В основном такой же позиции придерживался Московский церковный собор 1554 г., когда отказался вступать в спор с немецкими послами из Нового Городка, считая, что православие обладает явным превосходством [Акты 1836, 1: 251–252]. Василий Калика, архиепископ Новгородский в 1131–1352 гг., дал похожий ответ шведскому королю Магнусу IV (годы правления — 1319–1364), когда в 1347 или 1348 г. король хотел провести собор для проведения диспута между католическими и православными богословами:

Прежде сих многых лѣт наши прадѣди приали вѣру от Грек, и есть права и истинна, и яко дрьжали прадѣди наши, и дѣди, и отцы наши, и мы тако же дрьжим и законы соблюдаем по греческому закону, яко же прияли от Грек, а не примся ни с кѣм, вѣмы бо яко права сиа вѣра есть и истинна, юже приахом от Грек, и есть права и истинна, юже соблюдаем, и законы ея. Таже аще хощеши прѣтися о вѣрѣ, послии во Царьград к патриарху, и той тебѣ да отвѣщает [Никоновская летопись 1885: 219][1].

Когда лютеранские теологи в четвертый раз попытались склонить Иеремию к дискуссии, он вежливо ответил, что прочел их возражения, но еще не имел времени написать ответ и скоро это сделает. Однако он, очевидно, так и не нашел времени, поскольку больше им не писал, но не потому, что он и восточнохристианские богословы не могли вступить в дискуссию, а потому, что не хотел. С их точки зрения не имело смысла спорить из-за теологических мелочей.

Параллель к отказу Иеремии участвовать в диалектических спорах с немецкими теологами мы можем видеть в «Легенде о великом инквизиторе» Ф. М. Достоевского, когда Христос отказывается словесно отвечать великому инквизитору. Великий инквизитор олицетворяет разум, а Христос — веру (или западную и восточную церковь соответственно).

По мнению Иеремии, как и по мнению восточной церкви в целом, диспуты, поскольку они основаны на диалектике, могли привести только к заблуждениям. Ланфранк схожим образом критиковал Беренгария Турского: «Отринув святые образцы, ты находишь прибежище в диалектике» [Lanfrancus 1854: col. 416].

Подобным образом в XVII в. украинский православный полемист Иван Вишенский (около 1550 — после 1620 г.) призывал к полному отказу от новшеств, «поганских хитростей и руководств, се же есть грамматик, риторик, диалектик и прочих коварств тщеславных» [Вишенский 1955: 23]. Далее у него встреча-

---

[1] См. также сообщение об ответе Василия в Новгородской третьей летописи [Новгородские летописи 1841: 226].

ется упоминание «хитростей и художеств граматычных, диалек-
тичных, рыторичных и философских» [Там же: 123]. Он осуждал
не столько хитрости и уловки грамматического, риторического
и диалектического свойства, сколько использование грамматики,
риторики и диалектики как таковых для продвижения чьих-либо
взглядов. Для Вишенского даже тривиум был новшеством, уво-
дящим с истинного пути. Большинство исследователей интер-
претируют взгляды Вишенского как духовную реакцию восточного православия на проводимую иезуитами контрреформацию
в Восточной Европе. В итоге, согласно этой интерпретации, Вишенский остался «не затронутым» риторическими приемами
и идеями контрреформации[2]. Я же, напротив, вижу во взглядах
Вишенского развитие свойственной восточной церкви апофатической традиции, заложенной Ямвлихом и Проклом и продол-
женной Леонтием Византийским, Максимом Исповедником
и Иоанном Дамаскиным, включающей в себя также патриарха
Иеремию II. Вторжение контрреформации вызвало отповедь со
стороны Вишенского, подобно тому как вопросы тюбингенских
теологов вызвали отповедь со стороны Иеремии, но их возражения подстрекателям показывают, что они оба хорошо понимали
взгляды, против которых возражали. В этом отношении я могу
согласиться с выводом американского филолога-слависта Хар-
ви Голдблатта, что Вишенский опирался на «формулировки,
связанные с языковой политикой католической церкви после
Тридентского собора», возражая против этой самой политики
[Goldblatt 1991b: 33–34].

Если всю истину уже открыли Библия, семь Вселенских соборов
и сочинения Отцов Церкви и если мы можем познать ее с помощью собственной души, используя эти книги в качестве руководства, тогда, очевидно, все новое, все новые идеи, которые не содержатся в них, должны (по определению) быть ложными и не-
истинными. Те богословы и философы западной церкви, которые
наряду с Библией, решениями Вселенских соборов и сочинениями Отцов Церкви прониклись катафатическими представлениями,

---

[2]   Краткую историографию см. в [Goldblatt 1991a: 7–13].

также использовали свое восприятие мира в качестве источника и свой разум в качестве руководства. Деятели восточной церкви, напротив, использовали в качестве источников только Библию, решения Вселенских соборов и сочинения Отцов Церкви, в том числе те, в которых было сильное влияние неоплатонизма, а в качестве руководства — душевную интуицию. Например, в переписке патриарха Иеремии с лютеранами больше всего цитируются следующие Отцы Церкви: Василий Великий (329/330–379), Григорий Нисский (около 335–395 гг.), Григорий Назианзин, Иоанн Златоуст (около 349–407 гг.) и Псевдо-Дионисий.

В западной церкви Абеляр сопоставил 158 противоречащих друг другу утверждений в сочинениях Отцов Церкви, но не произвел сенсации для своего времени. Деятели как западной, так и восточной церкви прекрасно знали, что в утверждениях Отцов Церкви встречаются различия. Абеляр методично составил из них список, чтобы удобнее было прибегать к ним во время диспутов. Только в XIX и XX в. историки, искавшие прообразы для собственного способа мышления, превратили сопоставления Абеляра в то, чем они не являлись в его время. Абеляр утверждал, что «от книг позднейших авторов отделены книги Ветхого и Нового Завета, обладающие превосходством канонического авторитета», поскольку Священное Писание нельзя ставить под сомнение; «в отношении же трудов позднейших авторов… читатель или слушатель имеет свободу суждения, потому что он может или одобрить то, что ему понравилось, или отвергнуть то, что ему не нравится… если только оно не подтверждается определенным обоснованием или известным каноническим авторитетом» [Абеляр 1959: 119–120]. Делать подобные утверждения в восточной церкви не имело смысла: так называемые противоречия в Священном Писании были только кажущимися, а не действительными. Если кто-нибудь из Отцов Церкви противоречил самому себе или другому Отцу Церкви, это происходило только потому, что их утверждения вырывали из контекста. Иными словами, ложным оказывался только чей-либо метод понимания, а не сами утверждения Святых Отцов. Для восточной церкви Библия, решения Вселенских соборов и сочинения Отцов Церкви были единственными надежными источниками знания, поскольку наряду с нашими душами они связаны с Божественной Душой и представляют собой единственное средство доступа к ней. Не следует подвергать их сомнению или проводить различия между ними. На вопрос, ранжировала ли восточная церковь свои авторитеты, убедительно ответил Ярослав Пеликан (1923–2006) в связи с сочинениями Максима Исповедника:

> Структура авторитетов в теологии Максима была такой: учение «собора, или Отца, или Писания», но по факту все они находились в динамической взаимосвязи, в силу чего ни один из источников не мог быть выделен как единственный авторитет. Высшее положение занимало Писание, но только если оно интерпретировалось в духовном и православном ключе. Отцы Церкви формировали норму, но только если находились в гармонии друг с другом и сохраняли связь с Писанием, на котором основывались. Мнение соборов могло быть решающим, но только как выражение одного апостольского, пророческого или святоотеческого учения [Pelikan 1973: 287].

Кирпичиками, из которых складывалось знание, служили цитаты из Священного Писания и основанных на нем трудов. Например, Иеремия упрекает лютеранских теологов за сомнения в достоверности этих источников — цветов, с которых верующий, подобно пчеле, собирает сладкий нектар. Недаром одним из самых распространенных на Руси сборников святоотеческих изречений была византийская компиляция под названием «Пчела» («Μέλισσα»). Любое произведение словесности или компиляцию мы можем рассматривать как букет, где предложения подобны цветам, которые можно сочетать различным образом. Например, тропарь Нилу Сорскому гласит следующее: «Мирскаго жития отвергся и мятежа житейскаго бегая, преподобне и Богоносне отче наш Ниле, не обленился еси собрати цветы райския от писаний отеческих» [Нил Сорский 1912: 114]. Приверженцы неоплатонической эпистемологии могли менять «цветы» местами с целью, как сказали бы мы, их «остранения», которое позволило бы понять их заново. Многие древнерусские литературные произведения выглядят просто мозаикой из библейских и святоотеческих цитат, поэтому важной становится «калейдоскопическая рандомизация» — расположение цитат в письменном тексте или расположение текстов в рукописи[3]. Если постоянно слышать одни и те же вещи в одном и том же порядке, они начинают терять ценность. Человек становится невосприимчив к их содержанию или каталитической функции. Поменяв их порядок, читатель или слушатель видит и слышит их по-новому, в ином свете, и они вновь обретают каталитическую функцию, поражая читателя или слушателя неким новым откровением[4]. Рандомизация имеет не только эстетическую ценность, на которую указывает Ведер, но и эпистемологическую.

Нам, секулярным людям, мыслящим аналитически, озабоченным мирскими вещами, считающим заботы о душе второстепенными или вовсе не существующими, подобные воззрения могут показаться не более чем результатом бездумного повторения бессмысленных формул — тем, что Томсон называл «обскурантизмом». В XVII в. Сэмюэл Коллинз отмечал, что русский народ «совершенно предан невежеству» [Коллинз 1846: 1]. Возможно, невежество действительно имело место. Но для самих русских это было не незнание Истины, а незнание лжи, от которой они стремились отмежеваться. Они полагали, что уже находятся на истинном пути, как и мы полагаем, что находимся на истинном пути, поэтому мы предпочитаем оставаться в неведении относи-

---

[3] Термин «калейдоскопическая рандомизация», описывающий постоянную перегруппировку текстов от рукописи к рукописи, был введен Ведером [Veder 1990]. Впоследствии он ввел термин «хаотизация» взамен термина «рандомизация», поскольку последняя «отражает определенный структурный принцип» [Veder 1994: 26n41]. Именно «хаотизация» отражает структуру, находящуюся за пределами нашего понимания, тогда как «рандомизация» не предполагает такой структуры. Ведер сравнивает подобные сочинения с западными флорилегиями периода до XII в.

[4] Цифровые звуковоспроизводящие устройства имеют опцию «перемешать», подразумевающую под собой произвольный выбор трека для проигрывания. Принцип здесь такой же, по которому монахи произвольно переставляли тексты в своих рукописях, но цель, разумеется, другая.

тельно «ложных вещей» древнерусской культуры. Мы считаем их невежественными и мракобесными, следовательно, ошибочными, а самих себя — рациональными и просвещенными, следовательно, правыми. Но, например, Вишенский счел бы нас неправыми и невежественными, а наши души — стремящимися к погибели, поскольку мы не придерживаемся Истины, уже явленной в Священном Писании. Отклонение от этой истины приносит горести и грозит душевной гибелью:

Чи не лѣпше тобѣ изучити Часословец, Псалтыр, Охтаик, Апостол и Евангелие с иншими, церкви свойствеными, и быти простым богоугодником и жизнь вѣчную получити, нежели постигнути Аристотеля и Платона и философом мудрым ся в жизни сей звати и в геенну отити? Разсуди! Мнѣ ся видит, лѣпше ест ани аза знати, толко бы до Христа ся дотиснути, который блаженную простоту любит и в ней обитель собѣ чинит и там ся успокоивает [Вишенский 1955: 23–24].

Нет доказательств, что он не прав. Мы никак не можем узнать, была ли в итоге его душа спасена для вечного пребывания в раю, приведет ли наш научно-рациональный разум наши души к вечной погибели.

Здесь мы подходим к решению служителей византийской церкви (или, вернее, болгарских монахов, занимавшихся переводами с греческого на старославянский), что́ именно следовало передать христианизированной в конце X — XI вв. Руси. То, что я собираюсь изложить, может показаться читателю произвольной спекуляцией, однако это представляет собой результат последовательных рассуждений. У нас нет прямых свидетельств, каким образом византийская церковь отбирала переводные тексты для отправки на Русь. Однако мы можем провести небольшой мысленный эксперимент. Представим, что мы — служители восточной церкви, перед которыми стоит задача отправить тексты на недавно христианизированную Русь. Сомнительно, что мы выбрали бы Гомера, Платона или Аристотеля. Напротив, очевидным выбором стали бы богослужебные тексты, которые нашлись бы в каком-нибудь монастыре. Можно представить, что, столкнувшись со столь обширным первозданным интеллектуальным ландшафтом, не оскверненным мирской литературой, лидеры восточной церкви решили создать на Руси христианскую утопию. Для этого, с их точки зрения, было необходимо одно — отправить туда переведенные богослужебные тексты. Томсон указывает, что общий объем переводной литературы на Руси был ненамного больше, чем содержалось в крупном византийском монастыре. Согласно сайту библиотеки монастыря Иоанна Богослова на Патмосе, которую упоминает Томсон, в 1201 г. в ней «хранилось 330 рукописей... Из них 109 были богослужебными, а 107 могут быть описаны как нравоучительные или душеполезные. Все они вместе с 31 рукописью агиографического характера составляют корпус христианской литературы, хранившейся в библиотеке. Остальные рукописи содержали различные тексты светского характера, только одно сочинение античного автора — "Категории" Аристотеля. Это в значительной мере совпадает с текстами, которые мы находим на Руси»[5]. Таким образом, как и следовало ожидать, 247 рукописей из 330 (74,8 %) были религиозного характера[6]. В этом смысле раннехристианская Русь не наследовала «византийской культуры» как таковой — она наследовала одну из частей этой культуры, культуру византийских монастырей. За исключением летописей, позднейшие древнерусские литературные жанры, такие как жития святых, патерики, повести и прочее, вполне логично развились на этой ограниченной основе.

Древнерусская церковь также наследовала через болгарские монастыри господствовавшую в византийской церкви эпистемологическую традицию, согласно которой обучение было дескрип-

---

[5] О библиотеках: создатели и хранители знаний. История частных, императорских, придворных монастырских и публичных библиотек. Монастырь Иоанна Богослова на Патмосе. URL: http://aboutlibraries.gr/stage/en/2015-01-21-12-19-33/2015-02-26-14-17-20.html (в настоящее время ссылка недействительна).

[6] Как указывает Томсон, «основная часть корпуса [переводных текстов, отправленных на Русь из Византии. — Д. О.] состояла из сочинений практического, дидактического, назидательного и аскетического характера» [Thomson 1978: 118].

тивным, заключавшимся в описании того, что уже известно («возвышенное, неустанное пересказывание»), а не диагностическим, призванным устанавливать ранее неизвестные истины. Кроме того, у нас нет свидетельств, что в Древней Руси основывались школы, в которых преподавались тривиум и квадривиум. Но даже если подобный учебный курс существовал на Руси, диалектике в нем принадлежало столь же незначительное место, как и в византийской церкви. Это не привело бы к появлению Абеляра, который с ножом диалектики подступил бы к господствующим теологическим преставлениям. А если он и появился бы, его преследовали бы, как апостола лжи, а его сочинения подвергли осуждению.

Мы находим свидетельства о бытовании на Руси всего двух сочинений, рассматривавших какую-либо часть аристотелевской логики. Оба они относятся к концу XV в. и представляют собой восточнославянские переводы с иврита текстов, являющихся, в свою очередь, переводами с арабского фрагментов «Намерений философов» («Макасид аль-фаласифа») аль-Газали (около 1058–1111 гг.) и «Логической терминологии» Маймонида (1135–1204)[7]. Фрагменты этих двух сочинений составили единый текст, такой как «Книга глаголемая Логика». Если ориентироваться на даты сохранившихся рукописей, «Логика» не вызывала особого интереса вплоть до XVII в. Израильский лингвист Моше Таубе в подготовленном им издании перечисляет восемь списков: один — конца XVI — начала XVII в., шесть — XVII в., один — XVII–XVIII вв. В XV в. Геннадий, архиепископ Новгородский в 1484–1504 гг., отнес эту книгу к числу еретических [Казакова, Лурье 1955: 320]. Трудно сказать, в какой степени архиепископ Геннадий подавил интерес к ней[8]. Подобное акцентирование внимания

---

[7] Текст см. в [The Logika of the Judaizers 2016].

[8] Голдфранк указывает, что «Книга глаголемая Логика» предписывала усвоить и понять позицию соперника, но Иосиф Волоцкий (и, вероятнее всего, архиепископ Геннадий) «был возмущен ее основополагающей установкой, требующей хорошего знакомства с учением противоположной стороны» [Goldfrank 2012: 264].

может способствовать интересу. Возможно, изначально интерес был слишком мал, чтобы его усилить таким способом.

Помимо этого составного сочинения, мы имеем только очищенный перевод «Философских глав» («Κεφάλαια φιλοσοφικά») Иоанна Дамаскина, входящих в состав его «Источника знания». Хотя обычно это сочинение называют «О диалектике», в действительности оно не содержит подробного рассмотрения этого предмета (по крайней мере, такого, которое можно было бы использовать). Однако не следует обвинять Византию в пренебрежении к своему детищу, русской церкви, поскольку византийские священнослужители предоставляли провинциалам (с их точки зрения) все, что тем требовалось знать о самом важном, то есть все необходимое для спасения души.

Британский историк искусства Кеннет Кларк (1903–1983) высказал интересное замечание об абстрактных узорах в ирландском стиле в рукописях VIII–IX вв., в том числе в Евангелии из Линдисфарна и Келлской книге: «Сейчас мы недолго, секунд эдак десять, любуемся ими и без сожалений перелистываем: нам не терпится перейти к чему-то более информативному, будь то текст или сюжетная миниатюра. Но представьте, что вы не умеете читать и что на ближайшие недели и месяцы это единственное доступное вам эстетическое удовольствие! Представьте, какой гипнотический эффект оказывали подобные "ковровые" листы рукописных книг» [Кларк 2021: 25]. Некоторые историки сетуют, что жития святых нельзя использовать как надежный исторический источник. В них мы сталкиваемся с досадным молчанием по ключевым вопросам, на которые хотели бы получить ответы; они тяготеют к шаблонности и в меньшей степени стремятся представить точное жизнеописание, нежели изобразить святого как образец христианского благочестия[9]. Но вопросы, подобные тем, которыми задается Томсон, упускают главное. Основу древ-

---

[9] Уоллис критикует за это «Жизнь Плотина», написанную Порфирием [Wallis 1972: 8]. См. также [Ключевский 1871: 402–428]. Ключевский полагает, что посмертные чудеса, описываемые в житиях святых, служат свидетельствами о повседневной жизни монастырей [Там же: 438]. См. об этом [Bosley 1980: 5–8].

нерусской культуры составляет именно этот сравнительно мало-интересный материал, который «отличается однообразием, изобилует повторами, выстроен по шаблонам», в силу чего мы, аналитические исследователи, сформировавшиеся после эпохи Просвещения, предпочитаем его игнорировать ради «более интересного», с нашей точки зрения, материала. С нашей стороны было бы просто дурным тоном утверждать об отсутствии достижений в области мыслительного ума (διάνοια) в культуре, которая посвятила себя достижениям в области душевного разума (νοῦς). Те фрагменты, которые кажутся нам ничем не примечательными, несут в себе идеи столь абстрактные и невыразимые, что мы склонны упускать из виду суть, но не из-за неспособности их понять, а потому, что наша повестка дня совсем другая. Число сохранившихся Псалтырей, Евангелий, Апостолов, Октоихов, Часословов, четьих сборников и житий, а также многочисленные иконы свидетельствуют, что древнерусской культуре не присуще «интеллектуальное молчание». Напротив, основная часть ее диапазона находится за пределами нашего слуха.

Заключение

Мое исследование этой темы началось (хотя тогда я этого не осознавал) во время работы над диссертацией о Московском церковном соборе 1503 г. На этом соборе, предположительно, присутствовал Нил Сорский, русский монах-исихаст. Для меня было важно понять контекст, в котором создавались сочинения Нила Сорского. Не только религиозно-политический контекст Московской Руси конца XV–XVI вв., но и теологический контекст полуторатысячелетней христианской интеллектуальной культуры. Вопрос, на который я пытался найти ответ, заключался в том, почему восточнохристианские авторы не проявляли интереса к аналитическому мышлению и даже выказывали к нему явную враждебность, тогда как западнохристианские авторы периода до схоластики использовали аналитическое мышление для защиты веры как само собой разумеющееся. В начале исследования моя рабочая гипотеза состояла в том, что нам следует заглянуть в III в., когда Римская империя распалась на Восточную и Западную, а христианские мыслители начали синтезировать древнегреческую идеалистическую философию с христианским учением. В частности, слияние языческого неоплатонизма с христианской теологией происходило несколько разными путями на территориях, в которых установилось господство западной и восточной церкви соответственно.

В западном христианском мире «Исагога» Порфирия стала общепринятым введением в диалектику в рамках тривиума. В связи с этим возник вопрос, являются ли аристотелевские категории тем же, чем являются и платоновские формы. Иными словами, можем ли мы познать божественное средствами вещного мира? Порфирий оставил этот вопрос без ответа. В восточном христианском мире «Исагога» была известна, но не оказала такого влияния. А диалектика как таковая, очевидно, не преподавалась в школах Византийской империи до XIII в. (по крайней мере, у нас нет свидетельств в пользу этого). В частности, это могло произойти потому, что сочинения Порфирия преследовались там более систематически (поскольку он был открытым противником христианства), а также из-за господства взглядов Иоанна Дамаскина и других авторов, отвергавших ценность изучения этого мира. Синтез неоплатонизма и христианства, свойственный Восточной Римской империи, не допускал включения аристотелевских категорий или диалектики. В Западной Римской империи и государствах, возникших на ее месте, оно произошло. Результаты этого включения мы видим в сочинениях Алкуина Йоркского, Ансельма Кентерберийского и Пьера Абеляра. Тем не менее руководители западной церкви боролись с использованием диалектики в богословских вопросах, но безуспешно. Результатом стало сначала применение двоякого подхода: аристотелевские категории и диалектика — для этого мира, платоновские формы и силлогизмы — для мира божественного. Впоследствии в схоластике произошло встраивание диалектики в богословие, хотя и в ограниченном виде. Иоанн Итал в Константинополе примерно в то же время, что и Абеляр в Париже, попытался использовать диалектику в теологических вопросах, но потерпел неудачу. В восточной церкви не была проделана подготовительная работа, подобная той, которая происходила в западной церкви благодаря многовековому изучению диалектики.

Это различие помогает объяснить возражения Григория Паламы и других исихастов против диалектики, а также возражения таких православных писателей XVII в., как Иван Вишенский, против «поганских хитростей» наподобие грамматики, риторики и диалектики, хотя в то же время они использовали эти «хитрости» в собственных сочинениях. Кроме того, я вижу в западноевропейском стремлении к познанию этого мира, в использовании математики и рассуждения для достижения этого познания и во всем феномене научной революции результат восстановления в средневековой Европе тривиума и квадривиума. Есть некоторая ирония в том, что, когда Эдвард Генри Холл (1831–1912) в 1872 г. писал, что «теология, чтобы стать точной наукой, должна усвоить научный метод» [Hall 1872: 298], он, вероятно, не осознавал, что корни этого самого метода (впрочем, как и всей научной революции) лежат в тривиуме и квадривиуме, в которые погружались средневековые теологи. Наконец, это различие объясняет, почему авторы-исихасты заботились почти исключительно о душевном разуме (νοῦς), то есть средствах достижения мистического союза с Богом. Напротив, влиятельное направление западной церкви считало дозволенным постижение Божественного Разума посредством человеческого (διάνοια). В наше время это привело, в частности, к тому, что такие люди, как Стивен Хокинг, говорят о постижении Божественного Разума с помощью вычислений, о чем рассуждал еще Боэций в VI в. В рамках восточнохристианской богословской культуры никто бы даже на мгновение не задумался о том, что это представляется смехотворным.

Когда в конце X в. Русь приняла христианство, она усвоила не византийскую культуру как таковую, а ее дистиллированную версию (через восточную церковь). Можно вообразить, что болгарские монахи, которым было поручено отправить переводные тексты для недавно образованной русской церкви, видели свою роль в спасении душ новоиспеченных христиан. Иными словами, тот, кто доверил именно монахам познакомить Русь с христианской ученостью, принял осознанное решение не отправлять туда Гомера, Платона или Аристотеля. Таким образом, недавно крещенный народ оказался не затронутым светской литературой, которая могла только сбить его с пути. Сочинения, заложившие основу для возрождения критического мышления и искусства постановки вопросов в рамках интеллектуальной жизни западного христианского мира, просто не были известны на Руси в то время. Это решение было призвано не задержать развитие Руси, а, напротив, способствовать ее духовному росту.

Наконец, принцип молчания был столь же укоренен в западной церкви, как и в восточной. Впрочем, как утверждает Маккаллох, «молчание» западной церкви могло быть иным [MacCulloch 2013: 92]. Например, в западном монашестве он рассматривает молчание как «нечто, связанное с кротостью и смирением». Валериан Цемельский (V в.) утверждал, что речь и молчание могут оставаться в равновесии: «Мудро ставить предел тому и другому» [Valerianus Cemeliensis 1845: col. 79]. Подобным образом святой Бенедикт Нурсийский (480–543 или 547) в своем монастырском уставе уделял большое внимание молчаливости: «Итак, по причине преимущественного достоинства молчания даже совершенным ученикам редко должно быть даваемо позволение говорить, и притом о предметах святых, добрых, назидательных... Говорить и учить надлежит учителю — ученику же приличнее слушать и молчать» [Древние иноческие уставы 1892: 603]. Нил Сорский выражал любовь к молчанию, свойственную восточнохристианским исихастам, когда включил в свой монастырский «Устав» следующее наставление: «...не хотѣти слово свое съставити, аще и добро быти мнится» [Нил Сорский 1912: 58]. Это наставление входит в состав раздела, озаглавленного «Осмыи помыслъ гордостныи». Для Нила, помимо того, что молчание было связано со смирением, само стремление блистать словами в разговоре открывало путь к греху гордыни. Можно только догадываться, что Нил подумал бы об Абеляре.

Я не хочу особо останавливаться на этом последнем пункте, поскольку и в восточной церкви было много красноречивых персон, которые не стали бы удерживать себя от произнесения душеполезных речей, равно как и в западной церкви были убежденные приверженцы молчания. Упомянутое Флоровским отождествление концепта «культуры» с концептом «критицизма» и вытекающее из него мнение, что «только критические течения внутри официальной культуры... могли бы иметь значение культуры как таковой», могут послужить для объяснения различий между двумя менталитетами. Но, как мы видели, «интеллектуальное молчание» не обязательно означает интеллектуальную бездеятельность.

Приложение

Русь — Византия — Европа: попытка триангуляции?

Russian History 46 (2019) 169–176

Сергей Аркадиевич Иванов, профессор факультета гуманитарных наук, Национальный исследовательский институт — Высшая школа экономики, Москва, Россия
s.ark.ivanov@gmail.com

Резюме: Полемика с Фрэнсисом Томсоном составляет лишь часть книги Дональда Островского. Другая часть, совершенно не связанная с первой, посвящена сопоставлению интеллектуального развития двух половин средневекового христианского мира. Утверждение Островского, что византийцы не включали логику в образовательный курс, неверно. То, что представляется ему основным различием между Востоком и Западом, окончательно утвердилось только к концу XII в. Запад постоянно отдалялся от общих моделей древней средиземноморской цивилизации. Восток в целом остался неизменным. Византийцы не питали особой склонности к практическому применению богословских идей. Люди Древней Руси быстро учились и усваивали технические новшества. В только зарождающейся культуре уважение к традициям неизбежно играет меньшую роль, нежели в культуре, которая уже родилась старой.

Ключевые слова: Византия, Русь, средневековый Запад, образовательный курс, логика

112-страничная книга Дональда Островского «Европа, Византия и "интеллектуальное молчание" древнерусской культуры» довольно необычна. Автор не только обильно цитирует целый ряд исследователей, но и педантично приводит в скобках даты рождения и смерти примерно 60 из них, тем самым превращая свою работу в настоящее кладбище учености. Также он щедро цитирует известных людей, подвизавшихся вне узкой сферы его исследования, таких как джазовый музыкант Луи Армстронг, политик Павел Милюков, писатели Джером Сэлинджер и Умберто Эко. Существенную часть книги (59–81) Островский посвящает сопоставлению исихазма и мистических телесных практик нехристианского Востока. В сущности, по меньшей мере в половине книги подробно рассматриваются темы, не связанные с ее заглавием. Русь вообще не упоминается на с. 25–56.

Однако начнем с ключевого вопроса, поставленного автором в предисловии — вопроса, с которым, по словам Островского, 30 лет назад обратился к нему бельгийский славист Фрэнсис Томсон: «Но ведь у них не было и своего Платона?» (под «ними» имеется в виду Древняя Русь). Томсон задал тот же самый вопрос и в другом месте, хотя и иначе его сформулировав: «Где был русский Петр Абеляр?» [Ostrowski 2018: 2]. Таким образом, главной темой книги стало «интеллектуальное молчание» допетровской Руси, о котором столь вызывающе и горячо писал Томсон. Мнение Томсона задело русских коллег, предпринявших упорные попытки опровергнуть его аргументы. Даже когда они старались сохранять беспристрастность [Strakhova 2001; Максимович 2004], раздражение все равно давало о себе знать, прорываясь сквозь академический стиль. То, что русские ученые расценивали как оскорбление, их болгарские коллеги воспринимали как комплимент [Станков 2002], поскольку Томсон сравнивает древнерусскую и древнеболгарскую культуру в ущерб первой. Научные построения Томсона легко могут стать политизированными. Например, Древняя Русь у него всегда именуется Russia, а ее жители — Russians. Для него это смешение играет ключевую роль. При отсутствии такового его критика обладала бы значительно меньшей остротой. Он словно не принимает в расчет украинские притязания на наследие Древней Руси и возможные обвинения в великорусском национализме. Несет ли Томсон ответственность за предвзятое прочтение его работы? По крайней мере, отчасти: его личное отношение не удается скрыть даже за обширной библиографией и внушительной эрудицией. Когда мы слышим о «переводном, обедненном, вульгаризированном эллинизме», послужившем причиной «интеллектуальной несостоятельности русского народа» [Thomson 1999: 119], это звучит несколько тенденциозно. Большинство своих работ Томсон опубликовал до наступления эпохи политкорректности. Теперь в западной академической науке ни одна цивилизация не может оцениваться в негативном ключе или рассматриваться как низшая по сравнению с любой другой. Даже сам Томсон не осмелился бы назвать какую-либо азиатскую, африканскую или коренную американскую культуру «интеллектуально несостоятельной».

Однако, хотя выводы Томсона могут быть оспорены или нуждаться в уточнении (что и было сделано)[1], его основная мысль представляется неопровержимой. Да, древнерусская культура не произвела и не могла произвести собственного Платона или Абеляра, и я не вижу в этом повода для пренебрежения. Те же самые наблюдения можно применить к Исландии или к любой другой территории, отделенной большим расстоянием от бывшей Римской империи — любой территории, малочисленному населению которой приходилось бороться за выживание. Я не вижу ничего ошибочного в идее Томсона (которую высказывал не он один)[2], что христианство было принесено на Русь представителями особой прослойки византийского общества, состоявшей не просто из монахов или священнослужителей (Михаил Пселл был монахом, а Евстафий Фессалоникийский — церковным деятелем), но из противников светской культуры, окружавшей их в Византии. Можно только догадываться, что произошло бы в противоположной ситуации — например, если бы Феодор Продром, а не его дядя, отправился в Киев, выучил древнерусский язык и, подобно Овидию, мог бы сказать о себе: «coepique poetae inter inhumanos nomen habere Getas» (впрочем, более поздний пример Максима Грека показывает, что такие встречи не всегда заканчиваются благополучно). Но подобные предположения совершенно

---

[1] См., например, [Пичхадзе 2011].

[2] [Meyendorff 1989: 22; Живов 2002: 82].

беспочвенны: ко всем варварам, в том числе крещеным, греки относились с пренебрежением и не стали бы растрачивать на них драгоценности своей культуры.

Таким образом, эти две культуры — зарождающаяся древнерусская и зрелая византийская — во всех отношениях находились слишком далеко друг от друга, чтобы достигнуть взаимопонимания. Нет смысла рассуждать о «неготовности» или «невосприимчивости» первой, равно как о «заблуждениях» и «виновности» второй. В этом смысле я могу только согласиться с Островским, считавшим некорректной основополагающую идею Томсона о ранжировании культур.

Но, как я уже отметил, полемика с Томсоном составляет лишь часть книги Островского. Другая часть, совершенно не связанная с первой, посвящена сопоставлению интеллектуального развития двух половин средневекового христианского мира. «Моя рабочая гипотеза, — пишет Островский, — ...состоит в том, что различие в характерных для теологов восточной и западной церкви способах интерпретации неоплатонической парадигмы, в частности, в применении к ней аристотелевской логики, привело к фундаментальному различию в менталитете, которое, в свою очередь, создало возможность для развития аналитического мышления в богословии западной церкви, тогда как в богословии восточной церкви такой возможности не существовало» [Ostrowski 2018: 18].Впрочем, расхождение между «востоком» и «западом» составляет одну из труднейших проблем европейской истории вообще.

Утверждение Островского, якобы «у нас нет доказательств, что школьное образование в Византии включало трактаты Порфирия» [Ostrowski 2018: 26], откровенно не соответствует действительности, поскольку «Исагога» Порфирия читалась и комментировалась на протяжении всей тысячелетней истории Византии [The Cambridge Intellectual History of Byzantium 2017: 320, 367–71, 374, 377, 380]. Кроме того, внимание, которое Островский уделяет Порфирию, представляется чрезмерным, поскольку греки, в отличие от Западной Европы, могли читать Аристотеля ex ipso fonte, и, как показывает тщательное рассмотрение, Стагирит играл определенную роль в образовательном процессе в Византии

[The Cambridge Intellectual History of Byzantium 2017: 363–366; Ierodiakonou, Agiotis 2019: 148–149].

Перейдем к основной мысли Островского. «Если диалектика не преподавалась в Средней Византии, — пишет он, — ...ее отсутствие могло сыграть для Византии ключевую роль» [Ostrowski 2018: 33]. «Также не существует достоверных свидетельств, что тривиум и квадривиум служили основой образовательного курса в Византии до XIII в.» [Ostrowski 2018: 25]. Он сетует, что «не приводится никаких ссылок на источники и свидетельств» [Ostrowski 2018: 28], которые окончательно доказали бы, преподавалась ли логика в Византии. Согласно Островскому, существует только три непосредственных свидетельства, указывающих на возможное присутствие логики в образовательном курсе в Византии, но он решает опровергнуть их одно за другим.

В житии Константина-Кирилла (IX в.) напрямую утверждается, что святой изучал диалектику? Островский возражает: «По предположению Шевченко, житие Константина... отражает круг предметов, которые изучал латинизированный греческий книжник-философ Западной Церкви» [Ostrowski 2018: 30]. Достаточно ли этого? Предположение Шевченко — всего лишь гипотеза, и, согласно другой теории, это житие написано Мефодием. В любом случае, одного «предположения» недостаточно, чтобы опровергнуть свидетельство источника. Кроме того, наставник Константина, Фотий, «составлял схолии к "Исагоге" и "Категориям" [Аристотеля]... отражающие содержание преподавательской деятельности» [The Cambridge Intellectual History of Byzantium 2017: 370]. Нам известны по крайней мере три ученика Фотия, которые писали о логике или пользовались приемами логики в своих сочинениях: Захария Халкидонский, Никита Византийский и Арефа Кесарийский. Неужели этого недостаточно, чтобы убедить Островского, что случай Константина не был единичным?

Согласно житию, диалектику изучал Феодор Студит [Гончарко 2018]. Но опять-таки, для Островского этого недостаточно: «Конечно, до нас дошли упоминания, что византийцы изучали диалектику в рамках образовательного курса, но что имеется в виду под ней в каждом отдельном случае, неясно» [Ostrowski

2018: 30]. Почему бы не допустить, что агиограф имел в виду именно то, что он сказал? Вопреки заявлению Островского, это указание не опровергается другой редакцией этого жития, в которой диалектика именуется «философией».

На рубеже XII–XIII вв. Николай Месарит дает описание учебного курса при церкви Святых Апостолов, идеально соответствующее всем требованиям, которые выдвигает Островский. Но и это его не убеждает: «...именно в то время тривиум и квадривиум, как они были известны в Западной Европе, уже могли оказывать воздействие на византийское образование через иные каналы» [Ostrowski 2018: 30]. А могли и не оказывать. В любом случае, почему это так важно?

Что особенно знаменательно, заявление Островского, якобы присутствие логики в византийском образовательном курсе подтверждается только тремя перечисленными свидетельствами (и все они, по его мнению, неубедительны), ошибочно само по себе. Автор отчетливо излагает свои требования: «...до тех пор, пока у нас нет убедительных доказательств, таких, как конкретное описание предмета, мы не можем с полным правом утверждать, что диалектика составляла часть школьного учебного курса в Византии до XIII в.» [Ostrowski 2018: 32]. В таком случае, вот конкретное доказательство. В VII в. мы находим такую фигуру, как Косма, учитель Иоанна Дамаскина[3]. Он говорит о себе: «Я родом из Италии, но в нежном и восприимчивом возрасте я оставил моих родителей ради любви к учению, явился в Царицу (городов), встретил сведущих людей, овладел великим языком Демосфена, а затем познакомился с приемами диалектики (ταῖς διαλεκτικαῖς μεθόδοις καθοπλισθείς); я преобразовал свой дух и изучил арифметику, музыку, геометрию и астрономию; я усвоил все науки, существующие среди них» [Ἰωάννης Μερκουρόπουλος 1897: 311][4].

---

[3] О подлинности этой фигуры см. [Detoraki 1979: 92].

[4] Эти сведения остаются вполне доказательными, даже если автор, иерусалимский патриарх Иоанн IX Меркуропулос, ссылается на собственный культурный бэкграунд — то есть, константинопольское общество середины XII в. См. [Spingou 2016: 186].

Кроме того, у нас имеются житие патриарха Никифора [Ignatios 1998], значительная часть которого посвящена описанию, каким образом святой изучал логику, и недавняя публикация, доказывающая, что агиограф Игнатий включил в свой текст стандартное описание учебного пособия по логике [Goncharko 2017][5]. Что касается начала XI в., до нас дошло учебное пособие по логике, написанное в 1007 г. так называемым «Анонимом Гейберга» [Anonymi logica et quadrivium cum scholiis 1928–1929]. Текст сохранился в 33 списках, что свидетельствует о его широком хождении. До Пселла, по утверждению Островского, «диалектика явно не была частью мышления тех, кто занимался интеллектуальной деятельностью в восточной церкви... не считая отдельных конспективных выписок» [Ostrowski 2018: 32]. Неужели Арефа занимался лишь «конспективными выписками»? Какое определение мы можем дать его деятельности? И почему мы должны ограничиваться Пселлом и Италом? Силлогические рассуждения вообще были довольно модными в эпоху Комнинов [The Cambridge Intellectual History of Byzantium 2017: 373–377], ими увлекался сам император Мануил.

То, что представляется Островскому основным различием между Востоком и Западом, окончательно утвердилось только к концу XII в. К сожалению, автор обнаруживает незнакомство с многочисленными работами Стена Эббесена [Ebbesen 1992; Ebbesen 1996; переиздание обеих — Ebbesen 2007; Ebbesen 2015], который пишет именно о появлении этого различия, уделяя особое внимание развитию логики. Согласно его фундаментальным исследованиям, истинный перелом ознаменовало появление университетов в Западной Европе. Логика преподавалась в обеих частях Европы, но в Византии, в отличие от западноевропейских университетов, так и не удалось в полной мере «дать дорогу более широким философским вопросам» [Ebbesen 2007: 154].

Свобода философской мысли была существенно ограничена вмешательством Алексея Комнина — а впоследствии и Мануила

Существует также сирийская рукопись IX–X вв., посвященная вопросам логики и основанная на греческом, а не на арабском оригинале [McCollum: 19–22].

Комнина — в богословские дискуссии. Особенно значимыми стали события 1166 г. [The Cambridge Intellectual History of Byzantium 2017: 485–486]. Но это не значит, что интеллектуальная активность как таковая сошла на нет. В XIII в. Мануил Оловол переводил Боэция, «стремясь обеспечить византийского читателя диалектическими приемами для богословских прений» [The Cambridge Intellectual History of Byzantium 2017: 410]. В XIV в. обе стороны, участвовавшие в исихастских спорах, прибегали к самым утонченным и замысловатым философским аргументам. Накануне своего окончательного крушения дряхлеющая империя произвела на свет такого выдающегося мыслителя, как Иосиф Вриенний, который использовал невероятно искусные логические аргументы в полемике со сторонниками унии [Ioseph Bryenniou 1768: 487–500]. Грандиозная фигура Гемиста Плифона, пережившего падение Константинополя, воплощает в себе несокрушимость византийской учености. Ничто из этого даже отдаленно не напоминает об «интеллектуальном молчании». А на протяжении всего периода Поздней Византии греки продолжали заимствовать интеллектуальные сокровища у Запада [Trizio 2007: 249–250].

Представление Островского об «эпистемологических расхождениях» между Востоком и Западом, по моему мнению, не выдерживает критики. «Глубокие структурные различия в менталитете [Ostrowski 2018: 32], конечно, существуют, но не только (и не столько) между двумя церквями, но и в целом между двумя цивилизациями. Запад постоянно отдалялся от общих моделей древней средиземноморской цивилизации. Восток в целом остался неизменным. Различия постепенно накапливались, пока не стали ощутимы даже в самых обыденных явлениях.

Примером может служить производство сахара. В Средиземноморье его занесли арабы, наладив его на Кипре, Крите и Сицилии (в более северных местностях сахарный тростник не прижился). Когда эти острова завоевали византийцы, производство сахара прекратилось, но, когда острова перешли к «латинянам», они возобновили его и довели до такой степени, что от названия столицы Крита, Кандии, произошло английское слово candy [Deerr 1949, 1: 74–83]. Неужели греки не любили сладкое?

Разумеется, любили. Впоследствии они даже покупали сахар у «латинян». Однако они почему-то не захотели овладевать новым технологическим процессом, при всей любви к сладкому.

То же самое справедливо по отношению к ветряным мельницам, рулевому веслу, метательным машинам и т. д. [White 1978: 238–249]. Последней византийской технологической инновацией стали знаменитые «автоматы» в константинопольском дворце (середина IX в.). В отличие от арабов и «латинян», византийцы, как правило, не питали особой склонности к практическому применению богословских идей. Хорошим примером служит алхимия: византийские ученые отдавали теоретическим дискуссиям предпочтение перед экспериментами с превращением железа в золото: рецепты, помещенные в их трактатах, «производят впечатление, что их никогда не испытывали на практике. Интерес этих ученых к алхимии был скорее "кабинетным" — возможно, потому, что теория достигала более выдающихся результатов, нежели практика» [The Cambridge Intellectual History of Byzantium 2017: 410]. Только в 1444 г., за десять лет до падения империи, Виссарион Никейский наконец решился посоветовать последнему византийскому императору, Константину IX, чтобы тот перенял у Запада «мельничные колеса, движущиеся так быстро... как только возможно... кузнечные меха, которые раздуваются и выпускают воздух без участия рук... производство и изготовление оружия» [Keller 1955: 346] и т. д. Напротив, люди Древней Руси быстро учились и усваивали технические новшества. У Запада они переняли церковные колокола, технику Braunfirnis («коричневого лака») [Манукян 2013: 5], белокаменную резьбу и т. д. Вскоре после принятия христианства они выработали собственный рецепт изготовления стекла [Щапова 1972: 185], собственные оригинальные монетные легенды и, что особенно удивительно, уникальный архитектурный стиль. В зарождающейся культуре уважение к традициям неизбежно играет меньшую роль, нежели в культуре, которая уже родилась старой. По какой шкале мы можем сравнивать Абеляра с многокупольными церквями?

Богословие Киевской Руси: «Да», «нет» и «в зависимости от...»

Russian History 46 (2019) 177–192

Дэвид Престель,
почетный профессор славянских языков и литератур,
Мичиганский университет, США
Prestel@msu.edu

Резюме

Статья затрагивает давний и широко обсуждаемый вопрос об интеллектуальном молчании древнерусской культуры, впервые сформулированный Г. В. Флоровским в 1962 г. на страницах дискуссионного раздела журнала *Slavic Review*. Изначально рассматривая этот вопрос в связи с недавней книгой Дональда Островского «Европа, Византия и "интеллектуальное молчание" древнерусской культуры» (2018), данная работа отстаивает точку зрения, что, в отличие от Византии и Западной Европы, древнерусское богословие, как утверждает Герхард Подскальски, не выражается посредством традиционных теологических дисциплин, но выполняет сугубо прагматическую функцию, которой лучше всего соответствуют повествование, наставление и поучение. На основе этого анализа делается вывод, что вопросы, связанные с отсутствием интеллектуальных достижений, подобных тем, которые имели место в средневековой Западной Европе, бессмысленны при изучении древнерусской культуры, поскольку могут помешать более продуктивному подходу, сосредоточивающему внимание на древнерусских повествовательных источниках. Приводится краткий пример, иллюстрирующий в каком направлении может развиваться данный подход.

Ключевые слова: киевское богословие, древнерусская культура, интеллектуальное молчание, Повесть временных лет, божественное провидение, история христианства, Петр Абеляр

Omnia probate, quod bonum est tenete.
1 Фес. 5:21 (цитируется по «Да и нет»)[1]

Рассел Мартин, один из редакторов сборника «Dubitando: Studies in History and Culture in Honor of Donald Ostrowski» (2012), во вступительной статье объясняет, что такое заглавие редакторы выбрали как «наилучшим образом отражающее общее направление сборника, поскольку на протяжении всей своей научной карьеры Дон подвергал сомнению (dubitando) и ставил под вопрос (inquierendo) документальные источники и интерпретационные модели» [Boeck, Martin, Rowland 2012: 1][2]. Думаю, мои заметки о неоднозначной и ставящей острые вопросы новой книге профессора Островского «Европа, Византия и "интеллектуальное молчание" древнерусской культуры» (2018) будет уместно начать, приведя полную цитату из «Пролога» к «Да и нет»: «Ибо, сомневаясь, мы приходим к исследованию; исследуя, достигаем истины» [Абеляр 1959: 121][3]. Эта цитата вполне подходит для описания замечательной научной деятельности профессора Островского, в том числе книги, подавшей повод к настоящей дискуссии, но я также привожу ее с намерением вернуться к этой цитате, Абеляру и «Да и нет» в конце своей статьи.

Концепция так называемого интеллектуального молчания Древней Руси имеет относительно долгую историю, начавшуюся с публикации в 1962 г. в «Slavic Review» статьи Георгия Флоровского «Проблема древнерусской культуры», которая вместе с откликами Джеймса Х. Биллинтона и Николая Андреева, а также ответной статьей самого Флоровского положила начало дискуссии, вызвавшей обширную и противоречивую реакцию [Florovsky 1962; Andreyev 1962; Billington 1962; Florovsky 1962a]. Флоровский первым

---

[1] Эпиграф к этой статье («Все испытывайте, хорошего держитесь»), хотя и почерпнут из Священного Писания, цитируется по «Прологу» к «Да и нет» Петра Абеляра, где в свою очередь цитируется по посланию блаженного Иеронима к Вигилянцию, обвинявшего Иеронима в оригенизме. Латинский текст см. [Abelard 1976–1977: 103].

[2] Вступление, написанное Расселлом Мартином, называется «В честь Сомневающегося и Вопрошающего» [Boeck, Martin, Rowland 2012: 1–4].

[3] "Dubitando quippe ad inquisitionem venimus; inquirendo veritatem percipimus" [Abelard 1976–1977: 103]. Английский перевод см. в [Abelard 1988].

использовал термин «интеллектуальное молчание» применительно к средневековой Руси, но он прослеживает обращения к этой «проблеме» в русской историографии XIX в. [Флоровский 2014: 257–267]. Признавая достижения Древней Руси, в частности, в религиозном искусстве, Флоровский тем не менее ставит вопрос, до сих пор не дающий нам покоя: «В чем заключается причина того, что можно назвать ее интеллектуальным молчанием?» [Флоровский 2014: 271][4]. Изложив дискуссию 1962 г. и, в частности, взгляды Флоровского, Островский во вступлении к своей книге приводит замечания по поводу «интеллектуального молчания» Древней Руси, высказанные Фрэнсисом Томсоном в ряде публикаций, но сосредоточивается на вопросе, который последний задал в 1978 г.: «Где был русский Пьер Абеляр?»[5]. Этот вопрос, а также принятое Томсоном десять лет спустя решение отказаться от поисков ответа, которые он признал бессмысленными, в значительной мере составляют научный фон книги Островского[6].

В данной статье я сначала вкратце изложу взгляды Островского на «интеллектуальное молчание» Древней Руси, а далее в этом контексте расширю сферу исследования, затронув различия не только между восточным и западным христианским миром, но также между Древней Русью и Византией — в частности, рассмотрев ограниченный характер византийского наследия, воспринятого Русью. Далее я предлагаю переключить внимание с того, что передала Византия, на то, что усвоила Русь, и пересказать две работы, которые, по моему мнению, внесут продуктивный вклад в дискуссию. Завершат статью краткие рассуждения о проблеме, связанной

---

[4] Флоровский указывает, что это «наиболее острый вопрос для историка культуры Древней Руси», и, признав выдающие достижения в искусстве и других сферах, тем не мнее приходит к выводу: «Но при этом не было создано ничего оригинального и выдающегося в сфере мысли, как теологической, так и светской» [Флоровский 2014: 271].

[5] Полностью цитата выглядит следующим образом: «Где русский Пьер Абеляр? Где интеллектуальное брожение, подобное тому, которое было вызвано в XI в. учением Беренгария о пресуществлении или в XII в. — учением Гильберта Порретанского о Троице?» [Thomson 1978: 120].

[6] Итоговое заявление Томсона см. в [Thomson 1988: 70].

с Абеляром и «Да и нет». В силу ограниченности моей собственной сферы компетенции, а также в целях краткости я сосредоточу свои рассуждения, за редким исключением, на домонгольском периоде[7].

В конце вступления к своей книге, по крайней мере частично отвечая Томсону, Островский упоминает призыв Саймона Франклина к широкому компаративному культурному исследованию, которое позволило бы объяснить различия между восточным и западным христианским миром, вылившиеся в особую форму христианской культуры, усвоенную на Руси [Ostrowski 2018: 12]. В оставшейся части книги Островский предпринимает попытки осуществить подобное исследование — на мой взгляд, с положительными результатами. Основополагающим принципом его исследования стало стремление понять богословский контекст 1500-летней христианской богословской культуры, в частности, роль диалектики применительно к христианской теологии [Ostrowski 2018: 85]. Островский прослеживает роль «Исагоги» Порфирия в западном и восточном христианском мире, отмечая, что на Западе она стала общепринятым введением к изучению диалектики в рамках тривиума, тогда как в Византии диалектика, хотя и была известна, не преподавалась в школах [Ostrowski 2018: 31][8]. Приведя убедительные доказательства, он приходит к выводу, что «синтез неоплатонизма и христианства,

---

[7]   Это ограничение не отражает с моей стороны какого-либо культурного разделения между Киевской и Московской Русью. Напротив, я полагаю, что в рамках широкой аргументации, заданной Островским, с которым я в этом отношении согласен, два этих периода необходимо рассматривать как непрерывное единство. См. также Florovsky 1962a: 35. Противоположную точку зрения см. [Billington 1962: 24–25].

[8]   Порфирию принадлежит трактат «Против христиан», в 448 г. сожженный по приказу Феодосия II. Островский отмечает, что отношение к языческим философам-неоплатоникам в Византии V в. не было благожелательным, но также упоминает, что ссылки на «Исагогу» часто появлялись в сочинениях византийских авторов V, VI и VII вв., хотя «диалектика явно не была частью мышления тех, кто занимался интеллектуальной деятельностью в восточной церкви» [Ostrowski 2018: 31]. Даже на Западе в IV–V вв. Порфирий постоянно служил мишенью для христианских авторов. Например, Августин в сочинении «О граде Божием» (De civitate Dei contra paganos) упоминает Плотина,

свойственный Восточной Римской империи, не допускал включения аристотелевских категорий или диалектики» [Ostrowski 2018: 85]. Обращаясь к проблеме свойственного некоторым авторам, в особенности Фрэнсису Томсону, предвзятого отношения к православию, Островский в заключении к своей книге высказывает довольно спорное утверждение, что вопросы, подобные тем, которые ставил Томсон, упускают из внимания главное:

> С нашей стороны было бы просто дурным тоном утверждать об отсутствии достижений в области мыслительного ума (διάνοια) в культуре, которая посвятила себя достижениям в области душевного разума (νοῦς). <…> Число сохранившихся Псалтирей, Евангелий, Апостолов, Октоихов, Часословов, четьих сборников и житий, а также многочисленные иконы свидетельствуют, что древнерусской культуре не присуще «интеллектуальное молчание». Напротив, основная часть ее диапазона находится за пределами нашего слуха [Ostrowski 2018: 82–83][9].

Томсон решительно отрицает свое предвзятое отношение к православию, утверждая, что его взгляды основаны не на допущениях или предубеждениях, «но вытекают из установленных фактов». В конце своей статьи он следующим образом проясняет свою позицию:

> Интеллектуальное молчание Древней Руси явилось результатом невосприимчивости к догматико-философскому элементу христианской веры, который сам по себе не может быть понят без владения античной философией; там просто отсутствовал какой-либо стимул к философскому поиску [Thomson 1999: xxii].

Ямвлиха и Порфирия как наиболее выдающихся платоников, но основную часть возражений направляет против Порфирия, а к Плотину относится более положительно [Augustine 1998: 330, 953–960].

[9] Представляется, что обозначенная здесь оппозиция между διάνοια и νοῦς сама по себе составляет результат неоплатонического влияния (Плотин) и менее сильна в Новом Завете, где эти термины могут быть практически взаимозаменяемыми. См. [Thayer's Lexicon 1976: 140, 429].

Далее в той же статье Томсон обосновывает свою позицию, утверждая, что он не отрицает существования теологии в Древней Руси, «поскольку, по выражению Герарда Подскальски, "согласно западному пониманию, правильнее было бы говорить о восточной духовности, а не о восточной теологии"» [Thomson 1999: xix; Podskalsky 1982: 273]. Хотя это высказывание справедливо по отношению к современному западному пониманию теологии, Подскальски в своей оценке теологии Киевской Руси не заходит настолько далеко, как Томсон, которые ранее в этой же статье заявлял следующее:

> ...то обстоятельство, что христианская вера в той форме, в какой она была воспринята в Древней Руси, утратила значительную, если не основную часть своего интеллектуального наполнения, привело к чрезмерной приверженности внешним ритуалам, а это в свою очередь неизбежно привело к обскурантизму [Thomson 1999: xvii].

В частности, это упоминание обскурантизма, как представляется, указывает на предвзятое отношение к православию и может подразумевать, что практика веры не только несет в себе риск «обскурантизма», но неизбежно к нему приводит[10]. Подскальски же в абзаце, следующем за цитатой, приведенной Томсоном, утверждает, что «на Руси в центре церковной жизни находились не богословские изыскания, а практическое воплощение веры (молитва, пост, богослужение, иконопись»[11]. Это высказывание представляется сходным с тем, что имеет в виду Островский, проводя различие между διάνοια и νοῦς; кроме того, точка зрения Подскальски предполагает, что на христианском Востоке перво-

---

[10] Опасения по поводу предвзятого отношения Томсона к православию высказываются Игорем Шевченко [Ševčenko 1981: 322–323, fn. 2]. Более подробное рассмотрение этой дискуссии см. в [Ostrowski 2018: 10–11]. О «механистическом» подходе Томсона см. [Franklin 2001].

[11] Как мне представляется, упомянутая Томсоном «чрезмерная приверженность внешним ритуалам» означает то же самое, что Подскальский называет «практическим воплощением веры (молитва, пост, богослужение, иконопись». См. [Thomson 1999: xvii].

степенное значение придавалось не логико-дискурсивному подходу, принятому Западом после повторного открытия и усвоения аристотелевской логики (Абеляр), а риторическому развитию depositum fidei [Podskalsky 1982: 273][12].

Проделанная Островским работа по определению и объяснению структурных различий в менталитете восточного и западного христианского мира убедительна и полезна для понимания комплексных взаимосвязей между восточным православием и основными западными конфессиями. Он эффективно решает вопрос об отсутствии в древнерусской культуре Абеляра или, если на то пошло, Беренгария Турского, Гильберта Порретанского или более поздних схоластов. Однако вопрос об «интеллектуальном молчании» Древней Руси, как его поставил Флоровский, по-прежнему остается в какой-то степени неразрешенным. Византийскую религиозную культуру, несмотря на отсутствие стремления применять диалектику к теологии, в целом невозможно упрекнуть в «интеллектуальном молчании»[13]. Несмотря на свою дальнейшую судьбу, Иоанн Итал обзавелся большим числом последователей, особенно в школах, что было бы немыслимо на Руси [Ostrowski 2018: 31–33; Kazhdan, Epstein 1985: 127–128; Meyendorff 1982: 133–139]. Если в Киеве вообще существовали школы, то их назначением, по-видимому, было обучение грамоте, тогда как в Византии имела место прочная традиция ἐγκύκλιος παιδεία, включавшей в себя философию богословия[14]. Подскаль-

---

[12] «Im Verständnis der großen christlichen Konfessionen des Westens versteht man generell unter Theologie die wissenschaftlich-systematische Ausfaltung der christlichen Glaubenslehre in all ihren Verzweigungen, eine Konzeption, die auf die Frühscholastik (Peter Abälard: Theologia christiana) zurückgeht». Учитывая, что проблему отсутствия Абеляра в Киевской Руси Томсон впервые поставил в 1978 г., Подскальски, возможно, намеренно включил сюда упоминание Абеляра.

[13] Византийские теологи были знакомы с диалектикой и «Исагогой Порфирия», но, по мнению Иоанна Дамаскина и других византийцев, «диалектика должна заходить не дальше, чем необходимо для поддержки веры» [Ostrowski 2018: 67].

[14] Подскальски посвящает образованию в Древней Руси всего три страницы, основную часть которых занимает обзор источников, а также опровержение ошибочных представлений, распространенных в XIX в. [Podskalsky 1982: 274, 73–75]. Емкий обзор комплексной дискуссии, является ли упоминание школ

ски объясняет неудачу, постигшую на Руси такие фундаментальные теологические жанры, как догматика и экзегеза, отсутствием философии теологии (основанной на античной философии), что в свою очередь привело к пустоте, позволившей существующим жанрам, таким как гомилетика, агиография (повествовательная) и панегирик утвердиться в значительно большей степени, нежели это было в Византии[15]. Русь усваивала христианское послание через повествование и наставление, и, согласно Подскальски, этот упор на повествование составляет ее силу, «но в то же время выявляет ее отдельные слабые места (непоследовательность, непропорциональная структура, наложение противоречащих друг другу традиций и языковое несовершенство)» [Podskalsky 1982: 275]. Поводя итог, древнерусское богословие, хотя в своем основном содержании и напоминало византийскую теологию, было существенно ограничено в способах, которыми теология достигает своей цели. Такие теологические дисциплины, как догматика, патристическая экзегетика и герменевтика, выражались посредством более прагматических форм, таких как повествование, поучение и наставление, а в центре внимания находилась практика веры. Кроме того, корпус славянских переводов, как отмечают Г. П. Федотов и Фрэнсис Томсон, был столь же ограничен и ориентирован на поучительные и назидательные повествования [Fedotov 1946: 39, 49; Thomson 1999: xvii][16].

Определение, в чем древнерусская религиозная культура могла отличаться от византийской, не объясняет, почему она отличалась. Неудивительно, что в изобилии появляются объяс-

---

Ярослава в Повести временных лет доказательством, что в Киеве выполнялись переводы, см. в [Franklin 2001: 267]. См. также [Kazhdan, Epstein 1985: 121–133].

[15] Подскальский называет преобладание этих жанров монополией, хотя и отмечает, что в Византии они ценились и поддерживались, но в разумных масштабах [Podskalsky 1982: 274].

[16] Федотов и впоследствии Томсон сопоставляют корпус переводных текстов с содержимым книгохранилища крупного византийского монастыря. Федотов утверждает: «Как известно, монастыри Византии не были общеобразовательными и богословскими школами» [Федотов 2015: 57].

нения, связывающие это с ограниченным характером киевского богословия, а также корпуса переводных текстов, усвоенных славянами. Некоторые исследователи для объяснения ограниченности теологического наследия, полученного из Византии, сосредоточили внимание на деятельности, происходившей за пределами Руси. Островский предполагает, что это решение приняли византийские церковнослужители или, возможно, болгарские монахи, переводившие тексты с греческого на славянский [Ostrowski 2018: 80]. Такое мнение согласуется с утверждением Томсона и Федотова, считавших, что корпус славянских переводных текстов, известных на Руси, едва превышает содержимое библиотеки крупного византийского монастыря, о чем Островский также упоминает [Ostrowski 2018: 80–81].

Отталкиваясь от той же внешней перспективы, Антоний-Эмиль Тахиаос указывает, что изначально церковь в Киевской Руси не была независимой или автокефальной, но представляла собой митрополию константинопольской церкви [Tachiaos 1988: 430][17]. Содержание текстов, «произведенных» греческими митрополитами, он характеризует как «традиционное», имея в виду, что они не поднимались над «фразеологическим и семантическим уровнем заурядного византийского текста той эпохи» [Tachiaos 1988: 442]. Тахиаос признает, что греческие митрополиты не знали славянского языка — по крайней мере, на хорошем уровне, и, скорее всего, имели при себе группу переводчиков, работавших под их руководством. Конечно, есть вероятность, что эта группа включала в себя упомянутых Островским болгарских монахов, занимавшихся переводами внутри митрополии[18]. По мнению Тахиао-

---

[17] Тахиаос напоминает читателю, что с 988 по 1281 г. в киевской церкви служили 23 митрополита, и все они, кроме двоих, были греками [Tachiaos 1988: 431]. Более подробные сведения об этих митрополитах см. у [Poppe 1982]. Поппэ приводит краткие справки о каждом из митрополитов, в том числе не являвшихся греками Иларионе и Клименте Смолятиче.

[18] Эти монахи, как их описывает Островский, разделяли цели греческих митрополитов: «Можно вообразить, что болгарские монахи, которым было поручено отправить переводные тексты для недавно образованной русской церкви, видели свою роль в спасении души новоиспеченных христиан.

са, вне зависимости от того, кто занимался переводом, митрополиты отбирали тексты, отражающие «длительную и непрерывную традицию», избегая более противоречивых богословских текстов, поскольку отсутствие «фундаментальной основы в виде образования и должной разборчивости могло привести к ереси» [Tachiaos 1988: 442–443]. Подскальски отмечает вклад греческих митрополитов и признает их заслугой, что они обеспечили Руси доступ к византийской литературе XI и XII вв., прежде всего полемической и канонической. В разделе книги Подскальски, посвященном догматическим и полемическим сочинениям, речь идет прежде всего о митрополитах, а не киевских авторах[19].

Федотов, возвращаясь к болгарам, в какой-то момент словно бы снимает с Руси всякую ответственность за ограниченный характер ее культурного наследия, полученного из Византии:

> Грамотные болгарские церковники... просто переводили для своей страны и на свой язык библиотеки средних греческих монастырей, добавляя к ним по своему вкусу апокрифические сочинения.
> В выборе этих произведений Русь не принимала участия, но последствия этого сказывались на протяжении веков. Ее собственные вкусы могли проявиться только во вторичном отборе... [Федотов 2015: 57]

Впрочем, ранее, рассуждая об «удивительной», по его выражению, интеллектуальной бедности Древней Руси, Федотов приводит несколько иное объяснение:

> Иными словами, тот, кто доверил именно монахам познакомить Русь с христианской ученостью, принял осознанное решение не отправлять туда Гомера, Платона или Аристотеля. Таким образом, недавно крещенный народ оказался не затронутым светской литературой» [Ostrowski 2018: 86]. Впрочем, в таком случае возникает дополнительный вопрос: если бы дело обстояло иначе, был бы результат иным?

[19] Подскальски отмечает, что, строго говоря, не сохранилось ни одного древнерусского догматического трактата; вероятнее всего, это свидетельствует об отсутствии читателей, которых бы заинтересовали подобные тексты [Podskalsky 1982: 170–171].

> Русь на самом деле не восприняла, как и христианская
> Греция, классической греческой культуры. Сама Византия
> обладала древними сокровищами; но она не передала их
> Руси, или, точнее сказать, Русь не озаботилась впитать их
> [Федотов 2015: 47].

Последняя часть этого фрагмента, в которой Федотов оставляет открытым вопрос о возможности участия Древней Руси в усвоении византийской культуры, или об отсутствии этой возможности, заслуживает более пристального рассмотрения.

Поскольку здесь, несомненно, сыграли свою роль многие факторы, я не предлагаю сбрасывать со счетов внешние по отношению к Руси причины ограниченности воспринятого ею византийского культурного наследия. Внешние силы могли внести свой вклад, но я бы также остерегся изображать Русь как некий пустой сосуд и возможную жертву византийского высокомерия. Вне зависимости от внешних факторов, ограниченность культурной передачи из Византии или через Болгарию нельзя считать неизбежной. Однако были предложены и другие, весьма многообещающие направления исследования; в оставшейся части этой статьи я рассмотрю возможные последствия, которые повлекло за собой пожелание, высказанное Саймоном Франклином, а в заключении, как обещал ранее, вновь обращусь к Петру Абеляру [Franklin 2001: 269–270].

Отметив присутствие на Руси социально-культурного синтеза, Франклин упоминает ранние формы древнерусского культурного и исторического самоопределения, «основанные на провиденциальных интерпретациях этногенетической и династической истории; системы политических и общественных ценностей; структуру администрации и различие между древнерусской дружинной культурой и византийской придворной культурой» [Franklin 2001: 269]. Может возникнуть вопрос: нет ли вероятности, что сама Русь проявляла малый интерес или вовсе не проявляла интереса к классическому наследию Византии? Франклин отвечает утвердительно. Он предполагает, что отсутствие византийской образованности возможно было преодолеть, если бы на Руси к этому стремились, но, очевидно, такого стремления не было [Franklin 2001: 269]. Молодое Киевское княжество не ощущало необходимости в усвоении «византийского самоопределения, византийского сознания себя в истории и проистекавшей из этого византийской иерархии культурных ценностей» [Franklin 2001: 269][20]. Скорее, Русь намеревалась создать самоопределение, основанное на собственных культурно-политических ценностях, а также утвердить свое место в провиденциальном порядке христианской истории.

В. М. Живов предлагает провокационную трактовку рецепции византийской культуры на Руси, заставляющую нас мыслить нетрадиционным образом, особенно в отношении концепции «Византийского содружества» [Живов 2000][21]. Ставя под вопрос традиционное представление о «трансплантации» византийской культуры среди славян, Живов утверждает, что она не трансплантировалась в широком понимании, как в светском, так и в церковном аспектах, но была представлена только своей церковной составляющей, и то лишь в частичном объеме[22]. Точнее говоря, несмотря на использование византийских моделей, наряду с дру-

---

[20] «Не нужна была византийская образованность ни в идеологическом плане (как форма культурно-исторического самоутверждения), ни в практических целях (например, для продвижения по службе» [Franklin 2001: 269].

[21] О концепции «Византийского содружества» см. [Obolensky 1982: 13–18]. Признавая византийское влияние, но не «содружество», Кристиан Раффенспергер предпочитает говорить о «византийском идеале» и распространяет его влияние на Западную Европу [Raffensperger 2012: 10–46].

[22] «Культура Киевской Руси не повторяет и не трансплантирует современную ей византийскую культуру, а усваивает один ее изолированный фрагмент...» [Живов 2000: 586]. Ср.: «Все изложенное позволяет выделить категорию явлений культурного воздействия Византии, в которых мы должны видеть не проявления влияния, а проявления трансплантации византийской культуры на славянскую почву. Памятники "пересаживаются", трансплантируются на новую почву и здесь продолжают самостоятельную жизнь в новых условиях...» [Лихачев 1973: 22]. Лихачев видит в принятии православия трансплантацию византийской веры, а не ее влияние. Живов проводит более тонкое разграничение, отмечая в древнерусском православии отсутствие догматико-философского элемента христианской веры. Раффенспергер предпочитает использовать термин «присвоение», а не «влияние», поскольку в первом случае подчеркивается не только принятие, но и активное действие [Raffensperger 2012: 15].

гими моделями, Русь не воспроизводила византийскую культуру как целостную систему. Живов полагает, что со времени константинопольских патриархов IX в., Игнатия и Фотия, когда происходила также деятельность Кирилла и Мефодия, в Византии существовали две различные культурные традиции[23]. Аскетическая традиция (Игнатий) сосредоточивалась на догмах, а также на Писании и святоотеческих текстах, и редко обращалась к классическому греческому наследию[24]. Гуманистическая традиция (Фотий), напротив, пыталась синтезировать христианский опыт и ученую традицию, поэтому придавала особое значение классическому наследию, меньше ссылаясь на Писание. По мнению Живова, в Византии эти две традиции, которые он также называет низким стилем и высоким стилем, функционировали по отдельности. Высокий стиль преобладал среди элиты, имевшей тесные связи с императорским двором. Миссионерская деятельность среди славян, которые, с точки зрения греков, были варварами, вызывала мало интереса у элиты, но стала сферой активности священнослужителей и монахов — представителей аскетического, или низкого стиля. В основе византийских школ для элиты лежала античная образовательная программа, тогда как школы низкого стиля сосредоточивались на экзегезе Священного Писания и патристике. Школы, основанные греческими миссионерами, главным образом монахами, предназначались для обучения грамоте и имели катехизическую ориентацию.

По утверждению Живова, помимо византийского влияния, Русь имела значительные контакты с новокрещенными европейскими странами, такими как Польша, Богемия и Венгрия, в конце X — XI в.,

---

[23] В этом контексте следует отметить, что именно Фотий был одним из организаторов миссии в Моравию [Dvornik 1970: 106].

[24] Дворник характеризует Игнатия как «благочестивого, простого и неискушенного человека», питавшего «презрение к учености» [Dvornik 1970: 64–65]. Впрочем, Игнатий часто рассматривается в тени Фотия; также следует упомянуть наблюдение Иоанна Мейендорфа, что Церковь, действуя в духе икономии, включала в свой список святых как «ригористов», так и более снисходительных церковных деятелей, в том числе соответственно Игнатия и Фотия [Meyendorff 1979: 90].

до разделения Церквей (1054)[25]. Существенная доля администра-
тивных процедур была заимствована из стран, которые Живов
называет Slavia Christiana и рассматривает как предтечу позднейших
Slavia Orthodoxa и Slavia Romana, обособившихся по принципу
вероисповедания [Живов 2000: 594–597]. Согласно Живову, именно это единство позволило этим государствам разрешить некоторые
общие проблемы, с которыми они столкнулись при построении
христианской политической, социальной и культурной структуры.

Объем статьи не позволяет полностью изложить комплексный
анализ, проведенный Живовым, но он высказывает еще одно замечание, связанное с настоящей дискуссией. В отличие от византийской литературы, включавшей в себя как светские, так и церковные
жанры, в Киевской Руси не было «оппозиции светской и духовной
культуры» [Живов 2000: 604]. Ссылаясь на Рикардо Пиккио, Живов
утверждает, что «вся древнерусская литература концентрически
сосредоточивается вокруг одного основного текста, текста Св.
Писания...» [Живов 2000: 607][26]. Конечно, в Византии такого не
было. Что касается летописей, Живов приводит мнение И. П. Еремина, согласно которому летописи «могли рассматриваться как
своеобразная часть духовной литературы, описывающая осуще-
ствление Божественного промысла в человеческой истории»
[Живов 2000: 603][27]. Как интерпретационная типология, широко
используемая в «Повести временных лет», эта ориентация должна

---

[25] Используя понятие Slavia Christiana, Живов включает в него Венгрию и Скандинавию. Раффенспергер расширяет пределы до Германской империи
и далее, не ограничиваясь славянами [Raffensperger 2012: 1–4].

[26] Живов приводит следующую цитату из Пиккио: «Подражание Библии
привело к появлению структурной концепции, в соответствии с которой
каждое литературное произведение функционирует как компонент более
крупного целого» [Picchio 1973: 447].

[27] И. П. Еремин мастерски резюмирует то, что он называет «философией истории», в статье «"Повесть временных лет" как памятник литературы»,
входящей в состав его книги «Литература Древней Руси». В конце статьи он
пишет: «Итак, история человечества, рассматриваемая в своем наиболее
общем аспекте, с точки зрения летописца, — история божественного попе-
чительства над человеком. Человек — субъект и объект исторического
процесса» [Еремин 1966: 70].

побудить исследователей чаще, чем это происходило в прошлом, обращаться к рассмотрению библейских моделей. Впрочем, она также подсказывает, что было бы разумно придерживаться определенного скептицизма, рассматривая историческую достоверность событий, изложенных в летописных рассказах[28].

Любопытный образец исследования, сочетающего одновременно провиденциальный и скептический взгляды, а также затрагивающего вопросы, поднимаемые в этой дискуссии, представляет собой работа А. П. Толочко, утверждающего, что во вступительной части «Повести временных лет» мы сталкиваемся с «сугубо средневековым способом мышления, находящимся под сильным влиянием христианских исторических концепций» [Tolochko 2008: 177]. Толочко указывает, что летописец ставит ряд вопросов, существенных для всякого, кто впервые пишет историю народа: «Кто мы? Откуда мы произошли? Кем были первые правители? Как все это вписывается во всемирную христианскую историю?» [Tolochko 2008: 177][29]. Отмечая, что современные историки считают рассказ летописца начала XII в. авторитетным источником, отражающим политическое и этническое развитие Древней Руси, Толочко ставит под сомнение два, по его выражению, наиболее живучих мифа: 1) эпическое повествование о переселении славян с Дуная на свою новую родину в Восточной Европе и 2) рассказ о перемещении на Русь правящей династии из Скандинавии с целью восстановления порядка. Сейчас у нас есть время представить его подход только к первому вопросу, но

---

[28] Здесь можно было бы упомянуть многие работы, но одним из виднейших сторонников изучения библейских моделей является И. Н. Данилевский, чьи исследования наиболее полно представлены в издании: [Данилевский 2004]. Данилевский приводит всеобъемлющие, чрезвычайно ценные, а иногда и противоречивые интерпретации. Критические высказывания о некоторых аспектах его подхода см. [Прохоров 2014: 14; Ранчин, Лаушкин 2002].

[29] Католический теолог Скотт У. Хан называет библейские книги Паралипоменон «теологической и литургической интерпретацией истории Израиля, отвечающей на вопросы: "Кто мы? Как мы оказались здесь? Что и почему мы должны делать?"» [Hahn 2012: 1–2]. Хан отмечает, что еврейское название книг Паралипоменон — «Диврей ха-ямим», то есть «деяния (или слова) дней» [Hahn 2012: 1–2].

я отсылаю читателя и ко второму, рассмотрение которого столь же убедительно [Tolochko 2008: 183–188].

Толочко предполагает, что рассказ о переселении двенадцати славянских племен из Дунайского региона в северо-восточную Европу, изложенный в «Повести временных лет», подражает библейскому эпизоду о рассеянии, согласно Божьему замыслу, по всей земле 72 народов («языцев»), произошедшем после Вавилонской башни [Tolochko 2008: 177–178]. При этом летописец называет славян одним из тех исконных народов, а их родину — регионом, который не только имел связи с апостолами через Андроника (Рим. 16:7), одного из апостолов от 70 в православной традиции, считавшегося епископом Паннонии, но также стал местом, где разворачивалась переводческая деятельность Кирилла и Мефодия. Это означает, что славяне довольно рано познакомились с христианством, в том числе с таинством крещения[30]. Кроме того, подчеркнутое перечисление племен и упоминание вынужденного переселения вследствие гонений создают отсылку к народу Израиля и указывают, что перемещение славян в северо-восточную Европу было частью Божьего промысла [Tolochko 2008: 183]. Указывая на отсутствие доказательств переселения славян и существования 12 странствующих племен, Толочко утверждает: «Вся идея о "дунайской родине" славян — и, следовательно, их миграции и расселения вдоль рек — представляется измышлением священнослужителя XII в., пытавшегося искусственно создать христианский бэкграунд для своих языческих предков» [Tolochko 2008: 183][31].

Приводя господствующую точку зрения на миграцию славян из Дунайского региона (Паннония), а также на формирование Киевского государства, Толочко утверждает, что «историки склонны к пространным объяснениям, которые придают про-

---

[30] См. рассказ о деятельности Кирилла и Мефодия в «Повести временных лет» под 898 г., где Андроник назван апостолом славян, а Мефодий — его преемником в качестве епископа Паннонии. Кроме того, поскольку Павел посещал Иллирию, где, по словам летописца, обитали славяне, он был их учителем и, соответственно, учителем Руси, которую также населяли славяне [ПСРЛ 2001: 28].

[31] Схожую цель преследует отсылка к ветхозаветному повествованию об Исходе.

шлому ощущение упорядоченности, а их собственным выкладкам — методологичность» [Tolochko 2008: 183]. Подобная точка зрения, по его мнению, сильно укоренилась в исследованиях Древней Руси, хотя последние тенденции в изучении миграции и идентичности славян производят обнадеживающее впечатление. Например, Даниел Джино применяет к южнославянскому контексту подход, согласно которому «письменные источники рассматриваются не только как источники, сообщающие о событиях прошлого, но также как личные истории, производные культурных и политических дискурсов своего времени, как литературные произведения, соответствующие требованиям жанра, а иногда в большей степени отражающие дискурсивный, политический или культурный бэкграунд автора и его культурные стереотипы, нежели историческую „правду" или фрагменты исторической „правды"» [Djino 2010: 32][32].

Островский завершает свою книгу утверждением, что «"интеллектуальное молчание" не обязательно означает интеллектуальную бездеятельность» [Ostrowski 2018: 87]. Понимая его позицию, особенно в контексте того, как он определяет молчание в рамках православной религиозной традиции, я предпочел бы слегка усовершенствовать ее и прибегнуть к подходу Подскальски, согласно которому в Древней Руси основные христианские истины интерпретировались и выражались скорее в повествовательной, нежели в дидактической или догматической форме [Podskalsky 1982: 274–275][33]. Как отмечалось ранее, именно этим, по утверждению Под-

---

[32] Цитата заимствована из главы под названием «Теоретическая основа и исследовательская практика», в которой дано крайне ценное изложение подхода автора к изучению миграции и идентичности.

[33] Очевидно, Островский имеет в виду нечто наподобие теологии, имеющей повествовательную основу, когда утверждает: «Древнерусская церковь также наследовала через посредство болгарских монастырей господствовавшую в византийской церкви эпистемологическую традицию, согласно которой обучение было дескриптивным, заключавшимся в описании того, что уже известно («возвышенное, неустанное пересказывание»), а не диагностическим, призванным устанавливать ранее неизвестные истины» [Настоящее издание: 112]. Подобная эпистемология идет рука об руку с Heilsgeschichte.

скальски, киевское богословие так располагает к себе, что перекликается с мнением Флоровского, высоко оценивавшего «проникновенность, свежесть и силу русского религиозного искания» [Флоровский 2014: 276]. Хотя повествовательное выражение теологии иногда может становиться субъективным и непоследовательным, те, кто стремился к практическому осуществлению христианской веры, как это было на Руси, вполне могли понять его интуитивно и применить к личному опыту [Podskalsky 1982: 275]. С тех пор, как Флоровский и Томсон впервые поставили свои вопросы, была проделана важная работа, значительно продвинувшая вперед решение сложного комплекса проблем, возникающих при исследовании Киевской Руси. Рассматриваемые здесь статьи В. М. Живова и А. П. Толочко были выбраны по причине их близости к теме данной дискуссии, но, безусловно, можно было бы сослаться многих других ученых, работающих в самых разных областях.

Как я упоминал в начале статьи, в заключение я считаю уместным кратко возвратиться к провокационному вопросу Фрэнсиса Томсона: «Где был русский Петр Абеляр?». Одна из сильных сторон подхода Островского к этой проблеме состоит в том, что он не стремится поскорее найти ответ и серьезно относится к задаче «дать правдоподобное и последовательное толкование сведениям из доступных первоисточников» [Ostrowski 2018: 14]. Вопрос, поставленный Томсоном, оживил интерес к запутанной проблеме «интеллектуального молчания Древней Руси», а Островский свел воедино различные части этой комплексной дискуссии, сделав ее доступнее и, можно надеяться, поспособствовав более ясному пониманию древнерусской религиозной культуры. В то же время этот вопрос, заданный и обсуждаемый таким образом, вызывал разногласия и иногда воспринимался как оскорбительный. Осмелюсь также предположить, что он несколько устарел и отражает тот период, когда Абеляр сделался «иконой, и его ценность как некоего символа составила одну из важнейших частей его наследия в Новое время» [Verbaal 2014: 188]. Значение Абеляра и других мыслителей для применения диалектики к теологии нельзя отрицать, но преклонение перед ним иногда превращало его, по выражению Бабетты Хеллеманс, в «философарационалиста avant la lettre», вследствие чего его соперники часто рассматривались как нетерпимые поборники мракобесия [Hellemans 2014: 1]. Тот факт, что самый выдающийся из его оппонентов, Бернард Клервоский, был более консервативным монахом, обычно заслоняет некоторые закономерные церковные вопросы, обсуждавшиеся в XII в., и подобное предубеждение к монашеству примешивается — по крайней мере, в некоторой степени — к дискуссии об «интеллектуальном молчании» в Древней Руси[34]. По мнению Хеллеманс, вследствие современного восприятия Абеляра как вольнодумца его высказывания, которые изначально должны были служить «текстуальными примерами, появившимися в результате применения определенного философского метода к определенному религиозному мировоззрению», «распространялись за пределы своего первоначального назначения» [Hellemans 2014: 1]. В начале этой статьи я привел одну из самых известных цитат из «Да и нет» Абеляра: «Ибо, сомневаясь, мы приходим к исследованию; исследуя, достигаем истины». Эти слова считаются воплощением его философского похода и часто цитируются. Но не столь часто отмечается, что непосредственно за ними следует такое выказывание: «Согласно чему и сама истина говорит: "Ищите и отыщете, стучитесь и откроется вам"» [Абеляр 1959: 121]. Этот фрагмент восходит к словам Христа (Мф. 7:7). Эпиграф к моей статье, как я указывал, также взят из «Да и нет», где цитируется по Иерониму, который, в свою очередь, цитирует 1 Фес. 5:21. Абеляр замечает, что подвергать сомнению следует комментаторов (Отцов Церкви), а не канонические писания, «к которым надлежит относиться с полной верой» [Абеляр 1959: 121]. Петр Абеляр — сложная переходная фигура, сыгравшая ключевую роль в многовековом процессе на Западе, но я сомневаюсь, что в будущем его следует использовать в качестве ориентира для определения ценности или уровня древнерусской культуры.

---

[34] Что касается Петра Абеляра и Бернарда Клервоского, их богословские разногласия касаются взглядов на Троицу и Искупление [Pelikan 1978: 154–157; Murray 1967: 89–117; 117–137].

«Интеллектуальное молчание» и интеллектуальный поиск в средневековой Slavia Orthodoxa

Russian History 46 (2019) 193–212

Роберт Романчук
адъюнкт-профессор славистики, департамент современных языков и лингвистики, Университет Флориды, США
rromanchuk@fsu.edu

Резюме

Предлагаемый обзор интеллектуальных исканий в средневековой Slavia Orthodoxa предлагает по-новому осмыслить вопрос об «интеллектуальном молчании Древней Руси», впервые поставленный Георгием Флоровским и исследовавшийся Георгием Федотовым, Фрэнсисом Томсоном, Саймоном Франклином, а теперь и Дональдом Островским. В статье рассматриваются предпосылки и возможности среднего образования и их наглядные результаты в Киевской Руси XI–XIII вв., среди южных славян на горе Афон в конце XIV в. и в Кирилло-Белозерском (Кирилловом) монастыре в северной Руси в конце XV в. Делается вывод, что интеллектуальный поиск обязательно был связаны, с одной стороны, с международным языком образования (то есть, греческим), а с другой — с определенной религиозной ментальностью (то есть, относящейся к западной церкви). Скорее, он развивался благодаря «схематизирующим» (образовательным) институциям на основании академических (эвристических) интерпретационных стратегий и поддерживался учебными пособиями и учителями.

Ключевые слова: Киевская Русь, гора Афон, Московская Русь, Россия, история книги, образование, чтение

Вопрос об «интеллектуальном молчании Древней Руси» впервые был поставлен историком православной церкви Г. В. Флоровским в 1937 г. в книге «Пути русского богословия» и более четко сформулирован в его важной статье 1962 г. в Slavic Review:

Наиболее острый вопрос для историка культуры Древней Руси звучит так: в чем заключается причина того, что можно назвать ее интеллектуальным молчанием? Было великое искусство, и была также немалая активность в политической и социальной жизни, включая идеологическую сферу. Но при этом не было создано ничего оригинального и выдающегося в сфере мысли, как теологической, так и светской... Но в таком случае возникает вопрос: почему эта любознательность не была пробуждена вызовом византийской цивилизации, которая славилась и отличалась своей неутомимой страстью к метафизическим спекуляциям... Безусловно, Византия была посвящена в тайны гармонии и космического порядка, но она также не знала трепет поиска и «мрак неведения». Однако вызов Византии не пробудил так называемую русскую душу [Флоровский 2014: 271, 273].

Вокруг тезиса Флоровского сформировалась своего рода «школа интеллектуального молчания», наиболее видными представителями которой были (и остаются) Г. П. Федотов и Фрэнсис Дж. Томсон. Рассуждая об этом «молчании», Федотов и Томсон сосредоточиваются на почти полном незнакомстве Киевской и Московской Руси с греческим языком, а также на монастырской ориентации большинства переводных текстов, доступных в этих государствах. Относительно второго пункта Федотов писал в 1946 г.:

изучая несколько средневековых перечней византийских монастырских библиотек, можно найти названия творений, по большей части совпадающие с перечнями древнеславянской литературы. Как известно, монастыри Византии не были общеобразовательными и богословскими школами... Грамотные болгарские церковники... просто переводили для своей страны и на свой язык библиотеки средних греческих монастырей, добавляя к ним по своему вкусу апокрифические сочинения [Федотов 2015: 57].

Как я высказывался в другом месте, разработку этой темы Томсоном (особенно известную статью 1978 г.) можно охарактеризовать как эмпирическую верификацию тезисов, высказанных Федотовым [Romanchuk 1997]. Согласно выводам этой «школы» (а ее выводы всегда подробно документировались), Киевская Русь и Московское государство унаследовали худшее, что могла предложить Византия — монашеский обскурантизм — и совершенно не восприняла ее искательского духа.

Оппозицию «школе интеллектуального молчания» (после 1978 г. — прежде всего Томсону) составили советские исследователи, к которым можно было бы применить определение «школа Лихачева», поскольку их возражения формировались не вокруг какого-либо конкретного тезиса, но скорее вокруг национально-патриотической программы харизматичного Д. С. Лихачева. Связность аргументации, никогда не составлявшая сильную сторону этих возражений, особенно пострадала в более поздний период, как отмечает Томсон во вступлении к своему сборнику статей 1999 г. [Thomson 1999: ix–xxi][1]. Дискуссия утихла на рубеже тысячелетий, с выходом книги Томсона и содержащей обоснованную критику в ее адрес статьи Саймона Франклина 2001 г. в «Russia Mediaevalis» [Franklin 2001], после чего, казалось, было уже нечего сказать. К этому времени новое поколение исследователей (к которому принадлежу и я) задумалось, не мог ли Флоровский попросту поставить неверный вопрос; является ли «интеллектуальный шум»[2] правильным мерилом для всей христианской учености; не выглядит ли несколько старомодным в свете упадка *истории идей* само понятие «интеллектуального молчания»; и не позволит ли нам обращение к *истории книги* и в особенности к истории *книжного образования* и *чтения* восстановить определенные особенности интеллектуальной деятельности в средневековой Slavia Orthodoxa, которые ранее оставались незамеченными (или истолковывались неверно).

---

[1] См. также [Ostrowski 2018: 1–12].

[2] Этой формулировкой я обязан моему коллеге по Университету Флориды, Аарону (Фенгу) Лэну.

Спустя почти 20 лет (что, как признает автор, более или менее соответствует периоду, пока вынашивалась эта книга [Ostrowski 2018: vii]) «Европа, Византия и "интеллектуальное молчание" древнерусской культуры» Дональда Островского словно переносит нас в прошлое. Однако эта книга существенно отличается от работ Флоровского и Федотова, Томсона и Франклина. Русь и ее культура исчезают с ее страниц довольно быстро, чтобы снова появиться лишь в самом конце. «Острый вопрос» Флоровского становится отправной точкой для пространного макроисторического исследования неоплатонизма на христианском Западе и Востоке, тогда как «интеллектуальное молчание» в итоге рассматривается как проявление исихастской тишины, свойственной последнему. Попутно читатель сталкивается с яркими, временами эпатажными формулировками. «Рабочая гипотеза» Островского «состоит в том, что различие в характерных для теологов восточной и западной церкви способах интерпретации неоплатонической парадигмы, в частности, в применении к ней аристотелевской логики, привело к фундаментальному различию в менталитете, которое, в свою очередь, создало возможность для развития аналитического мышления в богословии западной церкви, тогда как в богословии восточной церкви такой возможности не существовало» [Ostrowski 2018: 18]. Я с осторожностью отношусь к столь «сильным теориям» и предпочитаю более нюансированные и локализованные подходы, наподобие тех, которых придерживаются Кристоф Эрисманн, Дэвид Брэдшоу и Микеле Трицио в своих статьях на «аристотелевские темы» в «Кембриджской интеллектуальной истории Византии. Часть IV. Философия и теология в Средней Византии» [The Cambridge Intellectual History of Byzantium 2017: 361–412]. Понятие о едином менталитете «Восточной Церкви» смешивает явления, характерные для таких различных культур, как Византия, православный Ближний Восток, православный Кавказ, православные южные и восточные славяне, причем каждая из этих культур обладала внутренней пестротой и изменялась на протяжении столетий. В своей книге «Византийская герменевтика и педагогика на Русском Севере» (2007) я попытался проследить (ограниченную) рецепцию академической педагогики и интерпретационных приемов аристотелевской эвристики в отдельно взятом русском монастыре XV в., и теперь предлагаю читателю оценить эту микроисторическую реконструкцию в сравнении с работой Островского (или наоборот).

В данной статье я намереваюсь представить обзор книжно-ориентированных «схематизирующих» или формообразующих институций (то есть, тех, которые связаны с «книжным образованием», что можно передать как education in letters) — характеризующихся, кроме того, «академической герменевтикой» (по выражению Риты Коупленд), в которой интерпретационная деятельность приобретает эвристическую силу [Copeland 1991: 65] — в трех местностях средневекового православного славянского мира. Я начну с тех институций, который существовали (или, по крайней мере, могли существовать) в Киевской Руси с XI по XIII в.; далее перейду к тем, которые были связаны с узким кругом сербских и болгарских исихастстких элит на горе Афон в первой четверти XIV в.; и в заключение остановлюсь на тех, которые, как я уже говорил, развились на основе сочинений и традиций, происходящих из этого афонского круга, в середине — конце XV в. в Кирилло-Белозерском (Кирилловом) монастыре в северной Руси[3]. Интерпретационные практики, «сформированные» в этих институциях, отнюдь не были аристотелевскими, хотя афониты, о которых я буду говорить, непосредственно использовали сочинения Аристотеля. Невозможно назвать ни одну фигуру, связанную с какой-либо из этих институций, которая совершила бы «прорыв к аналитическому мышлению»; более того, в Киевской Руси подобные институции, если они действительно функционировали, оказали, как представляется, ограниченное воздействие (если оказали вообще). Но во всех из них деятельность по интерпретации была оформлена эвристически, побуждая к интеллектуальному поиску в нашем понимании. Если приводимые далее очерки не отвечают на вопрос об «интеллектуальном молчании Древней Руси», сфор-

---

3 Поскольку Островский не обращается к моей монографии 2007 г. и двум главам из книги 2016 г., ниже я привожу цитаты и выдержки из них.

мулированный Флоровским, они могли бы предложить способ иначе взглянуть на феномен, который рассматривали и обсуждали он сам, Федотов, Томсон, Франклин, а теперь и Островский; возможно, это приведет к постановке новых вопросов.

Пример 1. Киевская Русь (и два беглых взгляда в Московскую Русь)[4]

Какие основания для интеллектуальных исканий существовали (если существовали вообще) в Киевской Руси? Начальное образование, включавшее в себя «грамоту» или «писание», обучение прикладной грамотности, как представляется, было там относительно распространенным, как и во всей средневековой Европе [Franklin 2002: 35–47, 202–206]. По завершении этого курса некоторые ученики в Византии и на Западе продолжали изучение словесных наук — грамматики, риторики и (иногда) философии. Среднее образование с частным учителем всегда было более прочным, чем государственное просвещение, по крайней мере, в Византии; как отмечает один исследователь, «образовательные институции, подобные существовавшим там... появлялись и исчезали» [Conley 1986: 356]. Наиболее часто изучаемой дисциплиной была грамматика. Основное место в ней занимали «техническая» грамматика (то есть склонения и спряжения) и лексика высокого стиля, а также «исторические» знания (объяснявшие исторические, естественно-исторические, географические и мифологические «реалии» текстов), целью чего было научить студентов чтению и пониманию текста. Также грамматика включала в себя изучение этимологии (которая, по-видимому, была практически неизвестна в Slavia orthodoxa) и объяснение незнакомой лексики путем *металепсиса* — перевода архаических или малоупотребительных слов посредством более распространенных синонимов [Cribiore 2001: 207]. Такое обучение проходило с помощью учебников и учителей.

---

[4] Данный раздел представляет собой сокращенное изложение [Romanchuk 2016: 512–516].

Существовал ли подобный образовательный курс в Киевской Руси? Темин «граматикия» появляется в древнейшем списке Жития Феодосия Печерского, в эпизоде, описывающем, как юный святой «датися веля на учение божьствьныхъ книгъ единому от учитель; яко же и створи. И въскоре извыче вся граматикия, и яко же всемъ чюдитися о премудрости и разуме детища и о скоромь его учении» [Житие Феодосия Печерского 1997: 356]. Но поскольку ранее говорится, что Феодосий «грубъ сы и невежа» (в отличие от современных ему византийских святых, которые часто были хорошо образованными),[5] его обучение в Курске, по всей видимости, ограничилось самым начальным уровнем; однако во всех других списках Жития в этом месте упоминается «грамота» или «писание» [Hollingsworth 1992: 36–37; n. 100]. Пособий по церковнославянскому языку попросту не существовало: грамматический трактат «О восьми частях слова» и словарь «Толкование неудобь познаваемомъ рѣчемь» были составлены только в XIV в. южными славянами на горе Афон [Romanchuk 2016: 393]. До того времени среднее образование в православном славянском мире осуществляли только греки.

Если митрополит Иларион, создавший «Слово о законе и благодати», получил среднее образование (что представляется вероятным, поскольку его риторическое мастерство не имеет равных в литературном наследии Киевской Руси), он должен был хорошо изучить греческий; во всяком случае, он использовал непереведенные греческие источники [Thomson 1983: 65–66]. Греческое образование не было распространено на Руси: замечание митрополита Климента Смолятича в «Послании смоленскому пресвитеру Фоме», что русские священнослужители изучали «всю 20 и 4 словесъ грамоту» (то есть греческий алфавит), иногда воспринимаемое как намек на существовавшее в византийской средней школе упражнение «схедография» (расположение лексики по алфавиту или анализ значений, грамматических изменений, этимологии слов), по всей вероятности, отсылает к греческим мнемоническим алфавитам наподобие тех, которые составлял

---

[5]   См. рассмотрение многочисленных византийских житий в [Lemerle 1986].

византийский аскет Иоанн Лествичник в своей «Лествице райской» [Romanchuk 2016: 514–515].

Для подтверждения, сколь крупными были достижения Илариона, послушаем, как ученый выходец из Греции, Михаил Триволес, обращается к московскому читателю XVI в., знавшему его как «Максим Грек»:

> Оно убо да вѣдомо есть вам, яко еллинский язык, сирѣчь
> греческий, зѣло есть хитрѣйший, не всяк сице удоб может
> достигнути силы его до конца, аще не многа лѣта просидѣл
> кто будет у нарочитых учителей, и той аще будет грек родом
> и умом остр, еще же и охоч, а точию не таков (иже) учится
> убо отчасти, а в совершение его не дошол...
> Грамматика есть... учение зѣло хытро у еллинех. То бо есть
> начало входа иже к философии, сего ради немощно есть
> малыми рѣчми и на мало время разумѣти силу ея, но на-
> добѣт седѣти у учителя добраго год, равен упразнившему-
> ся от всѣх житейских плищ и печалех, и любити трезвение
> всегда, и въздержатися от всякаго покоя и угождениа
> грътанниаго, и сна, и винопитиа [Worth 1983: 66].

Из-за трудности овладения ученый греческий язык, который за несколько веков коренным образом разошелся с народным языком, использовавшимся для практических надобностей, был, вероятно, известен тончайшей прослойке церковной элиты Киевской Руси — то есть, немногочисленным греческим священнослужителям [Franklin 1992: 69–81].

Эту довольно мрачную картину могут скрасить очень немногие подробности. Элементы грамматического образования, переориентированного на Священное Писание, но сосредоточенного на «историческом» знании с целью чтения ради понимания, могли преподаваться представителям элиты. Знаменитый Изборник 1073 г. представляет собой переписанную для князя Святослава компиляцию, составленную в X в. и впервые переведенную для болгарского царя Симеона. Ее основу составляют догматические «Вопросы и ответы», приписываемые Анастасию Синайскому, но она также включает ряд переводных «энциклопедических» приложений: философские определения Отца Церкви VI в. Максима Исповедника и монаха VII в. Феодора Раифского [Rouché 1974], трактат «О тропах» грамматика IX в. Георгия Хировоска (стандартное византийское руководство по грамматике, использовавшееся для выявления риторических фигур) [Conley 1986], материалы по библейским аллегориям, хронология жизни Христа и связанные с ней календарные материалы, названия планет, знаков зодиака и месяцев по четырем календарям, а также хронологические записи о пророках, апостолах и римских (в том числе византийских) императорах от Адама до Константина V и Зои. Таким образом, «исторические» знания из Писания в некоторых элитарных контекстах рассматривались как дополнение к знаниям о вере. Даже если некоторые из этих пособий — например, трактат Хировоска — оказывались маловразумительны (из-за недочетов как первоисточника, так и перевода), а большинство при отсутствии хорошего наставника обладали малой ценностью, они, несомненно, составлялись для учебных целей [Lunt 1983: 361–363; Ševčenko 1957: 539–541; Ševčenko 1981: 332–333; Thomson 1993b: 45–46]. Далеко не ясно, играли ли они эту роль при дворе Святослава — или Ярослава, где эта книга, возможно, была переписана впервые на Руси — поскольку первоисточник, скромная болгарская рукопись, предназначенная для учебных целей, в Киеве превратился в роскошный иллюстрированный подносной том [Lunt 1983: 364–371].

Аналогичные «энциклопедические» материалы, связанные со средним образованием, сохранились в восточнославянских списках «Слов» Григория Назианзина, «христианского Демосфена». Эти проповеди, очевидно, входили в образовательный курс средней школы в Византии, а схолии, объясняющие отсылки святителя к античной литературе, составлялись для помощи ученикам, читавшим их на уроках грамматики или риторики[6]. Выборка из подобных схолий, осуществленная церковнослужителем и грамматиком XI в. Никитой Ираклийским, в XI в. была

---

[6] О предполагаемом изучении схолий к Григорию Назианзину в византийских школах см. [Wilson 1970: 70].

переведена на славянский язык — возможно, на Руси — в качестве приложения к болгарскому переводу «Слов», уже имевшему там хождение. Перевод схолий был, очевидно, некоторым образом связан с кругом Никифора I, митрополита Киевского, ученого грека, и, следовательно, с великим князем Владимиром Мономахом, его подопечным. В послании к Мономаху о посте Никифор в соответствии с платоновским подходом выделяет три части души (разум, чувство и волю), из чего он выводит аллегорию княжеского правления. Такое же разделение присутствует в схолиях Никиты, в связи с чем некоторые ранние списки содержат глоссы с обращением к «христолюбивому князю» [Thomson 1983: 121–122, сноска 14]. Вновь мы можем мельком, в самых общих чертах увидеть пример использования материалов из образовательного курса средней школы — схолий того типа, который впоследствии характеризовался как «христианский путеводитель по греческой культуре» — для наставлений правителю в делах веры, правления и владения самим собой[7].

Список переводных византийских сборников завершается «Летописцем вскоре» византийского патриарха Никифора I, представляющим собой сжатое изложение деяний ветхозаветных патриархов, персидских царей, Птолемеев, римских и византийских императоров, и иными перечнями и «летоисчислениями» наподобие приложенного к Изборнику 1073 г., которые, вероятно, также использовались в византийском среднем образовании[8]. На Руси они могли функционировать таким же образом, как вышеназванные сборники — для религиозного образования элиты. Александр Невский, князь владимиро-суздальский, согласно его Житию, написанному в XIII в., в споре с папскими послами привел подобный хронологический перечень, использовав его в апологетическом (антилатинском) контексте и продемонстрировав общую образованность [Пиотровская 1998:

---

[7] В этом отношении показательно заглавие издания [A Christian's Guide to Greek Culture 2001].

[8] О возможном использовании кратких хронографий в византийских школах см. [Самодурова 1962 (особенно 146–147)].

52–54]. При всей своей курьезности этот эпизод представляет текст наподобие «Летописца вскоре» в его «схематизирующем» контексте. Позднейшая, созданная в XV в. московская редакция «Летописца вскоре» открывает собой ряд летописных компиляций, в которых впервые выразилась идеология «Третьего Рима»: в этой версии история Византии тесно переплетается с историей Руси [Пиотровская 1998: 40–52][9]. Классическим примером того, что Томсон называет московской «культурной автаркией» (предполагаемая translatio imperii безотносительно translatio studii), является ошибочное прочтение составленного Никифором учебника для грамматической школы как «официального документа» [Thomson 1993c]. Этими краткими сборниками исчерпываются «грамматические» тексты, доступные в Киевской Руси, и вероятность существования там некоего подобия среднего образования и интеллектуального поиска (следует подчеркнуть, что «схематизированное» использование этих текстов древнерусской элитой в полной мере не доказано).

Пример 2. «Круг Силуана» на горе Афон[10]

В третьей четверти XIV в. представители славянской исихастской элиты, формировавшейся внутри или вокруг крупных монастырей на горе Афон (Хиландар, Великая Лавра и Свято-Пантелеймонов), адаптировали к славянскому языку классические литературные формы и переводили на него сложные богословские сочинения. Будучи по-происхождению сербско-болгарскими билингвами, они получили хорошее образование в византийских школах. Центральной фигурой одного из подобных сообществ был кир Силуан, получивший известность в середине 1350-х г. и, по словам писца монастыря Святого Павла на Афоне, «сильный

---

[9] О политической теории «Третьего Рима» (еще не сформулированной к середине XV в., хотя в это время начали возникать некоторые темы, связанные с translatio imperii) см. [Ostrowski 1998] и [Синицына 1998].

[10] Данный раздел представляет собой сокращенное изложение [Romanchuk 2016: 390–393 (с обновленной библиографией)].

разумом и крепкий речью». В 1360-е г., перебравшись, по всей видимости, в Зету (Черногория), он состоял в переписке со своим духовным учеником, оставшимся на Афоне. В письмах Силуана, собранных воедино в «Эпистолиях», упомянуты имена других членов его круга: Ромил — предположительно греко-болгарский ученик Григория Синаита, умерший не позднее 1385 г., и кир Исаия — по всей видимости, серб, настоятель Свято-Пантелеймонова монастыря и дипломат (умер после 1375 г.), примиривший Сербию с Константинополем после схизмы 1352–1353 гг.[11] Их сочинения, в которых ассимилирована вся элитарная византийская литература, от «малых, отточенных и богато украшенных жанров эпиграммы и эпистолы» [Mullett 1981; Hörandner, Grünbart 2003] до грамматических и богословских трактатов, дают представление о широте интеллектуальной деятельности, осуществлявшейся на Афоне в позднем Средневековье, а также о выразительном потенциале славянского языка.

Эпиграмма была излюбленной стихотворной формой в Византии, знакомой всем любителям учености. Византийское понимание эпиграммы было буквальным: так назывался любой текст, написанный на каком-либо предмете или книге, обычно 12-сложным стихом с цезурой после пятого или седьмого слога и ударением на предпоследнем слоге [Lauxtermann 2003][12]. Эпиграммы Силуана, основанные на кратких житиях святых Саввы и Стефана-Симеона из сербского «Стишного синаксаря», близко следуют греческим образцам, воспроизводя «маньеризм и тщательную обработанность» постантичной эпиграммы. Роман Якобсон проанализировал первую эпиграмму Силуана «с грамматической точки зрения»: каждое отдельное двустишие содержит парадокс, основанный на выверенных риторических приемах (кроме того, в использовании полиптотона прослеживается влияние средней школы) [Lauxtermann 2003: 147; Jakobson 1981: 193–214]. Эписто-

---

[11] Круг Силуана реконструирован: [Богдановић 1979].

[12] Двенадцатисложник развился из античного ямбического триметра [Гаспаров 2003: 82].

ла же представляла собой «сугубо византийский прозаический жанр», и в посланиях, которые Силуан писал после отъезда в 1360-х гг. своим афонским корреспондентам, греческие эпистолярные каноны, требовавшие краткости, сдержанности и формальной ясности (в сочетании с усложненностью содержания) приспосабливались к монашеским потребностям и славянскому языку [Богдановић 1979][13]. Эти послания открываются топосом дружбы («зрѣти те присно желахь»); далее следуют сетования на разлуку, задержку с ответом и болезнь, просьба о визите и скорбь об умерших; завершает все formula valetudinis («твоя же аще видимо поне писменемь оувѣдети желаем о нас<ь> же м<и>л<о>сти молим да истая люби б<о>гь цѣлоу тоу вь нас<ь> сьхранить кь себе же и намь сее бо цѣлѣми неврѣдими») или благочестивое «аминь». Исихазм Силуана, выраженный в этих посланиях, имеет синкретическую природу и несет отпечаток учености за счет использования платоновских определений и реминисценций [Romanchuk 2016: 391].

В послании VI Силуан называет кира Исаию — на чье пренебрежение сетует его корреспондент — своим духовным отцом [Богдановић 1979: 191][14]. Согласно житию, написанному неизвестным афонским учеником, Исаия Серрский родился в знатной семье в Липляне в Косове; он стал монахом и около 1330 г. поселился в Хиландаре под началом настоятеля монастыря, старца Арсения. Когда Стефан Душан в 1347 г. посетил монастырь, старец сообщил королю, что готовится вскоре покинуть этот мир, и предложил Исаию вместо себя в качестве духовного наставника. В 1349 г. Исаия был объявлен настоятелем Свято-Пантелеймонова монастыря, который он представлял в 1366 г. при дворе Ивана Углеши. Феодосий, митрополит Серрский, поручил ему перевести сочинения Дионисия Псевдо-Ареопагита; это занятие Исаия счел (и вполне справедливо) научающим смирению. «...случися и мнѣ навыкнути мало греческаго языка толико, елико мощи разумѣти скупость того и тяжесть прѣлаганиа от оного в наш язык», — от-

---

[13] О формулах и темах византийского послания см. [Mullett 1981: 75, 82}.

[14] Об Исаие см. [Мошин 1940; Трифуновић 1980].

мечал он в предисловии к переводу [Трифуновић 1980: 157]. Перевод «Ареопагитики», завершенный Исаией в 1371 г., представляет собой труд опытного филолога. Его объяснительные примечания, в которых приводятся многочисленные грамматические и риторические термины, а также цитируются философские тексты, свидетельствуют, что он получил основательное византийское образование (как и его предполагаемые славянские читатели), а сам перевод выполнен с крайней тщательностью[15]. Вершиной карьеры Исаии стало посольство 1375 г. в Константинополь, где он добился признания сербского патриархата со стороны Византии в обмен на отказ Лазаря Хребеляновича от императорского титула. Вероятно, вскоре после этого Исаия умер в Свято-Пантелеймоновском монастыре, где было написано его житие [Трифуновић 1980: 67–75].

Исаия был участником сообщества, интересовавшегося исихастскими спорами и их богословской основой. В 1360-е гг. его члены перевели несколько полемических сочинений Григория Паламы и Варлаама Калабрийского[16] (с прибавлением фрагментов из чернового варианта Псевдо-Дионисия в переводе Исаии) и научно-догматический «аппарат» к ним. Последний включал помимо «Ареопагитики» также «Диалектику» (или «Философские главы») Иоанна Дамаскина (с прибавлением значительной части «Исагоги» Порфирия (введения к «Категориям» Аристотеля) и самих «Категорий») и его же «Точное изложение православной веры», систематизированный пересказ православного вероуче-

---

[15] Подлинный автограф перевода Исаии (РНБ. Гильф. 46), вывезенный в 1857 г. российским консулом в Боснии [Прохоров 1974б], сохранился и был опубликован [Das Corpus des Dionysios Areiopagites]. Фотографии рукописи см. http://expositions.nlr.ru/ex_manus/Serbian_Manuscripts/dir.php?lang=3 (поиск: Гильф. 46). Об исправлениях, внесенных Исаией, см. [Фаль 2008]; о его познаниях в грамматике, риторике и философии см. [Fahl 2004; Kakridis 1988].

[16] Автографы переводов сочинений Паламы «Logoi apodeiktikoi» и «Peri theias enoseos kai diakriseos», а также двух небольших сочинений Варлаама (MS Dečani Monastery 88. См. [Kakridis 1988]) сохранились и опубликованы [Kakridis, Taseva 2014].

ния [Суханова 1999; Трендафилов 1996]. Эти высокообразованные ученые мужи наполняли страницы своих книг силлогическими диаграммами, мифографическими глоссами и техническими определениями, цитируя Аристотеля — от «Органона» до трудов по естественной истории[17]. Участвовали ли в этом другие представители круга Силуана? Сам Силуан вполне мог участвовать до того, как покинул Афон (в его отточенных формулировках звучит тоска по литературному сообществу), а редкое имя «Ромил» («Ромул») свидетельствует об увлечении древностями[18]. Наконец, представители этого круга, по всей видимости, разработали сокращенный курс средней школы на славянском языке для своих монолингвальных учеников, если допустить, что именно им принадлежат трактат «О восьми частях слова», представляющий собой первую попытку составления технической грамматики славянского языка по образцу аттических греческих грамматик Дионисия Фракийского и Аполлония Дискола, и «Толкование неудобь познаваемомъ рѣчемь», словарь архаических славянизмов и греческих технических терминов[19]. Битва на Марице (1371) положила всему этому конец. Исаия сетовал: «Книгоу же убо сію святаго Діонисіа, глаголю, в добра убо времена почах, егда божественныя оубо церкви и Святаа гора раеви подобнѣ цветяху, якоже нѣкыи сад, при источницѣхъ присно напаяемь. Свершихъ же тоу въ злѣише всѣх злых времен, когда егда огнѣви Богъ христіане западных странъ» [Трифуновић 1980: 81]. Однако их труд «принес плоды», пусть и не вполне своевременно: эти книги, переписанные на далеком русском севере, спустя 70 лет послужили основой для образовательного курса в Кирилло-Белозерском монастыре.

---

[17] Обзор их переводческой работы см. [Kakridis 1988: 271–274; 362 (о глоссах — 150–176)].

[18] О редкости имени см. [Ivanova, Matejic 1993: 3]; о его «классицизме» см. [Radojičić 1951–1952: 94].

[19] О первом см. [Worth 1983: 14–21]; о втором см. [Ковтун 1963: 216–271; Трифуновић 1982]; о вероятном афонском происхождении этих трудов см. [Kakridis 1988: 272].

Пример 3. Кирилло-Белозерский монастырь
в северной Руси[20]

Северорусский Кирилло-Белозерский (Кириллов) монастырь воспринял византийские и афонские образцы в 1434–1447 гг., в игуменство Трифона, бывшего иеромонаха связанного с Афоном Спасо-Каменного монастыря. Трифон ввел в Кирилловом монастыре афонский общежительный устав, усилил институциональные связи монастыря с миром и, возможно, стремясь удовлетворить требованиям этих новых обстоятельств, по всей видимости, учредил при монастыре среднюю школу по византийскому образцу. Корпус учебных книг, основная часть которых уже обсуждалась, был собран в двух рукописях, составленных писцом и учителем Кирилловского монастыря Олешкой Павловым: ОР РНБ, Кир.-Бел. 10/1087, а также утраченная рукопись, к счастью, сохранившаяся в списке ОР РНБ, Пог. 989[21]. Состав этого корпуса следующий: «О восьми частях слова» и «Толкование неудобь познаваемомъ рѣчемь», «Диалектика» Иоанна Дамаскина в сербском переводе, выполненном на Афоне, и его же «Точное изложение православной веры» в старом болгарском переводе Иоанна Экзарха (неясно, почему в Кириллов монастырь не попал новый перевод), 16 слов Григория Назианзина в восточно-славянской метафразе, вероятно, сербского перевода, аргументы и схолии Никиты Ираклийского к антикизирующим проповедям Григория, анонимная «География» (ее греческая версия приписывается Евстратию Никейскому, последователю Аристотеля) в сербском переводе и «Летописец вскоре» патриарха Никифора в восточнославянской редакции древнеболгарского перевода. Примечательно не столько академи-

---

[20] Данный раздел представляет собой сокращенное изложение [Romanchuk 2007: 139–143, 153–157, 162–165, 212–219 (с обновленной библиографией)].

[21] Недавние доказательства, что Олешка не состоял учителем непосредственно в Кирилловом монастыре, см. в [Шибаев 2016]. Здесь я хотел бы внести поправки к [Romanchuk 2007: 146, 158, 331 (сноска 62)]. Определение «ипактит», которое Олешка дает самому себе в рукописи Пог. 989. Л. 342 об., представляет собой искажение не от ipokrit («лицемер»), а скорее от греческого epaktos («иностранный») и означает «странник» (возможно, для мира; ср. Пс. 118: 19).

ческое содержание этих рукописей (почти все перечисленные тексты находятся и в других источниках), сколько присутствие такого количества сочинений подобного рода в нескольких книгах, созданных одним переписчиком.

Существуют многочисленные свидетельства начавшегося в это время интереса к грамматическому образованию в Кирилловском монастыре, наиболее очевидным среди которых является список сочинения «О восьми частях слова», открывающий рукопись Олешки (Кир.-Бел. 10/1078). Как мы видели, грамматическое образование в поздней Античности и Византии (которое сосредоточивалось на чтении и понимании текстов) не ограничивалось техническим изучением склонений и спряжений. Педагогическая практика учителя средней школы в некоторых отношениях представляла собой аналог деятельности западноевропейского «магистра». Мари-Доминик Шеню охарактеризовал эту практику следующим образом: во-первых, учитель занимался буквальным разъяснением предложенного текста, отдельным от его «идеологического» (то есть духовного) содержания; во-вторых, в изучение священных текстов он вносил категории рационального анализа [Chenu 1968: 280–282]. Как отмечалось, цели обучения грамматике включали в себя историческое комментирование реалий текста и металепсис — то есть перевод текста из более усложненного регистра в более обиходный. Олешка напрямую ссылается на вторую из названных практик, цитируя предисловие Иоанна Экзарха к переводу «Точного изложения православной веры» и «Толкование неудобь познаваемомъ рѣчемь» в начале своего колофона к проповедям Григория Назианзина (Пог. 989). В этом колофоне Олешка также рассуждает о металепсисе в проповедях Григория, использовавшихся для небогослужебных целей в Кириллを монастыре при игумене Трифоне.

Это может свидетельствовать, что практика исторического комментирования в Кирилловской школе, особенно в последние десятилетия XV в., ориентировалась на аристотелевское учение о десяти категориях или высших родах предикатов, обсуждаемых в «Диалектике» Дамаскина: сущность, количество, качество, отношение, пространство, время, состояние, обладание, действие и претерпевание. В Кирилловом монастыре становится широко распространенной учительская практика выявления дефиниционных предикатов для обозначения предмета. Самым ярким примером могут служить книги, переписанные монахом Кирилловского монастыря, учителем и библиотекарем Ефросином (жил и работал примерно в 1463–1501 гг.)[22], на полях и между строк которых в изобилии представлены подобные глоссы: «в стади ступеней ножных 150» —глосса качества, добавленная к описанию Соломонова храма (РО РНБ, Кир.-Бел. 22/109. Л. 35); «в Киев» — глосса места в летописном рассказе философе, пришедшего, чтобы обратить в свою веру князя Владимира (РО РНБ, Кир.-Бел. 11/1088. Л. 230)[23]. Показательно сравнение глосс Кирилловского монастыря с грамматическими глоссами средневековой латинской книжности, а также с византийской схедографией[24]. В западных школьных манускриптах чрезвычайно распространены технические грамматические глоссы, то есть примечания, касающиеся морфологии или синтаксиса, и/или лексические (то есть этимологические) примечания, а основу «эпимеризмов» и «схед», изучавшихся в византийских школах, составляют грамматические материалы. Подобная техническая грамматика совершенно отсутствует в глоссах, сделанных в Кирилловском монастыре, что указывает на отсутствие интереса к систематизации. Кроме того, исторические глоссы в латинских рукописях зачастую обнаруживают металингвальный характер, эксплицитно отображая практику глоссатора: например, глосса места может включать термин *locus* [Reynolds 1996: 36, 39]. В Кирилловском монастыре редко приводились славянские наименования категорий («существо», «колико», «к че(со)му», «каково», «где», «когда» и т. д.); в общем и целом категории лишь *имплицитно* обусловливают историческое глоссирование.

---

[22] См. [Лурье 1961]. Фотографии большей части книг Ефросина (включая цитируемые здесь) см.: http://expositions.nlr.ru/EfrosinManuscripts/

[23] Ср. тот же текст в: Кир.-Бел. 22/1099. Л. 508 об.

[24] Аннотированный и переведенный пример латинских грамматических глосс см. в [Reynolds 1996: 33–41]; о византийской схедографии см. [Hunger 1978, 2: 22–29].

Хорошим примером исторического глоссирования в Кирилловском монастыре служит значительно расширенная редакция «Летописца вскоре» Никифора (Кир.-Бел., 22/1099. Л. 4об.–14), созданной приблизительно в 1475–1478 гг. Львиную долю этой редакции составляют собственные добавления Ефросина, о чем свидетельствует сравнение его текста с другими списками второй редакции «Летописца вскоре». В сущности, она основана на сопоставлении трех источников: Быт. 5: 1–24 — подробное «родословие Адама», служащее паремией (богослужебное чтение Ветхого Завета) на второй четверг Великого Поста; «Летописец вскоре»; «счет лет», или psêphos etôn. Размещение Ефросином родословий из Книги Бытия в начале своей компиляции, уникальное для текстов «Летописца вскоре», свидетельствует о его неудовлетворенности изложением Ветхого Завета у Никифора (которое действительно весьма скудно), а также о его знакомстве с богослужебной практикой. Включение хронологии также отличает текст Ефросина от трудов его предшественников и современников. В его версии psêphos etôn не функционирует ни как отчасти избыточное приложение к «Летописцу вскоре», ни как сырой материал, призванный дополнить византийский первоисточник (как в других редакциях). Ефросин просто помещает psêphos etôn на место перечисления Никифором византийских императоров, а в дополнение приводит материалы из «Летописца вскоре». Составление текста на основе psêphos etôn свидетельствует о педагогическом акценте на энциклопедической полноте, поскольку в хронологии приводится более полный список императоров, нежели у Никифора.

Ефросин расширяет свой список «Летописца вскоре» на основе исторических данных, почерпнутых при чтении житий святых и иных сочинений, одни из которых более достоверны исторически (таков «Летописец Еллинский и Римский» второй редакции), другие — менее (например, Палея)[25]. Помимо добавления родословий

---

[25] Вторая редакция «Летописца Еллинского и Римского» издана с комментариями: [Летописец Еллинский и Римский 1999–2001]; см. также [Бобров 2004]. Толковая Палея опубликована учениками Н. С. Тихонравова: [Палея Толковая 1892–1896]; см. также [Водолазкин 2000: 100–109].

из Священного Писания, его дополнения к изложению Ветхого Завета Никифором большей частью имеют количественный характер: размеры Ноева ковчега и число дней до того, как отступили воды Всемирного потопа; бросание жребиев сыновьями Лота и земли, доставшиеся каждому из них; Вавилонская башня, ее высота и количество языков, появившихся в результате ее разрушения[26]. Ефросин также добавляет к списку потомства Иафета перечисление славянских племен, заимствованное из летописи Лаврентьевско-Троицкого типа[27]. Следы этих дополнений сохранились в изложении Ветхого Завета. Так, при упоминании Ламеха, сына Мафусаила, фрагмент из текста Никифора перерабатывается на основе Палеи: «Два оубо Ламеха писаниа памятоую. Енос оубо от Каина. Еносъ же сего отца Нои, роди бо ся Нои от Ламеха» (Л. 5 об.). Если эта вставка действительно отражает собственную работу Ефросина с текстом (в других источниках я ее не обнаружил), она представляет собой любопытную демонстрацию учености, разделяя Ламеха из Быт. 4: 17–19 и Ламеха из Быт. 5: 25–31, а также свидетельствуя об определенном владении греческим языком (henos как родительный падеж от eis, «один»). Вторая вставка обнаруживается в начале повествования о Вавилонской башне: «От потопа до раздѣлении языком лет 537. А индѣ пишет лѣт 529» (Л. 6 об.). Источник первого числа мне неизвестен, но второе заимствовано из Палеи или Летописца Еллинского и Римского [Палея Толковая 1892–1896: стб. 231, 245; Летописец Еллинский и Римский 1999–2001, 1: 8].

В римском разделе Ефросин прибавляет нескольких святых к основному перечню, уже представленному в «Летописце вскоре». Например, в запись о Марке Аврелии включено упоминание Аверкия, епископа Иерапольского: в Кир.-Бел. 22/1099. Ефросин кратко излагает житие Аверкия (которое начинается с упомина-

---

[26] Кир.-Бел. 22/1099. Л. 5 об. (ср. [Палея Толковая 1892–1896: стб. 200, 201, 208, 207]); Кир.-Бел. 22/1099. Л. 6 (ср. [Палея Толковая 1892–1896: стб. 205, 227]); Кир.-Бел. 22/1099. Л. 6 об. (ср. [Палея Толковая 1892–1896: стб. 230]); Кир.-Бел. 22/1099. Л. 7. (ср. [Палея Толковая 1892–1896: стб. 244]). Ср. также [Летописец Еллинский и Римский 1999–2001, 1: 5–8].

[27] Кир.-Бел. 22/1099. Л. 6. Ср. [Приселков 2002: 52].

ния Марка Аврелия), отмечая на полях продолжительность жизни святого (72 г.)[28]. Также на полях «Летописца вскоре» Ефросин перечисляет римских императоров — в обратном порядке, от Траяна к Нерону и, по-видимому, от Тацита к Домициану[29]. Но итоги его изысканий более наглядно проявились в византийском разделе. Ефросин перечисляет имена многих Отцов Церкви: три великих каппадокийца упомянуты вместе в записи об императоре Феодосии, и действительно, Григорий Назианзин и Василий Великий умерли в его царствование. Он справедливо относит Иоанна Златоуста к царствованию императора Аркадия. Никита Патрикий, чье житие Ефросин кратко излагает в Кир.-Бел. 22/1099, упомянут вместе со своим родственником императором Ираклием и т. д.[30] Более того, изыскания Ефросина не ограничиваются святыми, относящимися к его собственной вере. В записи о царствовании Константа II упомянут пророк Мухаммед — в соответствии с Летописцем Еллинским и Римским[31]. Иногда хронология Ефросина содержит ошибки (когда он относит отцов-пустынников к царствованию Ираклия I) или просто путаницу (когда он относит к царствованию Михаила III крещение Владимира, которое смешивает с миссией Кирилла и Мефодия)[32]. Но в целом его

---

[28] Глосса к «Летописцу вскоре»: Кир.-Бел. 22/1099. Л. 10 об.; глосса к изложению жития Аверкия: Кир.-Бел. 22/1099. Л. 173 об. Возможно, Ефросин заимствовал эти сведения из Летописца Еллинского и Римского; см. [Летописец Еллинский и Римский 1999–2001, 1: 252]. О мартирологах в Летописце Еллинском и Римском см. [Летописец Еллинский и Римский 1999–2001, 2: 159]; о связи Летописца Еллинского и Римского с «Летописцем вскоре» см. [Летописец Еллинский и Римский 1999–2001, 2: 191–192].

[29] Кир.-Бел. 22/1099. Л. 10–10 об. Эти перечисления могут быть связаны с нумерологическими и хронологическими изысканиями Ефросина, отразившимися в других местах помимо Кир.-Бел. 22/1099; см. также [Каган, Понырко, Рождественская 1980: 29].

[30] Кир.-Бел. 22/1099. Л. 11–11 об.; житие Никиты см. Кир.-Бел. 22/1099. Л. 168 об. Иоанн Златоуст отнесен к царствованию Аркадия в Летописце Еллинском и Римском [Летописец Еллинский и Римский 1999–2001, 1: 332]

[31] Кир.-Бел. 22/1099. Л. 12; ср. [Летописец Еллинский и Римский 1999–2001, 1: 402].

[32] Кир.-Бел. 22/1099. Вклейка между л. 11 и 12: «При сем были Анто(ни)й, Макарей, Пахом(ий), Нил», относящаяся к глоссе внизу л. 11 об.; Кир.-Бел. 22/1099. Л. 12 об. (о Владимире).

труд представляет собой сознательную и усердную попытку очертить фигуры церковной истории для своих учеников.

Следует упомянуть одну последнюю особенность Ефросиновой редакции «Летописца вскоре» Никифора. Ефросин не объединяет историю Византии и Руси: он ограничивает объем добавляемых им сведений о славянской и русской истории, отдавая предпочтение материалам, которые современный исследователь отнес бы к византийским. Более того, в его рукописи история Византии заканчивается ее падением (в то время еще недавним). Если в других списках второй и третьей редакций «Летописца вскоре» императоры перечислены только до Иоанна VIII, Ефросин указывает продолжительность царствования Иоанна и, приведя ошибочно датированную запись о патриархе Матфее, завершает рассказ следующим образом: «Костянтин, брат его, сын Мануйлов, царствова лѣт 11 (sic!). Сего оубиша тоуркы в лѣто 6961 [1453], маиа 29, в вторник. Фома меншии брат царю Константиноу был»[33]. При этом не имелась в виду translatio imperii; скорее, Ефросин ответственен за translatio studii, поскольку он продолжил традицию, в соответствии с которой «Летописец вскоре» функционировал как учебная книга по библейской, древнегреческой, римской и византийской истории.

4. Заключение

Грамматика, как говорил московитам Михаил Триволис, есть «начало входа... к философии». Если допустить, что Михаил имел в виду что-то наподобие принадлежащего Иоанну Дамаскину аристотелианского определения философии как знания о «сущем как сущем» и «искусства искусств и науки наук», а не его же платоническое (и монашеское) определение философии как приготовления к смерти и слиянию с Богом (и не просто механически воспроизводил enkyklios paideia, или предметы тривиума), мы можем перефразировать его утверждение следующим образом: грамматика есть начало входа в эвристический поиск.

---

[33] Кир.-Бел. 22/1099. Л. 14.

Скудость и ограниченность грамматического образования в Киевской Руси почти полностью перекрывала этот вход. Ситуацию, сложившуюся в Древней Руси, уместно сравнить с той, которая существовала в Болгарии в IX–XII вв.: там благодаря доступу к ученому греческому языку любое реальное преподавание грамматики (как и любой серьезный интеллектуальный поиск) происходило на греческом языке, на что определенно указывает скудость грамматических материалов на славянском языке (все из которых в той или иной мере были доступны в Киевской Руси). Иными словами, дело не в том, что (как выразился Роберт Браунинг в «Оксфордском словаре Византии»), «антикизирующая светская литература Византии... наверняка представлялась болгарским читателям неуместной и непонятной», поскольку «в тот период не переводилась, не адаптировалась и не вызывала подражаний»; кажется более вероятным, что подобная литература, как и в целом интеллектуальный поиск, представлялась болгарским читателям неуместной именно *на славянском языке* [Ivanova-Sullivan 2005; The Oxford Dictionary of Byzantium 2005].

Деятельность круга Силуана на горе Афон знаменует ключевой поворот. Южнославянский греко-славянский билингвизм по-прежнему предоставлял элитам возможность овладевать ученым греческим языком в византийских грамматических школах, что в свою очередь обеспечивало «вход к философии» и доступ к упомянутой Браунингом «антикизирующей светской литературе». Однако книжники круга Силуана (а некоторые из них продолжали греческое образование много после средней школы) начали также создавать на славянском языке переводы, адаптации и имитации «антикизирующей» византийской литературы и, что имеет ключевое значение для нашей дискуссии, приемов, необходимых для приближения к эвристическому поиску. Неясно, что послужило толчком к этой деятельности, но, возможно, она имеет отношение к «империи сербов и греков» Стефана Душана, подражавшей многим византийским институциям, и к сопутствующему подъему культурного самосознания.

Перенос корпуса афонских книг (а также книг, ранее переведенных в Болгарии) через Спасо-Каменный монастырь в Кириллов — очевидно, наряду с ключевой ролью учителя — в итоге привел к своеобразным историческим разысканиям, ориентированным на школьное изучение, что мы видим по Ефросиновой редакции «Летописца вскоре» Никифора. Следует отметить, что определенные формальные черты Ефросиновой редакции «Летописца вскоре» напоминают ученость «македонского ренессанса» в Византии [Romanchuk 2016: 215]. Это отстоит довольно далеко от «открытия аналитического мышления», но тем не менее представляет собой эвристический поиск. Замечательнее всего, что историческое глоссирование в Кирилловом монастыре в конце XV в., наряду с другими учеными изысканиями (особенно библиографическими исследованиями), предпринималось исключительно на славянском языке. Мы можем прийти к выводу, что интеллектуальный поиск развивался благодаря «схематизирующим» (образовательным) институциям на основании академических (эвристических) интерпретационных стратегий и поддерживался учебными пособиями и учителями. Они необязательно были связаны, с одной стороны, с международным языком образования (то есть греческим), а с другой — с определенной религиозной ментальностью (то есть относящейся к западной церкви).

Благодарности

Автор хотел бы выразить признательность отделению славянских, восточноевропейских и евразийских языков и культуры Калифорнийского университета в Лос-Анджелесе, любезно принявшего его в качестве приглашенного исследователя на время написания этой работы.

Критерии, по которым мы оцениваем Древнюю Русь

Russian History 46 (2019) 213–224

Александра Вукович, научный сотрудник Британской академии, Сент-Эдмунд-Холл, Оксфордский университет, Соединенное Королевство

alexandra.vukovich@seh.ox.ac.uk

Резюме

Центральной проблемой компаративной истории Древней Руси является ее иное развитие по сравнению с ее западными соседями. Очередной вклад в эту дискуссию представляет собой недавно опубликованная книга Дональда Островского «Европа, Византия и "интеллектуальное молчание" древнерусской культуры», которая пересматривает причины различного развития Древней Руси и средневековой Европы, сосредоточиваясь на интеллектуальном вкладе восточнохристианской и латинской церквей в их соответствующие сферы влияния. Книга Островского, наряду с другими аналогичными работами, создает режим знаний, в котором интеллектуальная история Древней Руси помещается в диаметральную оппозицию к интеллектуальной истории средневековой Европы. Постколониальная критика обращения с информацией о становлении Древней Руси ставит под сомнения некоторые идеи (или критерии), воспроизводимые здесь, и предлагает новые критические подходы к изучению Древней Руси раннего периода.

Ключевые слова: Древняя Русь, ориентализм, постколониализм, Византия, Европа, универсальность

Недавно опубликованная книга «Европа, Византия и "интеллектуальное молчание" древнерусской культуры» продолжает демонстрировать широту исследовательской деятельности Дональда Островского, которая простирается в пространстве и времени от текстологии ранних древнерусских летописей до политической и культурной истории монгольского и московского периодов. Этот вклад в дискуссию о рецепции византийской культуры, главным образом религиозной, в Древней Руси раннего периода продолжает длительную и широкомасштабную дискуссию о рецепции, аккультурации, трансфере и контактах между Византийской империей и развивающейся территорией Древней Руси начиная с X в.[1] Хотя в данной книге этот вопрос не затронут, Byzance après Byzance стала парадигмой, с помощью которой часто описывается продолжение византийской имперской культуры (религиозной, политической и интеллектуальной) после падения Константинополя в 1453 г., хотя этот процесс начался за несколько веков до оттоманского завоевания бывших византийских территорий. Византийское наследие, рецепция или перенос византийского стиля и культуры в Киевскую и Московскую Русь всегда привлекали к себе внимание, и исследователи указывали на огромное множество византийских текстов и материальных предметов, а также выходцев из этой страны, которые в итоге оказались в Европе или на севере Евразии в период Средневековья или раннего Нового времени[2]. Хотя заглавие книги предпо-

---

[1] Обстоятельное рассмотрение этой дискуссии см. в [Franklin 1986].

[2] Это translatio imperii из Киева в Москву состоялось в XVI в. благодаря формированию представлений о Древней Руси и Византии (и, в меньшей степени, средневековой Сербии) как непосредственных предшественницах зарождающегося Московского государства, минуя полицентрическую организацию древнерусских княжеств, а также более позднюю Монгольскую империю. С середины XIX в. российские исследователи начали предлагать альтернативный взгляд на теорию о непрерывной и исключительной исторической преемственности от Киева к Москве. Н. И. Костомаров утверждал, что Русь передала демократическое наследие Украине, а автократическое наследие — России через посредство Московского княжества; А. И. Герцен описывал Новгород как наследника киевской общинной республиканской традиции.

Раннюю и довольно обстоятельную оценку данного явления в XV в. см. в [Савва 1901: 110–157]. Также см. [Alef 1986: 90 (сноска 131), 206]; общие сведения о переносе византийской политической культуры на север см. [Dvornik 1956; Ivanov 2016].

лагает всеобъемлющее исследование «интеллектуального молчания» на территории Руси, ее основная часть сосредоточивается на церковной культуре и производстве текстов. Кроме того, область сравнения включает в себя Европу, Византийскую империю и Древнюю Русь. В главе «Неоплатонизм, Восток и Запад» Островский излагает компаративную историю, представляющую собой чистейший и нагляднейший образец этого жанра. Приводя ряд примеров, охватывающих буддизм, индуизм и ислам, Островский использует глобальный исторический подход, демонстрирующий подлинную кросс-культурную взаимосвязь в области духовности и духовных практик.

Столь широкий охват позволил прояснить некоторые вопросы, а именно: была ли древнерусская культура целиком заимствованной (из Византии) и запоздалой — новой для Руси, но старой для других; действительно ли церковь контролировала и сдерживала культурное производство в Древней Руси; является ли конечным критерием, по которому следует оценивать развитие Древней Руси, состояние соответствующих явлений в Европе?[3] С этой точки зрения область дискуссии об «интеллектуальном молчании» Древней Руси воспроизводит некоторые из наиболее общепринятых представлений о том, в каком направлении происходило формирование России и, шире, Восточной Европы на протяжении всей истории. Помимо достоинств этой книги, часть которых я выделила ранее, я сосредоточусь на трех обозначенных выше вопросах.

1. Призрак изоляции и разобщения

Одна из главных характеристик, касающихся развития Древней Руси, состоит в ее «дезинтеграции» или «разобщенности». Островский упоминает характеристики, приведенные кембриджским историком Николаем Андреевым, который, пытаясь объяснить запоздание или отставание культурного производства в России,

---

[3] Образ Европы, представленный в этой книге, ограничивается Апеннинским полуостровом, Британскими островами и средневековой Францией.

описывал Россию как «отрезанную» от Западной Европы. Впрочем, как и в работах ученых (преимущественно исследователей текстов), упомянутых во введении к книге Островского, почетное место в региональном развитии Древней Руси отводится производству текстов. Чтобы объяснить нехватку «культурного производства», Островский излагает дискуссию между историком-эмигрантом и богословом Георгием Флоровским и гарвардским историком Джеймсом Биллингтоном, которые упоминали, соответственно, «внутренний кризис»[4] и «тяжелые приграничные условия» в качестве факторов, направлявших развитие Древней Руси. Островский не принимает, однако и не отвергает эти объяснения «интеллектуального молчания» Древней Руси, сосредоточившись на более позднем мнении о Руси и Московии как изолированных пространствах, географически и ментально отрезанных от центров культурного производства. Этим мнением об изоляции и оторванности начиная с прошлого в. определялись представления о Руси и ее политико-культурном развитии (или его отсутствии). Впрочем, любопытно, что эта дискуссия неизменно возобновляется, поскольку большое количество ученых высказывали и продолжают высказывать новые взгляды на Русь и ее политико-культурное становление[5].

Между X в. и монгольским завоеванием в XIII в. Русь была территорией или совокупностью территорий и государственных образований, которые или уже прекратили существование, или еще не появились. Она не была централизованным государством и не обладала единым политическим устройством, а скорее

---

[4] Островский цитирует Флоровского: «Мы можем восхищаться наследием древнерусской культуры, однако как историки мы должны серьезно относиться к факту ее *исторического "неуспеха"*, ее внутреннего кризиса, ее трагического распада и гибели» [Ostrowski 2018: 7].

[5] Классическая работа по этой теме — Franklin, Shepard 1996. Недавние работы о международных контактах Древней Руси и ее роли как торговой платформы между миром викингов и Византией: [Androshchuk 2013; Androshchuk 2016]. Глобальное значение Руси как центра экономического взаимодействия в более полном масштабе исследуется в недавней книге [Byzantium and the Viking World 2016].

представляла собой множество государств (или государственных образований) и их зависимых территорий, все менее и менее связанных друг с другом. В соответствии с этой характеристикой складывается общепринятое мнение о разобщенности и упадке, отражающее современные представления, что хорошо организованные государства тяготеют к монархии или централизованной администрации и скоординированной внешней политике[6]. Впрочем, Древняя Русь демонстрировала династическую гибкость, которая способствовала освоению и использованию новых территорий, а следовательно, создавала экономические возможности. Древнерусские летописи, совершенно не упомянутые в книге Островского, описывали устойчивое расширение и экономический рост древнерусских территорий. Несмотря на династическую политику, выглядевшую хаотичной и несогласованной, династия сохранялась в неприкосновенности [Kollmann 1990; Martin 2011: 24–64]. Кроме того, территория Древней Руси не подвергалась вторжению извне вплоть до нашествия монголов — опасного противника, завоевавшего территории от Китая до Балкан. Однако представление о «разобщенности» Древней Руси по-прежнему, словно некий призрак, преследует историков этого периода, заставляя их приписывать любой недостаток Древней Руси ее нецентрализованной политической организации. В настоящее время установилось два взгляда на государственное устройство Древней Руси (совокупность монархий или межгосударственное образование)[7]. и оба они ухватывают существенный элемент политического стоя Древней Руси: его многоцентричный характер. Приступая к более предметному обсуждению политического строя Древней Руси в связи с ее культурным производством, исследователи всегда обходят стороной комплексную политическую историю становления

---

[6] Древняя Русь часто характеризуется как «безгосударственное общество»; см. [Topographies of Power 2001: 1–9].

[7] Применение описательных терминов для Древней Руси влечет опасность анахронизма (федерация), чрезмерного упрощения (Киевское государство) и неясности (единая монархия). См. [Raffensperger 2017].

Древней Руси. Описательное определение Древней Руси как нецентрализованной функционирующей династической культуры и экономической сети с политической структурой, основанной на родстве, языке и религии, предполагает как ее уникальный характер, так и точки пересечения с другими политическими образованиями средневекового мира. Утверждать, что Древняя Русь не отражает «западные» политические структуры, значит навязывать чрезмерную ассимиляцию с «западом» (под которым понимаются латинизированные монархии Высокого Средневековья), упуская из виду своеобразие ее политической структуры и достижений.

Кроме того, формирование массива сведений о появлении Древней Руси с целью объяснить запоздание ее культурного или интеллектуального становления напоминает историографию, посвященную становлению России. Характеристики ее первоначальной истории, основанной на поверхностном прочтении Повести временных лет, отражают ограниченный набор предположений об этническом и культурном превосходстве, берущих начало в XVIII в. и представленных в норманнской и антинорманнской теориях[8]. Вопросами этногенеза сопровождались

---

[8] Общий обзор см. в [Plokhy 2005: 134–153]. В написанной в середине XVIII в. диссертации о происхождении русского народа Герхард Фридрих Мюллер представил основные элементы будущей норманнской теории (под норманнами в данном случае имеются в виду скандинавы). Он утверждал, что славяне обосновались на берегах Днепра только в царствование византийского императора Юстиниана, а правители Руси имели скандинавское происхождение (из Норвегии) и завоевали славян. Впрочем, учитывая политический контекст царствования императрицы Елизаветы Петровны и войну со Швецией (1741–1742), российские элиты не пожелали согласиться с тем, что в свое время их покорили и колонизировали скандинавы. Русский ученый-энциклопедист и академик М. В. Ломоносов представил альтернативную точку зрения на происхождение Руси в сугубо русских рамках. Ломоносов утверждал, что название «славяне» происходит от слова «слава», и прослеживал их расселение по берегам Днепра задолго до царствования императора Юстиниана. Взгляды Ломоносова произвели сдвиг в российской историографии, изменив масштабы дискуссии; некоторые разделили его точку зрения — особенно славянофилы XIX в. из круга литераторов (Тургенев) и художников (передвижники), но другие отвергли ее. Придворная элита

и ориентализирующие рассуждения о России и ее траектории развития, связывавшие склонность к автократии с наследием Византии и периодом монгольского владычества («азиатский характер» русского правления) над Русью. Ориентализм и представление о Руси/России как о «Другом» составили одну из граней историографии северо-восточной Европы и Евразии, сформулированную путешественниками раннего Нового времени и современными историками. В советский период вопрос о русской автократии, определяемой как «восточный деспотизм», занимал центральное место в объяснениях политической траектории Древней Руси — Московского государства — Российской империи — СССР. Эта ориентализирующая риторика сформировала нарратив, который придает огромное значение культуре и пренебрегает экономическими и материальными силами и периодизацией [Ostrowski 2018: 74][9].

2. Церковь как аксиома

Наиболее изученным элементом «интеллектуального молчания» является дифференцированное развитие восточной и западной церквей, и эта дихотомия принимается как абсолютная, заметнее всего проявляясь (согласно Островскому) в диалектическом мышлении. Диалектическое мышление понимается здесь как способ аргументации, прививаемый посредством свободного образования (по образцу романских тривиума и квадривиума), что привело к развитию аналитического мышления и трансформации западных обществ Средневековья и раннего Нового времени посредством сомнений и рассуждений. Островский не вполне принимает в расчет огромный временной и политико-культурный разрыв между проявлениями этой институции

отдавала предпочтение более космополитической Руси (перед чисто славянской Русью), как ее описывал историк XVIII в. В. Н. Татищев, считавший, что Древняя Русь раннего периода имела многонациональный характер.

[9]   Формированию образа ориентального «Другого» в большей степени способствуют представление о «вечности времени» и мистическая вера, нежели осмысление фактов.

в классической античности и латинизированном Средневековье. Островский приводит в пример учение Петра Абеляра (1079–1142) как свидетельство этого процесса дискурсивной трансформации, начавшегося с различных интерпретаций неоплатонизма восточной и западной церквями[10]. Трудно оценить обоснованность аргументов Островского, поскольку он отводит довольно много места под описание достижений интеллектуального/диалектического развития в западной церкви (на примере Абеляра), но когда дело касается византийского материала, его рассуждения становятся несколько ограниченными[11]. Предполагаемое отсутствие аналогичных явлений в восточной церкви (как в Византии, так и на Руси) становится тем мерилом, по которому выносится суждение, чего не хватало восточной церкви. Островский пишет:

> В Париже аналитическое движение не только развивалось, но и процветало, не подвергаясь притеснениям со стороны Папы или императора. Однако возникает вопрос, почему свой «Абеляр» не появился в окраинных городах Византийской империи, столь же удаленных от Константинополя, как Париж от Рима? Почему подобное движение не развилось в православных странах, не находившихся под прямым политическим контролем Византийской империи — например, в Болгарии или в Киевской Руси в XI–XII вв.? И почему подобное движение не возникло в Новгороде, который до конца XV в. имел связи с Ганзейским союзом и за счет этого был открыт для непосредственных европейских влияний, или даже в Московской Руси, где независимые интеллектуальные течения начали пробуждаться во второй половине XV в.? [Ostrowski 2018: 37]

---

[10] «...ориентация византийского монашества явилась лишь внешним проявлением глубоких структурных различий в менталитете двух церквей. Эти различия выразились в разных способах синтеза неоплатонизма с церковными догмами в восточной и западной церквях и последующих эпистемологических расхождениях между ними» [Ostrowski 2018: 37].

[11] Островский описывает таких интеллектуальных деятелей, как Пселл и Итал, занимавшихся дискуссиями и преподаванием в придворных кругах в Константинополе, но они скорее воспроизводили усложненные формы, а не производили и применяли новые знания [Ostrowski 2018: 26].

Ниже Островский отвечает на этот вопрос, утверждая, что отсутствие диалектики («В восточной церкви не спрашивали "почему"...») предотвращало любое проявление инициативы, связанной с постановкой вопросов или развитием дискурсивной модели для решения проблем. Тем самым устанавливаются критерии (диалектическое мышление), с которыми следует подходить к восточной церкви, но они оказываются обречены на провал, когда их не удается применить к ограниченному (в пространстве и времени) явлению. Дихотомия «Запад = мышление, Восток = вера» возникает как неизбежность, основанная на авторском способе аргументации. Таким образом, интеллектуальная траектория приобретает универсальность, которая выходит за рамки церкви и распространяется на общество и культуру в более широком смысле. Однако подобное явление не описано для восточной церкви по отношению к обществу. Означает ли это, что отсутствие диалектического мышления и интеллектуальная ограниченность распространялись на политическую и общественную сферы в Византии и Древней Руси? Глава «Философские взгляды восточной церкви» могла бы стать площадкой для исследования пересечений религиозной культуры и общества в Древней Руси и Византии. Кроме того, пристальное рассмотрение наследия Абеляра не находит соответствия в отношении богословов восточной церкви. Островский приходит к выводу, что мы ошибаемся, рассматривая религиозную литературу как полную недостатков, стереотипную и клишированную (как это делает Фрэнсис Томсон), тогда как скорее следует воспринимать ее в рамках культуры, посвященной «достижениям в области душевного разума» [Ostrowski 2018: 71–72]. Однако не составляли ли подобные «достижения» также предмет забот западной церкви? Кроме того, что можно сказать о других типах текстов, производившихся в церковной среде? Вывод Островского в этой главе подразумевает, что религиозная литература и отсутствие философских трактатов представляла собой всю совокупность культурной продукции Древней Руси. Однако летописи также создавались в церковной среде, и даже если они не вполне нацелены на спасение души, подобные тексты содержат включения из ряда библейских и экзегетических источников.

Незатронутым оказался один из аспектов восточного христианства — согласованность между религиозными и политическими властями. Богословская ортодоксальность обретает здесь выражение главным образом в божественной литургии и тем самым становится известна верующим. Политическая ортодоксальность, сформулированная церковью, сочетала богословские мотивы с имперскими, консульскими и гражданскими идеалами (прошедшими сложную траекторию влияния и интерполяции классических римских и греческих форм) и была связана с ними как через риторическую, так и через текстуальную и иконографическую репрезентацию. На Руси и летописи, и учительная литература содержали рассуждения о правлении, основанные на византийском идеале. Однако, не восприняв непосредственно позднеантичные идеологические артефакты, Русь унаследовала дохристианские идеалы правления через отсылки в переводной христианской литературе[12]. Очевидной становится антиномия между византийским идеалом правления и местными практиками. Изображение деяний князей — содержание текстов наподобие «Поучения Владимира Мономаха» — предлагает альтернативную картину княжеского правления, основанную на древнерусских реалиях правления. Учительная литература сосредоточивается на образе правителя, основанном на византийских идеалах: милосердии, благочестии и покорности Божьей воле[13]. До недавнего времени существовала тенденция характеризовать Русь исключительно как часть «византийской культурной сферы» («визан-

---

[12] Например, трактат Агапита об идеальном правителе в «Пчеле» [Ševčenko 1991].

[13] Кирилл Туровский в послании к Василию, игумену Печерскому, использует образы Варлаама и Иоасафа, которые восходят к краткому трактату VI в. об идеальном правителе, поднесенному Юстиниану I Агапитом. Эта отсылка описывает идеального правителя как украшенного «венцом мудрости» и «порфирой справедливости» [Ševčenko 1991: 48–50]. Аналогичное упоминание «венца» и «багряницы» присутствует в известии о смерти Ростислава Мстиславича в Ипатьевской летописи [ПСРЛ 1908: стб. 530–531].

тийского содружества»), что во многих случаях подразумевало вторичную или пассивную форму развития посредством аккультурации. Но и более ранние, и позднейшие работы оспаривают ограниченное представление о политической культуре и институциях Древней Руси в ранний период, стремясь продемонстрировать транскультуральные элементы и, в частности, сходства, а иногда и связи (посредством контактов) с латинскими монархиями за пределами церковной среды[14].

Оценка философской продукции восточной церкви и, в более широком смысле, византийского и древнерусского общества подтверждает дихотомию и общее различие между западным (или «европейским») Средневековьем и соответствующим периодом в Византии и Древней Руси. Чтобы подчеркнуть сущность этого различия, Островский проводит разграничение в западном диалектическом процессе, который, очевидно, выходит за рамки пространства и времени и проявляется в рассуждениях Гегеля, Кеплера и Хокинга, действовавших «при помощи аналитического подхода, столь тесно связанного с западными культурными ценностями, как религиозными, так и светскими» [Ostrowski 2018: 70–71]. Однако почему и зачем мы принимаем (или должны принимать) это утверждение как нечто универсальное? На каком основании «западный диалектический процесс» используется в качестве универсального мерила и критерия? Антонио Грамши в своих «Тюремных тетрадях» рассуждает о кантовском категорическом императиве из «Основ метафизики нравственности» (1785) — что характерно, искаженно цитируя оригинал:

> Максима И. Канта: «Поступай так, чтобы твое поведение могло стать нормой для всех людей в подобных же условиях» — не так проста и очевидна, как это может показаться на первый взгляд. Что понимается под «подобными условиями»? Непосредственно условия, в которых действует человек, или же общие условия, сложные и органические, познание которых требует длительного и критически разработанного исследования? [Грамши 1991: 72]

---

[14] Недавние примеры см. в [Raffensperger 2012; Mikhailova 2018; Zajac 2019].

Грамши искаженно цитирует Канта (писавшего: «...я всегда должен поступать только так, чтобы я также мог желать превращения моей максимы во всеобщий закон»), однако он продолжает анализ, приходя к выводу, что причина, по которой Кант мог признать себя и свое поведение в качестве универсального критерия, такова:

> ...максима же Канта предполагает одну единую культуру, одну единую религию, «всемирный» конформизм... Можно сказать, что максима Канта связана с эпохой, космополитическим просветительством и критической концепцией автора, то есть что она связана с философией интеллигенции как космополитического слоя. Поэтому сам действующий и есть носитель «подобных условий», иначе говоря, их создатель. Значит, он «должен» действовать в соответствии с тем «образцом», который он хотел бы видеть образцом для всех людей, в соответствии с тем типом цивилизации, ради прихода которой он трудится или для сохранения которой «сопротивляется» разлагающим ее силам и т. д. [Грамши 1991: 72–73]

В этой искаженной цитате Грамши удачно подчеркивает, что «подобные условия» необходимы, чтобы признать себя критерием, по которому следует судить других. В противном случае носитель этих условий должен создать их сам [Dabashi 2015: 34–35]. Поиск совпадений в соответствии с готовым набором предположений о том, что составляет «западную» или «европейскую» интеллектуальную традицию, создает положительную оценку «западного диалектического процесса», позволяя избегать ловушек и спекуляций[15].

---

[15] Противоречивые последствия эпохи Просвещения служат одной из причин для оспаривания преимуществ европейской имперской политической мысли и деятельности, основанных на этических и интеллектуальных достижениях эпохи Просвещения [Decolonizing Enlightenment 2014]. Конечно, методы империализма подвергались сомнению изнутри, и это может быть охарактеризовано как «диалектический процесс» [Wallerstein 2006: 4–13]. Таким образом, только в период деколонизации развивалась истинная диалектика, подразумевающая радикальные перемены как в дискурсивных возможностях относительно различий, так и в самом «диалектическом процессе». Один из многих примеров см. [Mbembe 1996: 10–34].

Кроме того, определение этого наследия диалектического мышления как источника «западных культурных ценностей» отражает современную приверженность двум телеологиям «создания Европы/Запада» в Средневековье и представлению о «западной универсальности».

3. Европа как аксиома

По мнению слависта Уильяма Ведера, Фрэнсис Томсон «рассматривает проблему древнерусской культуры с западных позиций и на основе западной системы ценностей» [Ostrowski 2018: 2]. Этот момент должен занять центральное место в последующем анализе. Саморефлексия (или диалектика) становятся желательными, особенно когда используются расплывчатые выражения наподобие «западных ценностей». Впрочем, от читателя явно ожидается, что он примет точку зрения ученого или путешественника, имеющего западное образование; читатель становится путешественником XVII в., Сэмюелом Коллинзом, обнаруживающим незнакомство с восточными культурными артефактами, с которыми он сталкивается. Показательно, как Островский анализирует этот пример. Вместо того, чтобы применить конструктивный подход к объяснению роли предубеждений и предвзятости в путевых записках (что в Средневековье и ранее Новое время составляло почти повсеместную черту литературы о путешествиях; см. Ибн Фадлана и Афанасия Никитина), Островский воспринимает это как значимое утверждение, глубже раскрывающее взаимоотношение русских с Правдой.

В одном из ключевых исторических исследований предшествовавшего Новому времени «колониализма» и «колониальных установок» в средневековой Западной Европе, книге Роберта Бартлетта «Становление Европы: Экспансия, колонизация, изменения в сфере культуры. 950–1350 гг.» (1993; русский перевод — 2007), нарождающаяся «Европа» (под которой, собственно, понимается Западная Европа) представляет собой зону глубоких этнорелигиозных разногласий и открытых враждебных действий, ставших предвестием империализма XIX в. и войн XX в. Бартлетт прослеживает это, создавая ряд оппозиций: центр — периферия, латинское христианство — все остальное, монотеизм — язычество, коренные жители — поселенцы, активные норманны — пассивные византийцы, латинская экспансия или колонизация — набеги язычников. Бартлетт ограничивает «Европу» (которую характеризует как «романо-германскую») определенными пределами, исключая Византийскую империю и сферу византийского культурного влияния, а также восточную часть Римской империи, в том числе Северную Африку. «Европа» по Бартлетту представляет собой политико-территориальное пространство (в окружении «динамичных германских народов» и «уклончивых византийских императоров»)[16], в котором устанавливаются идеологические и территориальные границы и которое структурирует наше понимание средневекового мира как мира инаковости, между Западом и Востоком. Эта инаковость подразумевает иерархию, структурирует информацию *изнутри* динамичного, колонизирующего Запада германских народов, полностью опуская информацию о любых подобных

---

[16] Бартлетт следующим образом характеризует оппозицию Востока и Запада: «В Средиземноморье католики противостояли мусульманским (и греческим) обществам, которые были не менее богаты и имели не менее развитые города и культуру. Оставаясь ярыми религиозными противниками католиков, мусульмане имели с ними общее в том, что тоже исповедовали монотеистическую веру, основанную на Священном Писании, Божественном Откровении и, вопреки распространенному, но не вполне компетентному мнению, отрицании идолопоклонства. Ситуация в Восточной и Северной Европе была в корне отличной. Здесь католиком противостояли менее населенные, по преимуществу сельские и неразвитые в культурном отношении общества, чье отсталое и неграмотное население исповедовало местные политеистические верования и идолопоклонство. В результате таких фундаментальных различий между исламом Средиземноморья и восточноевропейским язычеством по-разному сложилась история как самого завоевания и обращения в христианскую веру этих регионов, так и последующего утверждения Церкви в культурной и идеологической сфере» [Бартлетт 2007: 321].

явлениях за пределами этой ограниченной сферы[17]. Изображая нарождающуюся Европу, Бартлетт непреднамеренно создал «режим знания», который заслонил разнообразие более широкого средневекового мира и его внутреннюю динамику, приписав активности и динамизм исключительно одному региону. Оксфордский историк-медиевист Крис Уикхем в рецензии на эту книгу отмечал, с каким триумфализмом автор описывает германские (западноевропейские) народы и их способы освоения приграничной зоны европейского Востока, но при этом избегает упоминаний о местных жителях и их отношениях с окружающим пространством до прихода германских поселенцев [Wickham 1994].

В настоящее время западные историки-медиевисты стремятся к постколониальному повороту в рамках своей области исследований. Отчасти они таким образом стремятся нейтрализовать инструментализацию своих объектов изучения в этнонациональных политических целях. Одна из задач, заявленных Джеффри Коэном во введении к сборнику «Постколониальное Средневековье», состоит в том, чтобы «децентрализовать Европу», признав, что «постколониальное Средневековье не имеет границ, а лишь гетерогенные пограничные области с многочисленными центрами. Эта перенастроенная география включает в себя Азию, Африку и Ближний Восток уже не в качестве второстепенных регионов, которые следует судить с европейских позиций... но в качестве полноправных представителей мира» [The Postcolonial Middle Ages 2000: 12–14]. Во многом неспособность децентрализовать знание, отступив от главенства европейских источников и интеллектуальной структуризации, явилось результатом академической науки как таковой. Роберт Эрвин указывает на аналогичную структуризацию знания, отмечая, что, когда европейские ученые

---

[17] Бартлетт: «Первое крупное следствие этих различий проявилось в том, что в Северной и Восточной Европе обращение в христианскую веру стало по сути составной частью более широкого процесса переориентации или, если говорить точнее, вестернизации, усвоение принципов и норм романо-германской цивилизации...» [Бартлетт 2007: 321].

начали составлять первые грамматики арабского языка, они пытались следовать образцу латинских грамматик. Историки, изучавшие возвышение и падение Арабского халифата, строили изложение по примеру «Истории упадка и разрушения Римской империи» Гиббона. Ост-Индская компания придавала значение способности кандидата переводить Гомера, Геродота, Цицерона и других. История Римской империи служила примером для правительства Британской империи. <...> Классическая литература Греции и Рима предоставляла критерии, по которым оценивались все восточные литературы. <...> Даже в XX в. Р. А. Николсон наполнил свою «Литературную историю арабов» (1907) отсылками к Гомеру, Лукиану, Геродоту и Тациту [Irwin 2014: 20–21].

В этом и состоит фундаментальная проблема критериев, по которым определяется историческая легитимность и ценность: они поддерживают систему общепринятых идей и знаний вместо того, чтобы поставить ее под сомнение.

Методологические ловушки, западни и заблуждения при изучении интеллектуального молчания[1]

Russian History 46 (2019) 225–237

Дональд Островский, научный консультант по социальным наукам и лектор Школы непрерывного образования, Гарвардский университет, США, don@wjh.harvard.edu

Резюме

Статья представляет собой ответ на четыре отклика на мою книгу «Европа, Византия и "интеллектуальное молчание" древнерусской культуры». Эта книга, в свою очередь, явилась ответом на вопрос, заданный Фрэнсисом Томсоном: «Где был русский Пьер Абеляр?». Она основывается на двух тезисах: о том, что «богословие было вершиной интеллектуальной мысли как в восточной, так и в западной церкви» на протяжении всего Средневековья, и о том, что средневековое христианское богословие представляет собой слияние более ранней христианской мысли с неоплатонизмом. Древнерусская литература раннего периода была ненамного обширнее, чем содержимое библиотеки крупного византийского монастыря, поскольку те, кому было поручено заниматься образованием недавно крещенной языческой Руси на базовых принципах христианства, чувствовали необходимость обеспечить ее только сведениями, необходимыми для спасения души. Но почему эта выборка не включала семь свободных искусств (в том числе диалектику), служивших основой образовательного курса в западной церкви?

Ключевые слова: Византия, диалектика, интеллектуальность, менталитет, неоплатонизм, Древняя Русь, богословие

---

[1] Заглавие статьи отчасти навеяно книгой Эла Горовица и Фреда Рейнфелда «Шахматные ловушки, западни и хитрости» (1971).

Первоначальным зерном моей книги «Европа, Византия и "интеллектуальное молчание" древнерусской культуры» стал вопрос, которым лингвист и историк Фрэнсис Дж. Томсон задавался в своих работах 1990-х гг., а именно: «Где был русский Пьер Абеляр?». Непосредственным же стимулом к ее написанию явился ответ Томсона на мой вопрос, заданный во время дискуссии после его доклада. Этот ответ звучал так: «Но ведь у них не было и своего Платона?» Вместо того, чтобы обижаться на его вопросы, которые заставили меня задуматься, я предпринял сравнительное исследование сходств и различий между средневековой Западной Европой и Древней Русью, чтобы найти убедительные ответы.

Начал я с двух тезисов. Мой первый тезис состоял в том, что богословие «было вершиной интеллектуальной мысли как в восточной, так и в западной церкви» на протяжении всего средневекового периода. Все другие направления интеллектуальной мысли внутри преимущественно христианского общества тем или иным образом восходили к богословию. Мой второй тезис состоял в том, что средневековое христианское богословие представляло собой слияние более ранней христианской мысли с неоплатонизмом. По моему мнению, неоплатонизм помогает объяснить концептуальные построения средневековой христианской теологии, не восходящие непосредственно к Библии или сочинениям раннехристианских Отцов Церкви.

Признавая справедливость замечания Томсона, что древнерусская литература начального периода объемом текстов едва ли превосходила содержимое библиотеки крупного византийского монастыря, я задался вопросом, почему так произошло. Мне представляется вероятным, что, когда в 988 г. князь Владимир Святославич при содействии константинопольского патриарха обратил Русь в христианство, те, кому было поручено заниматься воспитанием новокрещенной языческой Руси на базовых принципах христианства и таким образом распространять сведения, необходимые для спасения души, избрали для этой цели лучшее, что у них имелось — евангелия, псалтири, часословы, богослужебные книги и тому подобное. Вероятно, в то же самое время те же самые люди приняли осознанное решение не примешивать к просвещению и образованию древнерусского народа языческую литературу — Гомера, Аристотеля или Софокла. Решения о том, что следует, а чего не следует включать, принимались и в последующие века. Русь получила лишь часть византийского интеллектуального наследия — ту часть, которую греческие церковные иерархи считали более душеполезной. Учитывая духовные приоритеты этих иерархов, нельзя было ожидать иного решения.

В этом отношении восточная и западная христианские церкви были схожи, и христианский неоплатонизм послужил отправной точкой для обоих ответвлений христианства. Но в западной церкви также происходило нечто иное, помимо утверждений о первенстве Папы Римского. В основе формального образования в западном христианском мире лежали семь свободных искусств: грамматика, риторика, диалектика, арифметика, геометрия, астрономия и музыка. Иерархи западной церкви хотели убедиться, что ни одна из этих дисциплин не противоречит неоплатонической теологии и все они соответствуют постулатам веры. Вероятно, диалектика внушила особенные подозрения, поскольку подразумевала критическое мышление, структурированное применение человеческой мысли, представлявшее собой потенциальную угрозу для неоплатонических построений. Произошедший в XI в. приток переведенных с арабского сочинений древнегреческих философов, в том числе Аристотеля, оказал воздействие на изучение диалектики в западной церкви. Поэтому, когда приверженцы диалектики начали применять ее к богословским вопросам, их сочинения подверглись осуждению. Например, Абеляр дважды вызывался на церковные соборы. Но нам следует проявлять осторожность, рассматривая его как мученика за интеллектуальную свободу. Материалы церковного собора в Суассоне (1121) не указывают, что Абеляру были предъявлены формальные обвинения, а тем более, что он был осужден за свои взгляды. По свидетельству самого Абеляра, его обвинители не нашли в его книге «ничего, что дало бы им возможность на соборе смело обвинить меня» [Абеляр 1959: 36]. По всей видимости, от него потребовали собственноручно бросить в огонь список своего трактата «О Божественном Единстве и Троичности», но это представляется чисто символическим жестом, поскольку другие экземпляры трактата продолжали хождение[2]. Впоследствии он переработал это сочинение. На этом вопрос представляется закрытым. Через 19 лет, на соборе в Сенсе (1140), его учение подверглось осуждению, причем самому Абеляру не позволили выступать в свою защиту, но насколько мне удалось установить на основании источников, собор не объявил его еретиком. Фактически с него сняли обвинения. А потом он оказался забыт до следующего столетия, когда его история с Элоизой была описана Жаном де Мёном в «Романе о розе», и он же обнаружил собрание писем, которыми предположительно обменивались Абеляр и Элоиза[3].

Студенческие волнения в Парижском университете, происходившие в следующем веке и в значительной мере вдохновленные диалектикой, заставили римскую католическую церковь прийти к компромиссу: Аристотель — для вопросов материального мира, а Платон — для вопросов духовного мира. Диалектика уже заняла прочное место в образовательном курсе, о чем свидетельствует структура университетских лекций, а диспуты были популярным в академических трудах развлечением, и это, возможно, помогло церковным властям осознать, что они ведут заведомо проигрышную борьбу.

Иерархи восточной церкви также с настороженностью относились к опасному искусству, именуемому диалектикой, и преследовали учение Иоанна Итала, игравшего в восточной церкви приблизительно такую же роль, что и Петр Абеляр в западной. Если верить Анне Комниной, Иоанн Итал находил удовольствие в том, чтобы побеждать и даже унижать своих оппонентов при

---

[2] Абеляр упоминает, что Альберик, один из его противников, во время публичного спора с Абеляром имел при себе экземпляр его сочинения: «Книга же была под рукой, потому что он сам принес ее» [Абеляр 1959: 37].

[3] Обсуждение этой проблемы см. в [Ostrowski 2020].

помощи диалектики, как это делал Абеляр. Но в восточной церкви не произошло притока не подвергшихся сокращениям переводов Платона и Аристотеля с арабского. Византийцам Платон и Аристотель были доступны в очищенных версиях, входивших в состав сборников, одобренных церковными властями. Артц в 1953 г. писал: «Одной из худших черт византийской учености была ее страсть к компендиумам, сокращенным изложениям и антологиям; сокращению подверглась даже "Илиада"» [Artz 1980: 112]. По его мнению, византийская богословская литература «отличается однообразием, изобилует повторами, выстроена по шаблонам», а «византийское богословие так и не создало ни Абеляра, ни Бонавентуру, ни Фому Аквинского» [Artz 1980: 113]. Насколько мне удалось установить, в византийском образовательном курсе диалектика была заменена так называемой «философией». Диспуты были общепринятой практикой в Константинополе, как и в Париже, Оксфорде, Кембридже или Болонье. Кроме того, Византийская империя находилась под единой властью басилевса и патриарха, тогда как в западном христианском мире имели место разногласия между высшими светскими и церковными властями, а также многочисленные противоречия среди светских правителей, препятствовавшие подавлению диалектики. Я предположил, что многое было обусловлено именно этой корреляцией между диалектикой и кипучими теологическими дискуссиями.

Кроме того, чрезвычайно дельное замечание на этот счет сделал Флоровский: «Всю историю европейской цивилизации обычно представляют... как историю прогрессивной эмансипации культуры от давящего контроля официальной религии или от церкви... При таком способе оценки вся Древняя Русь в одночасье дискредитируется» [Флоровский 2014: 261]. Иными словами, если нечто не находилось в той или иной критической позиции по отношению к господствующей социо-политико-концептуальной структуре, к «истеблишменту» (как мы выражались в 1960-е гг.), это нечто не считалось «интеллектуальным». Абеляр был интеллектуально экспрессивен; Бернард Клервоский не был. Первый выступал против существующей структуры;

второй не выступал. Флоровский был прекрасно знаком с этим восходящим к западной церкви, европейским представлением, что следует считать интеллектуальным[4], которым пронизан весь вопрос о так называемом «интеллектуальном молчании».

Разумеется, это разграничение не вполне «чисто». Среди защитников существующей концептуальной структуры были Ансельм Кентерберийский и Фома Аквинский, которые считались интеллектуальными гигантами своей эпохи. Однако ключевое различие между ними и, например, Бернардом Клервоским состояло в использовании ими диалектических рассуждений.

Эта часть моего исследования, как я полагал, базировалась на вполне надежной почве. Но потом я зашел немного дальше, попытавшись разобраться, почему именно семь свободных искусств утвердись в качестве основы образовательного курса в Западной Европе, почему диспуты стали столь общепринятой формой обучения и почему диалектика прочно закрепилась в западной церкви, но не в восточной. Для этого я обратился к различным «веяниям» неоплатонизма, имевшим значение для территорий, подчиненным обеим церквям. Августин оказал огромное влияние на западную церковь, но значительно меньшее — на восточную. Когда в XIV в. братья Кидоны начали переводить на греческий сочинения Августина, Боэция и Фомы Аквинского, они были осуждены на Константинопольском соборе в 1389 г. как еретики. Я предположил, что у Августина и других языческий неоплатонизм Плотина и Порфирия слился с богословием западной церкви, тогда как языческий неоплатонизм Ямвлиха и Прокла, менее открытый для диалектики, слился с богословием восточной церкви. Но это предположение очень условно и гадательно. Я не смог определить, была ли среди деятелей восточной церкви специфическая фигура (или фигуры), которая сыграла бы такую же роль, какую Августин сыграл для теологии западной церкви. На этом я был вынужден признать, что достиг некоего предела.

---

[4] См. блестящую работу Флоровского «Затруднения историка христианина» [Florovsky 1959].

Предпринимая попытку ответить на вопросы, поставленные Фрэнсисом Томсоном, я также надеюсь, что мои суждения, какими бы они ни были, позволят дискуссии об интеллектуальном молчании Древней Руси избежать ловушки ограниченных эмоциональных реакций, заставляющих считать оскорбительным тон, в котором Томсон задает свои вопросы, или бросаться на защиту русской национальной гордости. В этом отношении форум, организованный редактором «Русской истории» Ларри Лангером, в высшей степени оправдал мои надежды. Все четверо участников форума в своих откликах придерживались направления, предложенного Саймоном Франклином, то есть широкого компаративного культурного исследования. Остановимся поочередно на каждом.

Сергей Иванов указывает, что «мнение Томсона задело русских коллег» и «когда они старались сохранять беспристрастность, раздражение все равно давало о себе знать». Он отвергает «идею Томсона о ранжировании культур», считая ее некорректной. В этом смысле его точка зрения совпадает с моей. Однако он расходится со мной во мнениях относительно различий между западной и восточной половинами христианского мира. Я попытаюсь, насколько сумею, охарактеризовать основные точки этого расхождения. Но перед этим я задам Иванову три дополнительных вопроса, вытекающих из его вступительных замечаний.

Во-первых, мне интересно узнать, что он считает моей «узкой сферой», вне которой подвизались цитируемые мной известные люди. Узнав это, я в будущем смогу соблюдать бо́льшую осторожность при цитировании известных людей. Во-вторых, он пишет, что я привожу «даты рождения и смерти примерно шестидесяти» исследователей, тем самым превращая свою работу в настоящее кладбище учености». Хотелось бы спросить: если бы я не приводил эти даты (в качестве информационного молчания?), тогда бы в его сознании не возник образ кладбища? Другими словами, неужели указание дат имеет такое значение, учитывая, что все цитируемые исследователи в свое время родились, а большинство из них к настоящему моменту уже умерли? В-третьих, я не представляю себе, какие темы, которые «рассматриваются по меньшей мере в половине книги», «не связаны с ее заглавием», если в заглавии книги упоминаются Европа, Византия и Древняя Русь. Таким образом, я должен расценивать это как довольно своеобразное достижение, каким-то образом укрывшееся от внимания рецензентов.

Должен признаться, что, включая в книгу раздел, посвященный отсутствию диалектики (она же логика) в византийском образовательном курсе, я подстроил ловушку (разумеется, безобидную) — не конкретно для Иванова, а для всякого, кто задался бы целью доказать мою неправоту. В процессе исследования я не смог обнаружить удовлетворительных доказательств, что диалектика составляла стандартную часть образовательного курса в Византии, как это было в университетах средневекового западного христианского мира, вследствие чего пришел к выводу о необходимости более тщательного изучения этой темы.

Попавшись в мою «ловушку», Иванов привел ряд доказательств и тем самым продвинул вперед изучение этой темы. Впрочем, приводя доказательства, он также допускает — очевидно, непреднамеренно — логические ошибки, подменяя опровергаемые им тезисы и отступая от темы. Примером такой подмены служит его высказывание, будто мое утверждение, что «у нас нет доказательств, что школьное образование в Византии включало трактаты Порфирия», «откровенно не соответствует действительности, поскольку "Исагога" Порфирия читалась и комментировалась на протяжении всей тысячелетней истории Византии». Непоследовательности здесь нет, так как вторая часть этого высказывания, после слова «поскольку», вытекает из первой части. Но если люди читали и комментировали «Исагогу», это не означает, что она изучалась в школах. Возражая против моего утверждения, что до Пселла «диалектика явно не была частью мышления тех, кто занимался интеллектуальной деятельностью... не считая отдельных конспективных выписок», Иванов спрашивает, неужели Арефа Кесарийский (ок. 860 — ок. 939) «занимался лишь "конспективными выписками"»? В этом вопросе происходит изменение темы, поскольку я не утверждал, что византийские авторы занимались «лишь конспективными выписками», но что лишь «конспективными выписками» ограничивалось дело в связи с диалектикой, чего нельзя сказать в отношении любых других тем или авторов. Упомянув нескольких византийских авторов, обсуждавших философские вопросы, Иванов приходит к выводу: «Ничто из этого даже отдаленно не напоминает об "интеллектуальном молчании"». Это так, но никто и не утверждал об интеллектуальном молчании в Византии. Иванов просто совершает типичную подмену тезиса.

Кроме того, приведя в пример еще нескольких византийских авторов, затрагивавших вопросы диалектики, Иванов упоминает одного автора, византийского монаха VII в. Косму Сицилийского, и приводит его собственные слова, что он прибыл в Константинополь, где «познакомился с приемами диалектики», «изучил арифметику, музыку, геометрию и астрономию» и «усвоил все науки, существующие среди них». Прекрасно! Это следует рассматривать как бесспорное свидетельство, что в Византии в VII в. преподавались тривиум и квадривиум. Проблема в том, что источником этой цитаты служит житие святого Иоанна Дамаскина, написанное в середине XII в., спустя почти 500 лет после жизни Космы. Иванов признает, что его «автор, иерусалимский патриарх Иоанн IX Меркуропулос, ссылается на собственный культурный бэкграунд». Тем не менее, Иванов считает, что «эти сведения остаются вполне доказательными». Правда? Средневековые агиографы, как известно, вкладывали в уста своих героев собственные высказывания, призванные сделать определенные моменты из жизни святых более запоминающимися, а не стремились к исторической точности. Несмотря на похвальное стремление Иванова вывести на передний план неизвестные мне сведения, я по-прежнему скептически отношусь к утверждению, что диалектика была частью образовательного курса в Византии.

В заключение Иванов соглашается со мной, что «глубокие структурные различия в менталитете» существовали, «но не только (и не столько) между двумя церквами, но и в целом между двумя цивилизациями». Он делает несколько заявлений об этих различиях: «Запад постоянно отдалялся от общих моделей древней средиземноморской цивилизации», тогда как «Восток в целом остался неизменным», а греки «почему-то не захотели овладевать новым технологическим процессом». Однако он не объясняет, почему, с его точки зрения, эти различия возникли именно в таком виде. Далее он описывает, в чем, по его мнению, состояли эти различия; например, византийские ученые отдавали теоретическим дискуссиям предпочтение перед экспериментами», что можно сказать и о теологах западной церкви. Византийским ученым, обладавшим подобными склонностями, Иванов противопоставляет «людей Древней Руси», которые «быстро учились и усваивали технические новшества». То же самое можно сказать и о людях Византийской империи, равно как и Европы, так что возникает вопрос, не впадает ли он в очередную логическую ошибку, связанную с ложным отождествлением.

Дэвид Престель расширяет сферу дискуссии, затрагивая вопрос о судьбе византийского наследия после того, как оно проникло на Русь. Поэтому он смещает фокус анализа с того, что привело к событиям 988 г. (с целью объяснить, как попытался я, почему византийское наследие оказалось таким ограниченным), на то, что последовало за 988 г., когда Русь начала осваивать это наследие. При этом он любезно избегает предположений, что я в своей книге допустил оплошность, не став рассматривать эпоху после принятия христианства (хотя теперь я полагаю, что с моей стороны это была оплошность). Престель также делает важное замечание относительно Томсона, обращаясь к книге Герхарда Подскальски о раннем русском богословии. Подскальски утверждает, что «на Руси в центре церковной жизни находились не богословские изыскания, а практическое воплощение веры (молитва, пост, богослужение, иконопись». По мнению Подскальски, это различие обусловлено тем, что среди переданных литературных текстов отсутствовали образцы жанров, связанных «с такими богословскими дисциплинами, как догматика, практическая экзегетика и герменевтика». В итоге, с точки зрения Подскальски, «внимание сосредоточилось на практике веры, выраженной в более прагматических формах, таких как повествование, наставление и поучение». Далее Престель приводит примеры из «Повести временных лет», иллюстрирующие, каким образом происходит раскрытие и возвышенное повторение божественного замысла. Ранее я рассматривал этот вопрос в связи с древнерусским летописанием в целом, обосновывая использование библейской экзегезы как части инструментария, которым должен пользоваться историк при исследовании древнерусских летописей, отчасти из-за присутствия в них мотива возвышенного повторения [Ostrowski 2009]. Но я не связываю это с интеллектуальным молчанием Древней Руси, в отличие от Подскальски и Престеля.

Как указывает Престель, Живов выделяет в византийском наследии эстетическую традицию и гуманистическую традицию, называя их соответственно низким стилем и высоким стилем. Я могу отметить, что определения «высокий» и «низкий» можно легко поменять местами в зависимости о того, отталкиваетесь ли вы от европейских или неевропейских представлений. Живов также высказывает мнение, что в Византии можно выделить оппозицию между церковной и светской культурой, которая не прослеживается в ранней христианской Руси. Таким образом, древнерусское летописание следует рассматривать в этом контексте, не пытаясь найти в нем некое отображение светской культуры. Престель добавляет, что, исходя из этого, «было бы разумно проявлять определенный скептицизм в отношении исторической точности событий, описанных в этих источниках». Да, да! Историки, жаждущие конкретных исторических фактов, иногда слишком торопятся принять свидетельства летописей, равно как и житий святых, за исторически точные сведения, особенно в отношении цитируемых высказываний, вложенных в уста исторических персонажей. Ярким примером историка, подходящего к исследованию летописей так, как предлагает Престель, является Алексей Толочко, который видит в них отображение «сугубо средневекового способа мышления, находящегося под сильным влиянием христианских исторических концепций». Эта точка зрения находит параллель в современных исследованиях Ветхого Завета, предпринимаемых такими учеными, как Ричард Эллиот Фридман (род. 1946), который анализирует Пятикнижие, исходя из установки, что эти тексты отражают время, когда они были написаны и обработаны, а не события, в них описанные.

В заключение Престель приходит к такому же выводу, что и я, относительно тенденции рассматривать Абеляра как предшественника просветительской мысли в противовес обскурантистской нетерпимости. Подобное мнение, как мы оба полагаем, содержит в себе анахронизм и искажает исторические факты. В целом Престель дополняет мои рассуждения, почему восточная греческая церковь выбрала для перевода на славянский язык лишь определенную часть византийской греческой культуры, и рассматривает, что могло произойти после этого перевода и переноса. В этом смысле его отклик мог бы послужить дополнительной главой к моей небольшой книге.

Роберт Романчук избегает всех ловушек и подводных камней (не говоря о логических промахах), сосредоточиваясь на трех примерах: «1. Киевская Русь (и два беглых взгляда в Московскую Русь)», где он рассматривает свидетельства об образовании (особенно грамматическом) в ранней христианской Руси; «2. Круг Силуана на горе Афон» — о том, как исихаст кир Силуан возглавил сообщество образованных славянских монахов, чьи «сочинения, в которых ассимилирована вся элитарная византийская литература, от „малых, отточенных и богато украшенных жанров эпиграммы и эпистолы“ до грамматических и богословских трактатов, дают представление о широте интеллектуальной деятельности, осуществлявшейся на Афоне в позднем Средневековье»; «3. Кирилло-Белозерский монастырь в северной Руси» — о том, как игумен Трифон «по всей видимости, учредил при монастыре среднюю школу по византийскому образцу». В заключение Романчук подчеркивает значение грамматики и утверждает, что «скудость и ограниченность грамматического образования в Киевской Руси почти полностью перекрывала этот вход» (имея в виду эвристические искания).

Если я сосредоточился на отсутствии или наличии диалектики (третьего предмета тривиума) в период, предшествующий переносу в недавно крещенную Русь части византийской христианской литературы, Романчук сосредоточивается на отсутствии или наличии грамматики (первого предмета тривиума) на Руси после крещения. Третью точку зрения в этом смысле предлагает Дэвид Голдфранк, который в своей работе о сочинениях Иосифа Волоцкого тщательно исследует использование Иосифом риторики (второго предмета тривиума).

Романчук характеризует картину, в итоге сложившуюся на Руси, как «мрачную», но всякое подобное суждение, безусловно, зависит от выбранной точки зрения. Наше общепринятое светское мировоззрение, восходящее к эпохе Просвещения, склонно видеть в подобном «недостатке образованности» признак невежества, и даже предположение об обратном может показаться нашему слуху бессмысленным. Однако я посвятил несколько страниц «Европы, Византии и "интеллектуального молчания" Древней Руси» рассмотрению резкой, зачастую интуитивной критике тривиума — «поганских хитростей и руководств, се ж ест кграматик, рыторык, диалектик и прочих коварств тщеславных», по словам Ивана Вишенского. Мне пришлось учесть, что точка зрения Вишенского и других подобных ему личностей выражает иную ментальность, нежели та, которая свойственна современной науке. Тем не менее, если отклик Престеля мог бы послужить дополнительной главой к моей книге, то оклик Романчука мог бы послужить дополнением к этому дополнению, предоставив существенные доказательства, касающиеся бытования византийского наследия после крещения Руси.

Александра Вукович в начале своей статьи выносит высокую оценку моей монографии, и я благодарен ей за теплые слова. Однако, читая оставшуюся часть ее статьи, я со смущением обнаружил, что в написанном мной она усматривает иной смысл, нежели, как мне казалось, я вкладывал. Поэтому я задумался, обоснованна ли ее высокая оценка. В оставшейся части статьи она прослеживает дальнейшую судьбу византийского наследия, развивая идею о Byzanz après Byzanz — то есть, о византийском влиянии, продолжавшемся после разрушения Константинополя турками-османами в 1453 г. Но также она сосредоточивается на трех темах: «Призрак изоляции и разобщения», «Церковь как аксиома» и «Европа как аксиома».

Я с удивлением узнал, что «образ Европы, представленный в этой книге, ограничивается Апеннинским полуостровом, Британскими островами и средневековой Францией». Используя термин «Западная Европа», я тщательно старался оставаться в пределах сферы господства римской католической церкви. Таким образом, как мне кажется, я охватил также Иберийский полуостров, немецкоязычные страны, Скандинавию, а также часть юго-восточной и центральной Европы, исключив, однако, определенные части Британских островов, где преобладала кельтская церковь. Напротив, под «Восточной Европой» я подразумевал ту ее часть, которая находилась под влиянием восточной церкви на протяжении Раннего и Высокого Средневековья.

Также я с удивлением узнал, что, по моему утверждению, церковь «сдерживала культурное производство в Древней Руси», тогда как я писал: «Число сохранившихся Псалтирей, Евангелий, Апостолов, Октоихов, Часословов, четьих сборников и житий, а также многочисленные иконы свидетельствуют, что древнерусской культуре не присуще "интеллектуальное молчание"». Также я не предполагал, что «пытался объяснить нехватку "культурного производства"», а не показать, почему так считали исследователи, изучавшие традиции европейского Ренессанса и Просвещения: «Напротив, ее (то есть древнерусской культуры) диапазон большей частью находится за пределами нашего слуха». Мой ответ был адресован Томсону, который задал проблемный вопрос об отсутствии русского Петра Абеляра, имея в виду, как мне представляется, что Древняя Русь представляла собой некую аномалию. Поэтому я попытался развернуть его вопрос в обратную сторону, спросив, почему в Западной Европе появился Абеляр. Таким образом, уже Западная Европа (в особенности Франция и Париж) становится аномалией, которую требуется объяснить.

Также я с удивлением узнал, что, по моему мнению, «предполагаемое отсутствие аналогичных явлений в восточной церкви (как в Византии, так и на Руси) становится тем мерилом, по которому выносится суждение, чего не хватало восточной церкви». Я действительно рассуждал, что Иоанн Итал для Константинополя был фигурой, аналогичной той, которой Абеляр был для Парижа, но неспособность применить диалектику к богословским вопросам я относил к нему лично, а не ко всей восточной церкви. Вместо этого восточной церкви успешно удалось подавить Итала и его последователей, тогда как западная церковь хотя и смогла подавить Абеляра, но впоследствии не сумела, несмотря на все старания, воспрепятствовать применению диалектики к богословским проблемам. Один из вопросов, ответ на который я искал, состоит в том, почему у восточной церкви получилось то, в чем западная церковь потерпела неудачу? Мне казалось, я вполне ясно показал, что не использую дихотомию «Запад = разум, Восток = вера», приверженность к которой мне приписывает Вукович, поскольку никто из деятелей западной церкви не был лишен веры, а никто из деятелей восточной церкви не был лишен разума.

Вукович таже заявляет, что пренебрежительный отзыв Сэмюела Коллинза об иконах я воспринимаю «как значимое утверждение, глубже раскрывающее взаимоотношение русских с Правдой», даже когда после цитаты из него я привел следующее высказывание историка церкви Маккаллоха о православных иконах:

> Каждая икона следует огромному множеству правил композиции, заложенных еще в VI в. и призванных выразить определенное теологическое или религиозное отношение к священной истории... Это сочетание явилось... одной из сильнейших сторон православия и поддерживало его в испытаниях, которые по всем расчетам должны были его уничтожить.

Рискуя повторять очевидное, я цитировал Коллинза в качестве примера, подтверждающего то, что я рассматривал в предыдущих предложениях, а именно — высказывание историка искусства П. А. Михелис, что «"все наше эстетическое образование" зиждется на ренессансных представлениях о классических нормах"» и «что со времен Возрождения "наши эстетические суждения оказались искажены ограниченным гуманистическим образованием и его односторонней эстетикой"». Мне трудно понять, почему Вукович считает, что в этом контексте я поддерживаю мнение Коллинза.

Однако, поскольку Вукович затронула тему об иконах, я добавлю замечание, касающееся московской теории иконописи и имеющее отношение к рассматриваемому вопросу о византийском наследии на Руси и его бытовании. Специалист по Византии XII в. и искусствовед Деклан С. Мерфи писал, что опора на «древние образцы» явилась центральным компонентом московской теории иконописи [Murphy 1988: 149]. Принцип использования старых образцов имел безусловно византийское происхождение, но, согласно Мерфи, в Византии он никогда не был центральным компонентом теории иконописи [Murphy 1988: 150]. Эту направленность он объясняет ограниченным числом византийских теоретических текстов, доступных в Московский Руси [Murphy 1988: 149]. Можно интерпретировать это утверждение как угодно (соглашаясь или не соглашаясь с Мерфи), но я вижу в нем еще одно указание, что на Руси (и, следовательно, в Московском государстве) церковь функционировала, находясь в явно невыгодном положении по отношению к византийской церкви. И происходило это не по причине языковых различий, а просто потому, что на Руси так и не появились тексты, с которыми можно было работать. До XVII в. у русских церковнослужителей не было практического способа получить к ним доступ.

Кажется, я также смутно осознаю, что Вукович упрекает меня за злоупотребление «ориентализмом», когда я привожу цитату Жана Жимпеля о том, что до XX в. в православных церквях не разрешалось устанавливать часы. Если Жимпель неправ, я бы хотел получить подтверждения этого. Если он прав, то, возможно, следует предложить другую интерпретацию, которую Вукович не сочтет «ориенталистской». Принижать легко, если не чувствуешь себя обязанным подтвердить это принижение доказательствами или предложить встречную интерпретацию, которая может оказаться лучше.

Похоже, у нас с Вукович также есть некоторые расхождения в интерпретациях. Она утверждает, что на Руси в ранний период существовала некая династия и что она «сохранялась в неприкосновенности». Я сомневаюсь в существовании подобной династии [Ostrowski 2018] и предполагаю, что там имела место система наследования, основанная на системах наследования, принятых у степных народов, но не династия [Ostrowski 2012]. Как мне кажется, попытки историков утверждать о существовании династии связаны с аналогичными попытками утверждать о существовании династического государства. На мой взгляд, известные в настоящее время свидетельства не поддерживают ни одну из этих попыток. Заявление Вукович, что «территория Древней Руси не подвергалась вторжению извне вплоть до нашествия монголов», даже если не рассматривать викингов как внешнюю силу, все равно следует учитывать вторжения, происходившие до монголов. Самое раннее упоминание русов (росов) обнаруживается в Бертинских анналах под 839 г. от Р. Х. «Повесть временных лет» описывает, как в 862 г. от Р. Х. русы пришли править славянами, жившими в низовьях Днепра. Также в ней описывается, как венгры, печенеги и половцы приходили на русскую землю после русов, но до монголов: венгры в 898 г., печенеги в 915 г., половцы в 1061 г.

В любом случае, я благодарю Вукович за положительный отзыв о книге, хотя она, по-видимому, ошибочно поняла написанное мной — иногда вплоть до того, что ей представлялось, будто я написал прямо противоположное.

Несколько заключительных наблюдений. Три отклика на мою книгу касались византийского наследия до того, как оно пришло на Русь, а один касался Византии до крещения Руси. Лишь в одном из них автор попался в «ловушку» рассмотрения диалектики в Византийском школьном образовании, а еще в одном — сосредоточился на грамматике в древнерусском образовании. В одном из отзывов меня также обвинили в ориентализме. Все сумели избежать западни националистической предвзятости. Никто не отметил изображение на обложке — созданную в XVI в. резную фигуру «Диалектика», находящуюся в Мирном зале ратуши Мюнстера, в Германии. Чтобы подвести итоги дискуссии, я не могу придумать ничего более подходящего, чем процитировать слова Федра (у Роберта Пёрсига), к идее которых я постоянно мысленно возвращаюсь:

> Ум его спешит все дальше, сквозь перестановки диалектики, дальше и дальше — сталкивается с чем-то, находит новые ветви и отростки, взрывается гневом при каждом новом открытии порочности, мерзости и низости этого «искусства», называемого диалектикой... Ум Федра спешит все дальше — и видит наконец нечто злое: ...оно только делает вид, будто пытается понимать любовь, красоту, истину и мудрость, но подлинная его цель — никогда их не понимать, всегда узурпировать их и возводить на трон себя. Диалектика — узурпатор [Пёрсиг 2012: 413–414].

Пристально сосредоточившись на диалектике как высшем причинном элементе, я мог, подобно Федру, попасться в коварную ловушку Диалектики.

Библиография

Источники

Абеляр 1959 — Абеляр Пьер. История моих бедствий / изд. подгот. Д. А. Дрбоглав, Н. А. Сидорова, В. А. Соколов, В. С. Соколов. М.: Изд. АН СССР, 1959.

Акты 1836 — Акты, собранные в библиотеках и архивах Российской империи Археографической экспедицией Императорской академии наук. СПб.: Тип. II Отделения Собственной Е. И. В. Канцелярии, 1836. Т. 1–4.

Анна Комнина 1965 — Анна Комнина. Алексиада / вступ. ст., пер., комм. Я. Н. Любарского. М.: Наука, 1965.

Афанасий Великий 1903 — Афанасий Великий. Житие преподобного отца нашего Антония // Афанасий Великий. Творения. [Сергиев Посад]: Тип. Свято-Троицкой Сергиевой лавры, 1903. Т. 3. С. 178–250.

Боэций 1990 — Боэций. Комментарий к Порфирию, им самим переведенному / пер. Т. Ю. Бородай // Боэций. «Утешение философией» и другие трактаты / отв. ред., сост. и автор статьи Г. Г. Майоров. М.: Наука, 1990. С. 5–144.

Вазари 1933 — Вазари Джорджо. Жизнеописания наиболее знаменитых живописцев, ваятелей и зодчих / переведенные с итальянского и комментированные Ю. Верховским, А. Губером, А. Дживелеговым и А. Эфросом; пред. А. В. Луначарского; ред. и вступ. статьи А. Дживелегова и А. Эфроса. М.; Л.: Academia, 1933. Т. 1–2.

Варлаам Калабрийский 2012 — Варлаам Калабрийский. Избранные письма // Давид Дисипат, монах. Полемические сочинения. История и богословие паламитских споров. М.; Святая гора Афон: Никея; Пустынь Новая Фиваида Афонского Русского Пантелеймонова монастыря, 2012. С. 249–265.

Византийские легенды 1972 — Византийские легенды / изд. подгот. С. В. Полякова. Л.: Изд-во «Наука». Ленинградское отд., 1972 (Литературные памятники).

Вишенский 1955 — Вишенский Иван. Сочинения / подготовка текста, статья и комментарии И. П. Еремина. М.; Л.: Изд-во АН СССР, 1955.

Григорий Палама 1995 — Григорий Палама. Триады в защиту священно безмолвствующих. М.: Канон, 1995.

Григорий Синаит 1999 — Григорий Синаит, преподобный. Творения / пер. с греческого, примеч. и послесловие епископа Вениамина (Малова). М.: Новоспасский монастырь, 1999.

Дамаский 2019 — Дамаский. Философская история (Жизнь Исидора) / отв. ред. Н. Н. Болгов. Белгород, 2019 (Мир поздней Античности. Документы и материалы. Вып. 13).

Дионисий Ареопагит 2002 — Дионисий Ареопагит. Соч. Толкования Максима Исповедника / пер. Г. М. Прохорова. СПб.: Алетейя; Издательство Олега Абышко, 2002.

Добротолюбие 2010 — Добротолюбие: в 5 т. / пер. с греч. Феофана Затворника. М.: Издательство Сретенского монастыря, 2010.

Древние иноческие уставы 1892 — Древние иноческие уставы пр. Пахомия Великого, св. Василия Великого, пр. Иоанна Кассиана и пр. Венедикта, собранные епископом Феофаном. М.: Типолитография Н. Ефимова, 1892.

Житие Феодосия Печерского 1997 — Житие Феодосия Печерского / Подготовка текста, перевод и комментарии О. В. Творогова // Библиотека литературы Древней Руси. СПб.: Наука, 1997. Т. 1. XI–XII века. С. 352–433.

Житие Константина-Кирилла 1999 — Житие Константина-Кирилла / подготовка текста и пер. Л. В. Мошковой и А. А. Турилова, комментарии Б. И. Флори // Библиотека литературы Древней Руси. СПб.: Наука, 1999. Т. 2. XI–XII вв. С. 22–65.

Ибн Араби 1993 — Ибн Араби. Геммы мудрости // Смирнов А. В. Великий шейх суфизма (опыт парадигмального анализа философии Ибн Араби). М.: Наука. Издательская фирма «Восточная литература», 1993. С. 145–287.

Иеремия 1866 — Святейшего патриарха Константинопольского Иеремии ответы лютеранам / перевел с греческого архимандрит Нил. М.: Тип. В. Готье, 1864.

Иероним 1884 — Иероним Стридонский. Творения. Киев, 1884. Ч. 2. Письма (386–400).

Изборник 1999 — Из Изборника 1076 года / подготовка текста, перевод и комментарии В. В. Колесова // Библиотека литературы Древней Руси. СПб.: Наука, 1999. Т. 2. XI–XII вв. С. 406–479.

Иоанн Дамаскин 2002 — Иоанн Дамаскин. Источник знания / пер. с древнегреч. и комм. Д. Е. Афиногенова, А. А. Бронзова, А. И. Сагарды, Н. И. Сагарды. М.: Индрик, 2002.

Иоанн Мосх 1896 — Иоанн Мосх. Луг духовный / пер. с греч. М. И. Хитрова. [Сергиев Посад]: Тип. Свято-Троицкой Сергиевой лавры, 1896.

Каллист 2006 — Каллист I, патриарх Константинополя. Житие и деятельность иже во святых отца нашего Григория Синаита I // Введение, критическое издание греческого текста и русский перевод подготовил Х.-Ф. Байер [H.-V. Beyer]. Екатеринбург: Изд-во Урал. ун-та, 2006 (Тексты и исследования по духовной истории. Вып. 2. № 1).

Капелла 2019 — Капелла Марциан. Бракосочетание Филологии и Меркурия / перевод, комментарий, вступительная статья Ю А Шахова. М.; СПб.: Центр гуманитарных инициатив, Петроглиф, 2019.

Климент Смолятич 1997 — Послание Климента Смолятича / подготовка текста, перевод и комментарии Н. В. Понырко // Библиотека литературы Древней Руси. СПб.: Наука, 1997. Т. 4. XII в. С. 11–141.

Коллинз 1846 — Коллинз С. Нынешнее состояние России, изложенное в письме к другу, живущему в Лондоне / пер. с англ. П. В. Киреевского. М.: Университетская типография, 1846.

Крижанич 1965 — Крижанич Юрий. Политика / подг. к печати В. В. Зеленин; пер. и комм. А. Д. Гольдберг; под ред. акад. М. Н. Тихомирова. М.: Наука, 1965.

Крик оленя 2008 — Крик оленя (Лорика святого Патрика) / Введение и перевод с ирландского Т. А. Михайловой // Атлантика: Записки по исторической поэтике. М.: МАКС Пресс, 2008. Вып. 8. С. 178–186.

Летописец Еллинский и Римский 1999–2001 — Летописец Еллинский и Римский. СПб.: Дмитрий Буланин, 1999–2001. Т. 1–2.

Максим Исповедник 1993 — Максим Исповедник. Главы о любви // Максим Исповедник. Творения. Кн. 1. Богословские и аскетические трактаты. / пер., вступ. ст. и комм. А. И. Сидорова. М.: Мартис, 1993. С. 98–145.

Максим Исповедник 2006 — Максим Исповедник. О различных недоумениях у святых Григория и Дионисия (Амбигвы) / перевод с греческого и примечания архимандрита Нектария. М.: Институт философии, теологии и истории св. Фомы, 2006.

Никоновская летопись 1885 — Полное собрание русских летописей. Т. 10. VIII. Летописный сборник, именуемый Патриаршей, или Никоновской, летописью. СПб.: Тип. Министерства внутренних дел, 1885.

Нил Сорский 1912 — Нила Сорского предание и устав / со вступительной статьей М. С. Боровковой-Майковой. СПб.: Типография М. А. Александрова, 1912.

Новгородские летописи 1841 — Полное собрание русских летописей. Т. 3. IV. Новгородские летописи. СПб.: В тип. Э. Праца, 1841.

Откровенные рассказы 1884 — Откровенные рассказы странника духовному своему отцу. Казань: Тип. Императорского университета, 1884.

Палея Толковая 1892–1896 — Палея Толковая по списку, сделанному в Коломне в 1406 г. / Труд учеников Н. С. Тихонравова. М.: Типография и словолитня О. Гербека, 1892–1896. Вып. 1–2.

Переломов 1998 — Переломов Л. С. Конфуций: «Лунь юй». Исслед., пер. с кит., коммент. М.: Издательская фирма «Восточная литература» РАН, 1998.

Платон 1990 — Платон. Горгий / пер. с древнегреч. С. П. Маркиша // Платон. Собр. соч.: в 4 т.; пер. с древнегреч.; общ. ред. А. Ф. Лосева и др. М.: Мысль, 1990. Т. 1. С. 477–574.

Платон 1994 — Платон. Государство / пер. с древнегреч. А. Н. Егунова // Платон. Собр. соч.: в 4 т.; пер. с древнегреч.; общ. ред. А. Ф. Лосева, В. Ф. Асмуса, А. А. Тахо-Годи. М.: Мысль, 1994. Т. 3. С. 79–420.

Плотин 2004 — Плотин. Первая эннеада / пер., вступ. ст., коммент. Т. Г. Сидаша, Р. В. Светлова. СПб.: Издательство Олега Абышко, 2004.

Помяловский 1892 — Житие иже во святых отца нашего Феодора архиепископа Едесского / по двум рукописям Московской Синодальной библиотеки издал И. С. Помяловский. СПб., 1892.

Порфирий 1939 — Порфирий. Введение к «Категориям» // Аристотель. Категории / пер. А. В. Кубицкого; ред., вступ. ст. и прим. Г. Ф. Александрова. М.: Государственное социально-экономическое издательство, 1939. С. 51–76.

Продолжатель Феофана 2009 — Продолжатель Феофана. Жизнеописания византийских царей / изд. подг. Я. Н. Любарский. СПб.: Алетейя, 2009.

Прокл 1972 — Прокл. Первоосновы теологии. / пер. и комм. А. Ф. Лосева. Тбилиси: Мецниереба, 1972.

Псевдо-Симеон 2012 — Псевдо-Симеон Новый Богослов. Метод священной молитвы и внимания / пер. с древнегреч. и примеч. А. Г. Дунаева // Византийские исихастские тексты / составление, общая и научная редакция А. Г. Дунаева. М.: Издательство Московской Патриархии Русской православной церкви, 2012. С. 91–105.

Пселл 1969 — Пселл Михаил. Монаху Иоанну Ксифилину, ставшему патриархом / пер. Т. А. Миллер // Памятники византийской литературы IX–XIV веков / отв. ред. Л. А. Фрейдбег. М.-Л.: Наука, 1969. С. 154–155.

ПСРЛ 1908 — Полное собрание русских летописей. СПб.: Типография М. А. Александрова, 1908. Т.2. Ипатьевская летопись.

ПСРЛ 2001 — Полное собрание русских летописей. М.: Языки русской культуры, 2001. Т. 1. Лаврентьевская летопись.

Постановления апостольские 1864 — Постановления апостольские (в русском переводе). Казань: В губернской типографии, 1864.

РИБ 1880 — Русская историческая библиотека, издаваемая Археографической комиссией. Т. 6. Памятники древнерусского канонического права. Ч. 1 (памятники XI–XV вв.). СПб.: Тип. Имп. акад. наук, 1880.

Сенина 2019 — Житие преподобного Иоанна Психаита BHG 896 / предисловие, перевод, комментарии Т. А. Сениной // Мир православия: сб. ст. / ред. и сост. Н. Д. Барабанов, О. А. Горбань. Волгоград: Изд-во ВолГУ, 2019. Вып. 10. С. 147–176.

Сократ Схоластик 1996 — Сократ Схоластик. Церковная история. М.: РОССПЭН, 1996.

Храбан Мавр 1994 — Храбан Мавр. О воспитании клириков. Книга III / пер. с лат. М. А. Таривердиевой // Антология педагогической мысли христианского Средневековья. М.: АО «Аспект Пресс», 1994. Т. 1. С. 318–339.

Шталь 1996 — Шталь И. В. Бернард Клервоский. Послание СХС к папе Иннокентию II, или Трактат против некоторых ошибочных положений Абеляра // Классическая филология на современном этапе: сборник научных статей. М.: ИМЛИ им. А. М. Горького, 1996. С. 190–197.

Ямвлих 2004 — Ямвлих. О египетских мистериях / пер. с древнегреч., комментарий и предисловие И. Ю. Мельниковой. М.: Алетейя, 2004.

Abelard 1836 — Abelard Pierre. Ouvrages inédits d'Abélard / ed. Victor Cousin. Paris: Imprimerie royale, 1836.

Alcuinus 1863a — Alcuinus. Grammatica // Patrologia Latina / ed. J.-P. Migne. Paris: Apud Garniere Fratres, 1863. T. 101. Cols. 849–902.

Alcuinus 1863b — Alcuinus. De rhetorica et de virtutibus // Rhetores latini minors / ed. Carl Halm. Leipzig: Teubner, 1863. P. 525–550.

Alcuinus 1863c — Alcuinus. De dialectica // Patrologia Latina / ed. J.-P. Migne. Paris: Apud Garniere Fratres, 1863. T. 101. Cols. 949–976.

Ammonius 1895 — Ammonius. In Aristotelis Categorias Commentarius // Commentaria in Aristotelem Graeca. Vol. IV. Pars IV. Berlin: Georg Reimer, 1895.

Anselm der Peripatetiker 1872 — Anselm der Peripatetiker: nebst andern Beiträgen zur Literaturgeschichte Italiens im eilften Jahrhundert. Herausgegeben von Ernst Dümmler. Halle: Verlag der Buchhandlung des Waisenhauses, 1872.

Anselmus Cantuariensis 1853 — Anselmus Cantuariensis De fide Trinitatis et de incarnatione verbi // Patrologia Latina / ed. J.-P. Migne. Paris: Apud Garniere Fratres. 1853. T. 158. Cols. 259–84.

Augustine 1968 — Augustine. The Retractions. Trans. Mary Inez Bogan. Washington, DC: Catholic University of America Press, 1968.

Barlaam Calabro 1946a — Barlaam Calabro. Pròs tēn sýnodon perì tēs pròs Latínous evōseōs // Miscellanea Giovanni Mercati. Vol. III. Letteratura et storia bizantina Città del Vaticano: Biblioteca Apostola Vaticana, 1946. P. 202–208 (Studi e Testi. Vol. 123).

Barlaam Calabro 1946b — Barlaam Calabro. Symbouleutikòs perì omonoías pros Rhōmaíous kaì Latínous Barlaam monachoū // Miscellanea Giovanni Mercati. Vol. III. Letteratura et storia bizantina Città del Vaticano: Biblioteca Apostola Vaticana, 1946. P. 185–201 (Studi e Testi. Vol. 123).

Boethius 1847a — Boethius. Commentaria in Porphyrium a se translatum // Patrologia Latina / ed. J.-P. Migne. Paris: Apud Garniere Fratres, 1847. T. 64. Cols. 71–158.

Boethius 1847b — Boethius. De Arithmetica // Patrologia Latina / ed. J.-P. Migne. Paris: Apud Garniere Fratres, 1847. T. 63. Cols. 1079–166.

Cantarella 1948 — Cantarella Raffaelle. Poeti bizantini. 2 vols. Milan: Vita e pensiero, 1948.

Channing 1950 — Channing William Ellery. Likeness to God // The Transcendentalists: An Anthology / ed. by Perry Miller, Cambridge, MA: Harvard University Press, 1950. P. 21–25.

Chartularium Universitatis Parisiensis 1889 — Chartularium Universitatis Parisiensis. Contulit Henricus Denifle auxiliante Aemilio Chatelain. T. I. Paris: Ex typis fratum Delalain, 1889.

David 1904 — David. In Porphyrii Isagogen Prooemium // Commentaria in Aristotelem Graeca. Vol. XVIII. Pars II. Berlin: Georg Reimer, 1904. P. 95–219.

Demetrios Kydones 1931 — Demetrios Kydones. Apologie della propria fede // Notizie di Procoro e Demetrio Cidone / ed. by Giovanni Mercati. Studi e Testi, 56. Vatican: Biblioteca apostolica vaticana, 1931. P. 359–435.

Ein Russicher Pilgrimleben 1925 — Ein russisches Pilgerleben. Trans. Reinhold von Walter. Berlin: Petropolis, 1925.

Elias 1900 — Elias. In Porphyrii Isagogen et Aristotelis Categorias Commentaria // Commentaria in Aristotelem Graeca. Vol. XVIII. Pars I. Berlin: Georg Reimer, 1900.

Gregory of Sinai, a — Gregory of Sinai, Capita valde utilia per acrostichi-dem, in PG, 150: 1281–1282 (translation from Gregory of Sinai, «Texts on Commandments and Dogmas», in Writings from the Philokalia, 64–65).

Gregory of Sinai, b — Gregory of Sinai, Capita valde utilia per acrostichi-dem Brought to you by | provisional account, 117:240 in PG, 150:1281C–D.

Jāmī 1958 — Maulānā 'Abdurrāmān Jāmī. Nafaāt al-uns / ed. Mahdī Tawīdīpūr. Tehran: Sa'di, 1958.

John Italos 1956 — Quaestiones quodlibetales: Apopiai kai lyseis / ed. by Perikles-Ierre Joannou. Studia patristica et byzantina, 4. Ettal: Buch-Kunst-verlag, 1956.

John of Nikiu 2007 — The Chronicle of John, Bishop of Nikiu. Translated from Zotenberg's Ethiopic Text. Trans. R. H. Charles. Merchantville: Evolution Publishing, 2007.

Kepler 1940 — Kepler Johannes. Gesammelte Werke. Band IV. Kleinere Schriften 1692/1611. Dioptrice. Herausgegeben von Max Caspar und Franz Hammer. Munchen: C. H. Beck'sche Verlagsbuchhandlung, 1940.

Kepler 1941 — Kepler Johannes. Gesammelte Werke. Band VI. Harmonice Mundi Herausgegeben von Max Caspar. Munchen: C. H. Beck'sche Verlags-buchhandlung, 1941.

La méthode d'oraison hésychaste 1927 — La méthode d'oraison hésy-chaste // Orientalia Christiana Analecta. 1927. Vol. 36. P. 164–165.

Lanfranc — Lanfranc. De corpore et sanguine Domini: Adversus Beren-garium Turonensem, in PL, 150: col. 427.

Lanfrancus 1854 — De corpore et sanguine Domini: Adversus Beren-garium Turonensem // Patrologia Latina / ed. J.-P. Migne. Paris: Apud Gar-niere Fratres, 1854. T. 150. Cols. 407–442.

Leontios 1863 — Leontios. Libri tres contra Nestorianos et Eutychianos // Patrologia Graeca / ed. J.-P. Migne. Paris: Apud Garniere Fratres, 1863. T. 86. Pt. 1. Cols. 1267–1398.

Matthew Paris 1880 — Matthew Paris. Chronica Majora / ed. by Henry Richards Luard. Vol. 5: A.D. 1248 to A.D. 1259. London: Longman, 1880.

Michael the Monk — Michael the Monk. Vita et conversatio Theodori abbatis monasterii Studii. In PG, 99: cols. 113–328.

Nikolaos Mesarites 1957 — Nikolaos Mesarites. Description of the Church of the Holy Apostles at Constantinople / ed. and trans. Glanville Downey // Transactions of the American Philosophical Societ. New Series. 1957. Vol. 47. Pt. 6. P. 855–924.

Proclus 1873 — Procli Diadochi in primum Euclidis Elementorum librum commentarii. Ex recognition Godofredi Friedlein. Leipzig: B. G. Teubner, 1873.

Psell 1936 —Michaelis Pselli Scripta minora. magnam partem adhuc inedita / ed. Edward Kurtz, Francis Drexl. Milan: Società editrice «Vite e pensiero», 1936. Vol. 1.

Roscellinus 1855 — Roscellinus. Quae est Roscelini ad P. Abaelardum // Patrologia Latina / ed. J.-P. Migne. Paris: Apud Garniere Fratres, 1855. T. 178. Cols. 357–372.

Sancti Bernardi abbatis Clarae-Vallensis Opera Omnia — Sancti Bernardi abbatis Clarae-Vallensis Opera Omnia / ed. John Mabillon, 6 vols., 4th ed. (Paris: Gaume Fratres, 1839).

Scholastic Miscellany 1956 — Scholastic Miscellany: Anselm to Ockham / ed. and translated by Eugene R. Fairweather. Library of Christian Classics, 10. Philadelphia: Westminster Press, 1956.

Social and Political Thought in Byzantium 1957 — Social and Political Thought in Byzantium: From Justinian I to the Last Palaeologus. Passages from Byzantine writers and documents translated with an introduction and notes by Ernest Barker. Oxford: Clarendon Press, 1957.

The Logika of the Judaizers 2016 — The Logika of the Judaizers: A Fifteenth-Century Ruthenian Translation from Hebrew / trans. and commentary by Moshe Taube. Jerusalem: Israel Academy of Sciences and Humanities, 2016.

The Way of a Pilgrim 1930 — The Way of a Pilgrim Trans. R. M. French. London: Society for Promoting Christian Knowledge, 1930.

Tzetzes 1968 — Tzetzes John. Historiae / ed. by Peter Aloisius M. Leone. Naples: Liberia Scientifica editrice, 1968.

University Records and Life in the Middle Ages 1944 — University Records and Life in the Middle Ages / ed. by Lynn Thorndike. New York: Columbia University Press, 1944.

Valerianus Cemeliensis 1845 — Homilia V: De oris insolentia // Patrologia Latina / ed. J.-P. Migne. Paris: Apud Garniere Fratres, 1845. T. 52. Cols. 706–9.

Литература

Алексеев 1996 — Алексеев А. А. Кое-что о переводах в Древней Руси (по поводу статьи Фр. Дж. Томсона «Made in Russia») // Труды Отдела древнерусской литературы. СПб.: Дмитрий Буланин, 1996. Т. 49. С. 278–296.

Бартлетт 2007 — Бартлетт Роберт. Становление Европы: Экспансия, колонизация, изменения в сфере культуры. 950–1350 гг. / Пер. с англ. М.: РОССПЭН, 2007.

Бобров 2004 — Бобров А. Г. К вопросу о времени и месте создания Летописца Еллинского и Римского второй редакции // Труды Отдела древнерусской литературы. СПб.: Дмитрий Буланин, 2004. Т. 55. С. 82–90.

Богдановић 1979 — Богдановић Димитрије. Епистлолије Кир Силуанове // Зборник Философског факултета. Књига XIV-1. Београд, 1979. С. 183–209.

Васильев 1998 — Васильев А. А. История Византийской империи. От начала Крестовых походов до падения Константинополя. СПб.: Алетейя, 1998.

Водолазкин 2000 — Водолазкин Е. Г. Всемирная история в литературе Древней Руси. Munich: Verlag Otto Sagner, 2000.

Гаспаров 2003 — Гаспаров М. Л. Очерк истории европейского стиха. М.: Фортуна Лимитед, 2003.

Голубинский 1900 — Голубинский Е. Е. История русской церкви. Т. 1. М., 1901–1904.

Гончарко 2018 — Гончарко О. Ю. Становление логических идей в Византии в период второго иконоборчества: Феодор Студит и проблема тождества // Логико-философские штудии. Т. 16. № 4. С. 350–367.

Грамши 1991 — Грамши А. Тюремные тетради. В 3. Ч. Ч. 1. Пер. с. ит. М.: Политиздат, 1991.

Данилевский 2004 — Данилевский И. Н. Повесть временных лет: Герменевтические основы изучения летописных текстов. М.: Аспект-Пресс, 2004.

Еремин 1966 — Еремин И. П. Литература Древней Руси: (Этюды и характеристики). М.; Л., Наука, 1966.

Живов 2000 — Живов В. М. Особенности рецепции византийской культуры в Древней Руси // Из истории русской культуры (Древняя Русь). М.: Языки русской культуры, 2000. Т. 1.С. 586–617.

Живов 2002 — Живов В. М. Разыскания в области истории и предыстории русской культуры. М.: Языки русской культуры, 2002.

Зимин 1982 — Зимин А. А. Россия на рубеже XV–XVI столетий (очерки социально-политической истории). М.: Мысль, 1982.

Каган, Понырко, Рождественская 1980 — Каган М. Д., Понырко Н. В., Рождественская М. В. Описание сборников XV в. книгописца Ефросина // Труды Отдела древнерусской литературы. Л.: Наука. Ленинградское отделение, 1980. Т. 35. Рукописное наследие Древней Руси. С. 3–300.

Казакова, Лурье 1955 — Казакова Н. А., Лурье Я. С. Антифеодальные еретические движения на Руси XIV — начала XVI в. М.; Л.: Изд-во АН СССР, 1955.

Кларк 2021 — Кларк Кеннет. Цивилизация / пер. с англ. Н. Роговской. М.: Колибри, 2021.

Ключевский 1871 — Ключевский В. О. Древнерусские жития святых как исторический источник. М.: Изд. К. Солдатенкова, 1871.

Ковтун 1963 — Ковтун Л. С. Русская лексикография эпохи средневековья. М.; Л.: Издательство АН СССР, 1963.

Лихачев 1973 — Лихачев Д. С. Развитие русской литературы X–XVII веков: Эпохи и стили. Л.: Наука, 1973.

Лосский 1972 — Лосский В. Н. Очерк мистического богословия восточной церкви // Богословские труды. 1972. № 8. С. 7–128.

Лурье 1961 — Лурье Я. С. Литературная и культурно-просветительная деятельность Ефросина в конце XV в. // Труды Отдела древнерусской литературы. М.; Л.: Наука, 1961. Т. 17. С. 130–168.

Максимович 2004 — Максимович К. А. Заметки к дискуссии о древнерусских переводах с греческого // Русская литература. 2004. № 1. С. 57–73.

Манукян 2013 — Манукян А. М. Западные и южные врата собора Рождества Богородицы в Суздале как памятник русской художественной культуры конца XII — первой трети XIII века: Автореферат диссертации на соискание ученой степени кандидата искусствоведения. М.: МГУ, 2013.

Мейендорф 1997 — Мейендорф Иоанн. Жизнь и труды Григория Паламы: введение в изучение / пер. Г. И. Начинкина под ред. И. П. Медведева и В. М. Лурье. СПб.: Византинороссика, 1997 (Subsidia Byzantinorossica. Т. 2).

Мейендорф 2000 — Мейендорф Иоанн. Святой Григорий Палама и православная мистика // Мейендорф Иоанн. История Церкви и восточнохристианская мистика. М.: Институт ДИ-ДИК, 2000. С. 277–333.

Мошин 1940 — Мошин В. А. Житие старца Исаии, игумена Русского монастыря на Афоне // Сборник Русского археологического общества в королевстве Югославии. Вып. 3. Белград: Русская типография С. Филонова, 1940. С. 125–167.

Пентковский 2018 — Пентковский А. М. История текста и автор «Откровенных рассказов странника» // Богословские труды. 2018. № 47–48. С. 343–448.

Пёрсиг 2012 — Пёрсиг Роберт. Дзен и искусство ухода за мотоциклом: исследование ценностей / пер. с англ. М. В. Немцова. М.: АСТ: Астрель, 2012.

Пиотровская 1998 — Пиотровская Е. К. Византийские хроники IX в. и их отражение в памятниках славяно-русской письменности

(Летописец вскоре Константинопольского патриарха Никифора). СПб.: Дмитрий Буланин, 1998 (Православный палестинский сборник. Вып. 34 (97)

Пичхадзе 2011 — Пичхадзе А. А. Переводческая деятельность в до-монгольской Руси : лингвистический аспект. М: НП «Рукописные памятники. Древней Руси», 2011.

Приселков 2002 — Приселков М. Д. Троицкая летопись: реконструкция текста. СПб.: Наука, 2002.

Прохоров 1974а — Прохоров Г. М. Автографы Нила Сорского // Памятники культуры. Новые открытия. Письменность. Искусство. Археология. Ежегодник 1974. М.: Наука, 1975. С. 37–54.

Прохоров 1974б — Прохоров Г. М. Послания Нила Сорского // Труды Отдела древнерусской литературы. Л.: Наука. Ленинградское отделение, 1974. Т. XXIX. С. 125–143.

Прохоров 2014 — Прохоров Г. М. Древнерусское летописание. Взгляд в неповторимое. М.: Институт русской цивилизации; СПб.: Издательство Олега Абышко, 2014.

Ранчин, Лаушкин 2002 — Ранчин А.М., Лаушкин А.В. К вопросу о библеизмах в древнерусском летописании // Вопросы истории. 2002. № 1. С. 125–137.

Савва 1901 — Савва В. И. Московские цари и византийские василевсы: К вопросу о влиянии Византии на образование идеи царской власти московских государей. Харьков: Типография и Литография М. Зильберберг и С-вья, 1901.

Самодурова 1962 — Самодурова З. Г. К вопросу о малых византийских хрониках // Византийский временник. М.: Издательство АН СССР, 1962. Т. 21. С. 127–147.

Синицына 1998 — Синицына Н. Н. Третий Рим: истоки и эволюция русской средневековой концепции (XV–XVI вв). М.: Индрик, 1998.

Станков 2002 — Станков Ростислав. Время и место древнейших славянских переводов. (На материале славянского перевода Жития Андрея Юродивого). София: Херон Прес, 2002.

Суханова 1999 — Суханова Е. Н. О первоначальной редакции славянского перевода «Диалектики» св. Иоанна Дамаскина XIV в. // Труды Отдела древнерусской литературы. СПб.: Дмитрий Буланин, 1999. Т. 51. С. 324–336.

Трендафилов 1996 — Трендафилов Христо. Переводы «Богословия» Иоанна Дамаскина в русской и славянской филологии // Труды Отдела древнерусской литературы. СПб.: Дмитрий Буланин, 1996. Т. 50. С. 658–667.

Трифуновић 1980 — Трифуновић Ђорђе. Писац и преводилац инок Исаија. Крушевац: Багдала, 1980.

Трифуновић 1982 — Трифуновић Ђорђе. Речник уз српске преписе Лествице: Прилог познавању средњовековне лексикографије // Јужнословенскиј филолог. Београд: Институт за српскохрватски језик, 1982. Т. 38. С. 79–87

Фаль 2008 — Фаль С., Фаль Д. Исправления в автографе перевода Corpus areopagiticum slavicum (XIV в.) // ТОДРЛ. СПб.: Наука, 2008. Т. 59. С .213–244

Федотов 1952 — Федотов Г. П. Трагедия интеллигенции // Федотов Г. П. Новый град: сб. ст. Нью-Йорк: Изд-во им. Чехова, 1952. С. 9–58.

Федотов 2015 — Федотов Г. П. Собрание сочинений в 12 т. Т. 10: Русская религиозность. Часть I. Христианство Киевской Руси. X–XIII вв. М.: Sam & Sam, 2015.

Флоровский 2014 — Флоровский Г. В. Проблема древнерусской культуры / пер. с англ. К. Б. Ермишиной под ред. А. В. Черняева // Историко-философский ежегодник. 2014. Вып. 29. С. 257–277.

Хокинг 2001 — Хокинг С. Краткая история времени: от большого взрыва до черных дыр / пер. с англ. Н. Смородинской. СПб.: Амфора 2001.

Шибаев 2016 — Шибаев М.А. Дьяк Олешка Павлов и книгописное дело в Кирилло-Белозерском монастыре в первой половине XV века // Вестник ВолГУ. Серия 4, История. Регионоведение. Международные отношения. 2016. Т. 21. № 4. С. 56–62.

Щапова 1972 — Щапова Ю. Л. Стекло Киевской Руси. М.: Издательство Московского университета, 1972.

Эко 1989 —Умберто Эко. Имя розы / пер. с итал. Е. А. Костюкович. М.: Изд-во «Книжная палата», 1989.

Abelard 1976–1977 — Abelard Peter. Sic et non: A Critical Edition. Edited by Blanche Boyer and Richard McKeon. Chicago: University of Chicago Press, 1976–1977.

Abelard 1988 — Abelard Peter. Prologue to the Yes and No // Medieval Literary Theory and Criticism с. 1100-с.1375. Edited by A. J. Minnis and A. B. Scott. Oxford: Clarendon Press, 1988. P. 87–100.

Abraham 1983 — Abraham Gary A. Misunderstanding the Merton Thesis: A Boundary Dispute between History and Sociology // Isis. 1983. Vol. 74. P. 373.

Abū Naṣr ʾAbd Allāh ibn ʾAlī Sarrāj 1914 — Abū Naṣr ʾAbd Allāh ibn ʾAlī Sarrāj. The Kitáb al-luma' fi 'l-Taṣawwuf of Abú Naṣr 'Abdallah b. 'Alí al-Sarráj al-Ṭúsí / ed. Reynold Alleyne Nicholson (Leiden: Brill, 1914).

A Christian's Guide to Greek Culture 2001 — A Christian's Guide to Greek Culture: The PseudoNonnus Commentaries on Sermons 4, 5, 39, and 43 by Gregory of Nazianzus. Edited by J. Nimmo Smith. Liverpool: Liverpool University Press, 2001.

Adams 1950 — Adams Henry. Mont-Saint-Michel and Chartres. London: Constable, 1950.

Alef 1986 — Alef Gustav. The Origins of Muscovite Autocracy: The Age of Ivan III. Leipzig: Harrassowitz, 1986.

Allott 1974 — Allott Stephen. Alcuin of York c. A.D. 732 to 804. York: William Sessions, 1974.

Altaner 1967 — Altaner Berthold. Augustinus in der griechischen Kirche bis auf Photius // Altaner Berthold. Kleine patristische Schriften / ed. by Günter Glockmann. Berlin: Akademie Verlag, 1967. P. 75–98.

Andreyev 1962 — Andreyev Nikolay. Pagan and Christian Elements in Old Russia // Slavic Review. 1962. Vol. 21. Issue 1. P. 16–23.

Androshchuk 2013 — Androshchuk Fedir. Vikings in the East: Essays on Contacts along the Road to Byzantium (800–1100). Uppsala University Press, 2013.

Androshchuk 2016 — Androshchuk Fedir. Images of Power: Byzantium and Nordic Coinage c.995–1035. Kiev: Laurus, 2016.

Angelov 2009 — Angelov Dimiter G. Emperors and Patriarchs as Ideal Children and Adolescents: Literary Conventions and Cultural Expectations // Becoming Byzantine: Children and Childhood in Byzantium / ed. Arietta Papaconstantinou and Alice-Mary Talbot. Washington, DC: Dumbarton Oaks Research Library and Collection, 2009. P. 85–125.

Anonymi logica et quadrivium cum scholiis 1928-1929 — Anonymi logica et quadrivium cum scholiis. Edidit J. L. Heiberg. Copenhagen 1928–1929.

Armstrong 1973 — Armstrong A. Hilary. Neo-Platonism // Dictionary of the History of Ideas: Studies of Selected Pivotal Ideas. 5 vols / ed. by Philip P. Wiener. New York: Charles Scribner's Sons, 1973. Vol. 3. P. 371–378.

Artz 1980 — Artz Frederick B. The Mind of the Middle Ages: An Historical Survey A.D. 200–1500. 3rd ed. Chicago: University of Chicago Press, 1980.

Augustine 1998 — Augustine. The City of God against the Pagans. Edited and translated by R.W. Dyson. Cambridge: Cambridge University of Press, 1998.

Baldwin 1976 — Baldwin John W. Studium et regnum: The Penetration of University Personnel into French and English Administration at the Turn of the Twelfth and Thirteenth Centuries // Revue des études islamiques. 1976. № 44. P. 199–215.

Beck 1978 — Beck Hans Georg. Das byzantinische Jahrtausend. Munich: C. H. Beck, 1978.

Bennett 1987 — Bennett Beth Susan. The Significance of the Rhetorimachia of Anselm de Besate to the History of Rhetoric // Rhetorica: A Journal of the History of Rhetoric. 1987. Vol. 5. P. 231–250.

Berkowitz 1968 — Berkowitz David Sandler. The Remembrance of Creation: Evolution of Art and Scholarship in the Medieval and Renaissance Bible. Waltham: Brandeis University Press, 1968.

Berman 1983 — Berman Harold J. Law and Revolution: The Formation of the Western Legal Tradition. Cambridge, MA: Harvard University Press, 1983.

Bigg 1886 — Bigg Charles. The Christian Platonists of Alexandria. Oxford: Clarendon Press, 1886.

Billington 1962 — Billington James. Images of Muscovy // Slavic Review. 1962. Vol. 21. Issue 1. P. 24–34.

Bloch 2014 — Bloch David. John of Salisbury on Science and Knowledge // A Companion to John of Salisbury / ed. by Christophe Grellard and Frederique Lachaud. Leiden: Brill, 2014. P. 289–306.

Bocheński 1961 — Bocheński I. M. A History of Formal Logic / translated and edited by Ivo Thomas. South Bend: University of Notre Dame Press, 1961.

Boeck, Martin, Rowland 2012 — Dubitando: Studies in History and Culture in Honor of Donald Ostrowski. Edited by Brian J. Boeck, Russell E. Martin and Daniel Rowland. Bloomington, IN: Slavica Publishers, 2012.

Bosley 1980 — Bosley Richard. A History of the Veneration of SS. Theodosij and Antonij of the Kievan Caves Monastery, from the Eleventh to the Fifteenth Century. PhD dissertation, Yale University, 1980.

Bréhier 1926 — Bréhier Louis. Notes sur l'histoire de l'enseignement supérieur á Constantinople // Byzantion. Revue internationale des études Byzantines. 1926. T. 3. P. 73–94.

Bréhier 1937 — Bréhier Emile. Philosophie du Moyen Age. Paris: Albin Michel, 1937.

Bréhier 1963–1969 — Bréhier Emile. The History of Philosophy / trans. Wade Baskin. 7 vols. Chicago: University of Chicago Press, 1963–1969. Vol. 3. The Middle Ages and the Renaissance.

Browning 1975 — Browning Robert. Enlightenment and Repression in Byzantium in the Eleventh and Twelfth Centuries // Past and Present. 1975. Vol. 69. P. 3–23.

Buckler 1943 — Buckler Georgina. Byzantine Education // Byzantium: An Introduction to East Roman Civilization / ed. by Norman H. Baynes and H. St. L. B. Moss. Oxford: Clarendon Press, 1943. P. 206–220.

Byzantium and the Viking World 2016 — Byzantium and the Viking World. Edited by Fedir Androshchuk, Jonathan Shepard, Monica White. Uppsala: Uppsala University Press, 2016.

Chenu 1968 — Chenu Marie-Dominique. Nature, Man, and Society in the Twelfth Century: Essays on New Theological Perspectives in the Latin West. Translated by Jerome Taylor and Lester K. Little. Chicago: University of Chicago Press, 1968

Clarke 1982 — Clarke William Norris. The Problem of the Reality and Multiplicity of Divine Ideas in Christian Neoplatonism // Neoplatonism and Christian Thought / ed. by Dominic J. O'Meara. Norfolk, VA: International Society for Neoplatonic Studies; Albany: State University of New York Press, 1982. P. 109–127.

Clucas 1981 — Clucas Lowell. The Trial of John Italos and the Crisis of Intellectual Values in Byzantium in the Eleventh Century. Munich: Institut für Byzantinistik, Neugriechische Philologie und Byzantinische Kunstgeschichte der Universität, 1981.

Conley 1986 — Conley Thomas. Byzantine Teaching on Figures and Tropes: An Introduction // Rhetorica. 1986. Vol. 4. P. 335–74.

Cook, Herzman 1983 — Cook William R., Herzman Ronald B. The Medieval World View: An Introduction. New York: Oxford University Press, 1983.

Copeland 1991 — Copeland Rita. Rhetoric, Hermeneutics, and Translation in the Middle Ages. Cambridge: Cambridge University Press, 1991.

Copleston 1972 — Copleston Frederick Charles. A History of Medieval Philosophy. New York: Harper & Row, 1972.

Corbin 1993 — Corbin, Henry. History of Islamic Philosophy / translated by Liadan Sherrard with the assistance of Philip Sherrard. London: Kegan Paul International, 1993.

Craig 1987 — Craig Edward. The Mind of God and the Works of Man. Oxford: Clarendon Press, 1987.

Cribiore 2001 — Cribiore Raffaella. Gymnastics of the Mind: Greek Education in Hellenistic and Roman Egypt. Princeton: Princeton University Press, 2001.

Dabashi 2015 — Dabashi Hamid. Can Non-Europeans Think. London: Zed Books, 2015.

Dalrymple 1997 — Dalrymple William. From the Holy Mountain: A Journey among the Christians of the Middle East. New York: Henry Holt, 1997.

Davis 1991 — Davis Paul. The Mind of God: The Scientific Basis for a Rational World. New York: Simon and Schuster, 1991.

Das Corpus des Dionysios Areiopagites — Das Corpus des Dionysios Areiopagites in der slavischen Übersetzung von Starec Isaija (14. Jahrhundert). Herausgegeben. unter der Leitung von Hermann Goltz and Gelian Michajlovič Prochorov. Freiburg and Berlin: Weiher; St. Petersburg: Russische National-bibliothek, 2010–<2013>.

Decolonizing Enlightenment 2014 — Decolonizing Enlightenment. Transnational Justice, Human Rights and Democracy in a Postcolonial World. Edited by Nikita Dhawan (Berlin: Barbara Budrich Publishers, 2014.

Deerr 1949 —Deerr Noel. The history of sugar. Vol. 1–2. London: Chapman and Hall, 1949.

De Michelis 1993 — De Michelis Cesare G. La Valdesia di Novgorod: «Giudaizzanti» e prima riforma (sec. XV). Torino: Claudiana, 1993.

Dekkers 1953 — Dekkers E. Les traductions grecques des écrits patristiques latin // Sacris Erudiri. 1953. № 5. P. 193–233.

Detoraki 1979 — Detoraki Theokhari. Kosmas o Melodos. Bios kai erga. Thessaloniki: Patriarkhikon Idryma Paterikon Meleton, 1979.

Djino 2010 — Djino Daniel. Becoming Slav, Becoming Croat: Identity Transformations in Post-Roman and Early Medieval Dalmatia. Leiden/Boston: Brill, 2010.

Diller 1945 — Diller Aubrey. The Byzantine Quadrivium // Isis. 1945. Vol. 36. P. 132.

Downey 1957 — Glanville Downey / trans. and ed., «Nikolaos Mesarites: Description of the Church of the Holy Apostles at Constantinople», Transactions of the American Philosophical Society, NS, 47, pt. 6 (1957): 894.

Dvornik 1956 — Dvornik Francis. Byzantine Political Ideas in Kievan Russia //Dumbarton Oaks Papers. 1956. Vol. 9. P. 73–121

Dvornik 1970 — Dvornik Francis. Byzantine Missions among the Slavs: SS. ConstantineCyril and Methodius. New Brunswick: Rutgers University Press, 1970.

Dupuche 2000 — Dupuche John R. Yoga and Hesychasm // Orientale Lumen, Australasia / Oceania 2000, Proceedings, July 9–12, 2000 / ed. by Lawrence Cross and Edward Morgan. Melbourne: Australian Catholic University, 2000. P. 69–80.

Dupuche 2003 — Dupuche John R. Sufism and Hesychasm // Prayer and Spirituality in the Early Church. 6 vols / ed. by Bronwen Neil, Geoffrey

D. Dunn, and Lawrence Cross, Everton Park: Centre for Early Christian Studies, Australian Catholic University, 2003. Vol. 3. P. 335–344.

Ebbesen 1992 — Ebbesen Stan. Western and Byzantine Approaches to Logic //Cahiers de l'Institut du Moyen-Âge Grec et Latin. 1992. Vol. 62. P. 167–178.

Ebbesen 1996 — Ebbesen Stan. Greek and Latin Medieval Logic // Cahiers de l'Institut du Moyen-Âge Grec et Latin. 1996. Vol. 66. P. 67–95

Ebbesen 2007 — Ebbesen Sten. Greek-Latin Philosophicфal Interaction. Aldershot: Ashgate, 2007.

Ebbesen 2015 — Ebbsen Stan. The Posterior Analytics 1100–1400 in East and West // Raison et démonstration. Les commentaires médiévaux sur les Seconds Analytiques. Edited Joel Biard. Turnhout:Brepols, 2015. P. 11–30.

Evans 1970 — Evans David Beecher. Leontius of Byzantium: An Origenist Christology. Washington, DC: Dumbarton Oaks, Center for Byzantine Studies, 1970.

Fahl 2004 — Fahl Sabine, Fahl Dieter. Isaija Philologos — der slavische Übersetzer des Corpus areopagiticum als Sprachpfleger // Преводите през XIV столетие на Балканите: Доклади от международната конференция, София, 26–28 юни 2003. София, 2004. С. 287–308.

Fedotov 1946 — Fedotov George P. The Russian Religious Mind: Kievan Christianity: The Tenth to the Thirteenth Centuries. New York: Harper & Row, 1946.

Field 1988 — Field J. V. Kepler's Geometrical Cosmology. Chicago: University of Chicago Press, 1988.

Florovsky 1959 — Florovsky George. The Predicament of the Christian Historian // Religion and Culture: Essays in Honor of Paul Tillich. Edited by Walter Leibrecht. New York: Harper, 1959. P. 140–166.

Florovsky 1962 — Florovsky Georges. The Problem of Old Russian Culture // Slavic Review. 1962. Vol. 21. Issue 1. P. 1–15.

Florovsky 1962a — Florovsky Georges. Reply // Slavic Review. 1962. Vol. 21. Issue 1. P. 35–42.

Franklin 1986 — Franklin Simon. The Reception of the Byzantine Culture by the Slavs // The 17th International Congress of Byzantine Studies. New York: New Rochelle, 1986. P. 383–397.

Franklin 1992 — Franklin Simon. Greek in Kievan Rus' // Dumbarton Oaks Papers. 1992. Vol. 46. P. 69–81.

Franklin 2001 — Franklin Simon. По поводу «интеллектуального молчания» Древней Руси // Russia mediaevalis. 2001. Vol. 10. P. 262–270.

Franklin 2002 — Franklin Simon. Writing, Society and Culture in Early Rus, c. 950–1300. Cambridge: Cambridge University Press, 2002.

Franklin, Shepard 1996 — Franklin Simon, Shepard Jonathan. The Emergence of Rus': 950–1300. London and New York: Longman, 1996.

Gardet 1952–1953 — Gardet Louis. Un problème de mystique comparée: la mention du Nom divin (dhikr) dans la mystique musulmane // Revue Thomiste. 1952. № 3. P. 642–79; 1953. № 4. P. 197–216.

Gasquet 1897 — Gasquet Francis Aidan. The Old English Bible: And Other Essays. London: John C. Nimmo, 1897.

Geanakoplos 1984 — Byzantium: Church, Society, and Civilization Seen through Contemporary Eyes / ed. and trans. Deno John Geanakoplos. Chicago: University of Chicago Press, 1984.

Gilson 1952 — Gilson Etienne. La philosophie au moyen age des origines patristiques à la fin du XIVe siècle. 2 vols. Paris: Payot, 1952.

Gilson 1955 — Gilson Etienne. History of Christian Philosophy in the Middle Ages. New York: Random House, 1955.

Gimpel 1976 — Gimpel Jean. The Medieval Machine: The Industrial Revolution of the Middle Ages. New York: Holt, Rinehart and Winston, 1976.

Goldblatt 1991a — Goldblatt Harvey. Godlike «Simplicity» Versus Diabolic «Craftiness»: On the Signficance of Ivan Vyshenskyi's «Apology for the Slavic Language» // In Living Record: Essays in Memory of Constantine Bida (1916–1979) / ed. by Irena R. Makaryk, Ottawa: University of Ottawa Press, 1991. P. 3–22.

Goldblatt 1991b — Goldblatt Harvey. On the Language Beliefs of Ivan Vyshens'kyj and the Counter-Reformation // Harvard Ukrainian Studies. 1991. Vol. 15. P. 7–34.

Goldfrank 2008 — David Goldfrank. Toward a Study of Nil Sorsky // Nil Sorsky: The Authentic Writings (hereafter NSAW) / ed. and trans. David M. Goldfrank. Kalamazoo: Cistercian Publications, 2008.

Goldfrank 2012 — Goldfrank David. Adversus Haereticos Novgorodensos: Iosif Volotskii's Rhetorical Syllogisms // Dubitando: Studies in History and Culture in Honor of Donald Ostrowski / ed. by Brian J. Boeck, Russell E. Martin, and Daniel Rowland Bloomington: Slavica, 2012. P. 245–274.

Goncharko 2017 — Goncharko Oksana, Goncharko Dmitrii. A Byzantine Logician's "Image" within the Second Iconoclastic Controversy. Nikephoros of Constantinople // Scrinium. 2017. Vol. 13. P. 291–308.

Gordon 1974 — Gordon Cyril. Riddles in History. New York: Crown, 1974.

Gouillard 1967 — Gouillard Jean. Le Synodikon de l'Orthodoxie. Edition et commentaire // Travaux etmémoires. 1967. T. 2. P. 1–316.

Grabmann 1916 — Grabmann Martin. Forschungen über die lateinischen Aristotelesübersetzungen des XIII. Jahrhunderts. Münster: Aschendorff, 1916.

Grabmann 1926–1956 — Grabmann Martin. Aristoteles im 12. Jahrhundert // Grabmann Martin. Mittelalterliches Geistleben. Abhandlungen zur Geschichte der Scholastik und Mystik. Bd. 1–3. Munich: Max Hueber, 1926–1956.

Hall 1872 — Hall Edward Henry. Theology Considered as a Science // The Index (Toledo, OH). 1872. № 3 (September 21). P. 297–298.

Hahn 2012 — Hahn Scott W. The Kingdom of God as Liturgical Empire: A Theological Commentary on 1–2 Chronicles. Grand Rapids, MI: Baker Academic, 2012.

Hamburg 2016 — Hamburg Gary M. Russia's Path toward Enlightenment: Faith, Politics, and Reason, 1500–1801. New Haven: Yale University Press, 2016.

Hamilton 1853 — Hamilton William. Discussions on Philosophy and Literature. New York: Harper & Brothers, 1853.

Harnack 1886–1890 — Harnack Adolf von. Lehrbuch der Dogmengeschichte. 3 vols in 2. Freiburg im Breisgau: Akademische Verlagsbuchhandlung von J. C. B. Mohr, 1886–1890.

Harris 1976 — Harris R. Baine. Brief Description of Neoplatonism // The Significance of Neoplatonism / ed. by R. Baine Harris. Norfolk, VA: International Society for Neoplatonic Studies, old Dominion University; Albany: State University of New York, 1976. P. 1–20.

Haskins 1920 — Haskins Charles Homer. The Greek Element in the Renaissance of the Twelfth Century // American Historical Review 1920. Vol. 25. P. 603–615.

Haskins 1927a — Haskins Charles Homer. Studies in the History of Mediaeval Science. Cambridge, MA: Harvard University Press, 1927.

Haskins 1927b — Haskins Charles Homer. The Renaissance of the Twelfth Century. Cambridge MA: Harvard University Press, 1927.

Hauréau 1890–1893 — Hauréau Barthelemy. Notices et extraits de quelques manuscrits latines de la Bibliothèque Nationale. T. 1–6. Paris: Klincksieck, 1890–1893.

Hausherr 1927 — Hausherr Irénée. La méthode d'oraison hésychaste // Orientalia Christiana Analecta. 1927. Vol. 36. P. 101–209.

Heer 1962 — Heer Friedrich. The Medieval World: Europe 1100 to 1350 / translated by Janet Sondheimer. London: Weidenfeld and Nicolson, 1962.

Heisenberg 1908 — Heisenberg, August. Grabeskirche und Apostelkirche. Zwei Basiliken Konstantins: Untersuchungen zur Kunst und Literatur des ausgehenden Altertums. 2 Bd. Leipzig: J. C. Hinrichs, 1908.

Hellemans 2014 — Hellemans Babette. Introduction // Rethinking Abelard: A Collection of Critical Essays. Leiden: Brill, 2014. P. 1–8.

Hollingsworth 1992 — The Hagiography of Kievan Rus'/ Translated with an introduction by Paul Hollingsworth. Harward University Press, 1992 (Harvard Library of early Ukrainian literature: English translations. Vol. 2).

Hörandner, Grünbart 2003 — L' épistolographie et la poésie épigrammatique: projets actuels et questions de méthodologie ; actes de la 16e Table ronde organisée par Wolfram Hörandner et Michael Grünbart dans le cadre du XXe Congrès international des Études byzantines, Collège de France - Sorbonne, Paris, 19–25 Août 2001. Paris: EHESS, Centre d'études byzantines, néo-helléniques et sud-est européennes, 2003.

Howlett 1979 — Howlett Jana. The Heresy of the Judaizers and the Problem of the Russian Reformation. PhD dissertation. Oxford University, 1979.

Hunger 1978 — Hunger Herbert. Die hochsprachliche profane Literatur der Byzantiner. 2 Bd. Munich: C.H. Beck'sche Verlagsbuchhandlung (Oscar Beck), 1978.

Hussey 1963 — Hussey Joan Mervin. Church and Learning in the Byzantine Empire 867–1185. New York: Russell & Russell, 1963.

Hussey 1986 — Hussey Joan Mervin. The Orthodox Church in the Byzantine Empire. Oxford: Clarendon Press, 1986.

Ierodiakonou 2002 — Ierodiakonou Katerina. The Anti-Logical Movement in the Fourteenth Century // Byzantine Philosophy and Its Ancient Sources / ed. Katerina Ierodiakonou. Oxford: Oxford University Press, 2002. P. 219–236.

Ierodiakonou, Agiotis: 2019 — Ierodiakonou Katerina, Agiotis Nikos. The title of Aristotle's Prior Analytics // Aristotle and His Commentators: Studies in Memory of Paraskevi Kotzia. Edited by Pantelis Golitsis, Katerina Ierodiakonou. Thessaloniki: De Gruyter, 2019. P. 131–150.

Ignatios 1998 — Ignatios. The Life of Patriarch Nikephoros I of Constantinople / Translated by Elizabeth A. Fischer // Byzantine Defenders of Images. Edited by Alice-Mary Talbot. Washington: Dumbarton Oaks, 1998. P. 54–56.

Ioseph Bryenniou 1768 — Ioseph Monachou tou Bryenniou. Ta Heurethenta. Leipzig: n.p., 1768. Bd. 1–3.

Irwin 2014 — Irwin Robert. The real discourses of orientalism in After Orientalism. Critical Perspectives on Western Agency and Eastern Reappropriations. Edited by François Pouillon and Jean-Claude Vatin. Leiden: Brill, 2014. P. 18–30

Ivanov 2016 — Ivanov Sergei. The Second Rome as Seen by the Third: Russian Debates on 'the Byzantine legacy' //The Reception of Byzantium in European Culture since 1500. Edited by Przemsław Marciniak and Dion Smythe. Abingdon: Ashgate, 2016. P. 55–81.

Ivanova, Matejic 1993 — Ivanova Klimentina, Matejic Predrag. An Unknown Work of St. Romil of Vidin (Ravanica) // Palaeobulgarica. 1993. Vol. 17. No. 4. P. 3–15

Ivanova-Sullivan 2005 — Ivanova-Sullivan Tania D. Interpreting Medieval Literacy: Learning and Education in Slavia Orthodoxa (Bulgaria) and Byzantium in the Ninth to the Twelfth Centuries // Medieval Education. Edited by Begley R. B., Koterski J. W., New York: Fordham University Press, 2005. P. 50–67.

Iwakuma 1999 — Iwakuma Yukio. Pierre Abélard et Guillaume de Champeaux dans les premières années du XIIe: Une étude préliminaire // Langage, sciences, philosophie au XIIe siècle: actes de la table ronde internationale organisée les 25 et 26 mars 1998 par le Centre d'histoire des sciences et des philosophies arabes et médiévales (UPRESA 7062, CNRS/Paris VII/EPHE) et le Programme international de coopération scientifique (France — Japon) «Transmission des sciences et des techniques dans une perspective interculturelle» / ed. by Joël Biard. Paris: J. Vrin, 1999. P. 93–123.

Iwakuma 2004 — Iwakuma Yukio. Influence // The Cambridge Companion to Abelard / ed. by Jeffrey E. Brower and Kevin Guilfoy. Cambridge: Cambridge University Press, 2004. P. 306.

Ἰωάννης Μερκουρόπουλος 1897 — Ἰωάννης Μερκουρόπουλος. Βίος καὶ πολιτεία <...> Ἰωάννου τοῦ Δαμασκηνοῦ καὶ Κοσμᾶ // Ἀνάλεκτα Ἱεροσολυμιτικῆς σταχυολογίας. Τ. Δ΄. Πετρούπολη, 1897. Σσ. 303–350.

Jakobson 1981 — Jakobson Roman. Selected Writings iii: Poetry of Grammar and Grammar of Poetry. The Hague: De Gruyter, 1981.

Jagić 1867 — Jagić V. Historija Književnosti naroda Hrvatskoga i Srbskoga. Vol. 1. Staro doba. Zagreb: D. Albrecht, 1867.

Jones 1952 — Jones William T. A History of Western Philosophy. 3 vols. New York: Harcourt, Brace and World, 1952.

Kakridis 1988 — Kakridis Ioannis. Codex 88 des Klosters Dečani und seine griechischen Vorlagen. Ein Kapitel der serbisch-byzantinischen Literaturbeziehungen im 14. Jahrhundert Slavistiche Beitrage 233. Munich: Otto Sagner, 1988.

Kakridis, Taseva 2014 — Gegen die Lateiner: Traktate von Gregorios Palamas und Barlaam von Kalabrien in kirchenslavischer Übersetzung. Herausgegeben von Yannis Kakridis und Lora Taseva. Freiburg and Berlin: Weiher, 2014.

Kazhdan, Epstein 1985 — Kazhdan A. P., Epstein Wharton. Change in Byzantine Culture in the Eleventh and Twelfth Centuries. Berkeley: University of California Press, 1985.

Keller 1955 — Keller A. G. A Byzantine Admirer of 'Western' Progress: Cardinal Bessarion // The Cambridge Historical Journal. 1955. Vol. 11. No. 3. P. 343–348.

Kianka 1980 — Kianka Frances. The Apology of Demetrius Cydones: A Fourteenth-Century Autobiographical Source // Byzantine Studies. 1980. Vol. 7. P. 57–71.

Kibre, Siraisi 1978 — Kibre Pearl, Siraisi Nancy G. The Institutional Setting: The Universities // Science in the Middle Ages / ed. by David C. Lindberg, Chicago: University of Chicago Press, 1978. P. 120–144.

Klinkenberg 1976 — Klinkenberg Hans Martin. Der Verfall des Quadriviums im frühen Mittelalter // Artes liberals. Von der antiken Bildung zur Wissenschaft des Mittelalters / ed. by Josef Koch. Leiden: Brill, 1976. S. 1–32 (Studien und Texte zur Geistesgeschichte des Mittelalters. Bd. 5).

Kneale 1962 — Kneale William, Kneale Martha. The Development of Logic. Oxford: Clarendon Press, 1962.

Knowles 1962 — Knowles David. The Evolution of Medieval Thought. New York: Vintage, 1962.

Koch 1895a — Koch Hugo. Proklus, als Quelle des Pseudo-Dionysius, Areop // in der Lehrer vom Bosen // Philologus. 1895. Vol. 54. S. 438–454.

Koch 1895b — Koch Hugo. Der pseudepigraphische Charakter der dionysischen Schriften // Theologische Quartalschrift. Tübingen, 1895. Vol. 77. S. 353–420.

Kollmann 1990 — Kollmann Nancy Shields. Collateral Succession in Kievan Rus' // Harvard Ukrainian Studies. 1990. Vol. 14. P. 377–387.

Kriza 2016 — Kriza Ágnes. The Russian Gnadenstuhl // Journal of the Warburg and Courtauld Institutes. 2016. Vol. 79. P. 1–45, 27 plates.

Krumbacher 1897 — Krumbacher Karl. Geschichte der byzantinischen Litteratur. Von Justinian bis zum Ende oströmischen Reiches, 527–1453. 2nd ed. Munich: Beck, 1897.

Lauxtermann 2003 — Lauxtermann Marc D. Byzantine Poetry from Pisides to Geometres: Texts and Contexts. Vienna: Der Osterreichischen Akademie der Wissenschaften, 2003.

Le Goff 1981 — Le Goff Jacques. La naissance du Purgatoire. Paris: Editions Gallimard, 1981.

Leff 1958 — Leff Gordon. Medieval Thought: St. Augustine to Ockham. Baltimore: Penguin, 1958.

Leff 1968 — Leff Gordon. Paris and Oxford Universities in the Thirteenth and Fourteenth Centuries: An Institutional and Intellectual History. New York: John Wiley & Sons, 1968.

Lehmann 1984 — Lehmann Andrew George. The European Heritage: An Outline of Western Culture. Oxford: Phaidon, 1984.

Lemerle 1986 — Lemerle Paul. Byzantine Humanism: The First Phase. Notes and Remarks on Education and Culture from Its Origins to the 10th Century. Canberra: Australian Association for Byzantine Studies, 1986.

Liebeschütz 1967 — Liebeschütz Hans. Western Christian Thought from Boethius to Anselm // The Cambridge History of Later Greek and Early Medieval Philosophy / ed. by A. Hilary Armstrong. Cambridge: Cambridge University Press, 1967. P. 535–639.

Likhachev 1963 — Likhachev D. S. Further remarks on the problem of old Russian culture // Slavic Review. 1963. Vol. 22. № 1. P. 115–120.

Lloyd 1955 — Lloyd Antony Charles. Neoplatonic Logic and Aristotelian Logic // Phronesis: A Journal of Ancient Philosophy. 1955. Vol. 1. P. 58–72.

Lloyd 1967 — Lloyd Antony Charles. The Later Neoplatonists // Cambridge History of Later Greek and Early Medieval Philosophy / ed. by A. Hilary Armstrong. Cambridge: Cambridge University Press, 1967. P. 268–325.

Loofs 1887 — Loofs Friedrich. Leontius von Byzanz und die gleichnamigen Schriftsteller der griechischen Kirche. Leipzig: J. C. Hinrichs, 1887.

Lössl 2000 — Lössl Josef. Augustine in Byzantium // Journal of Ecclesiastical History. 2000. № 51. April. P. 267–295.

Lunt 1983 — Lunt Horace G. On the Izbornik of 1073 // Harvard Ukrainian Studies. 1983. Vol. 7. P. 359–376.

Luria 1984 — Luria Jakov S. [Лурье Я. С.]. Unresolved Issues in the History of the Ideological Movements of the Late Fifteenth Century // In Medieval Russian Culture / ed. by Henrik Birnbaum and Michael S. Flier. Berkeley: University of California Press, 1984. P. 150–163.

MacCulloch 2013 — MacCulloch Diarmaid. Silence: A Christian History. New York: Viking, 2013.

MacDonald 1930 — MacDonald Allan John. Berengar and the Reform of Sacramental Doctrine. London: Longmans, Green, 1930.

Magoulias 1982 — Magoulias Harry J. Byzantine Christianity: Emperor, Church and the West. Detroit: Wayne State University Press, 1982.

Malia 1961 — Malia Martin. Alexander Herzen and the Birth of Russian Socialism. Cambridge, MA: Harvard University Press, 1961.

Mango 1980 — Mango Cyril. Byzantium: The Empire of New Rome. New York: Charles Scribner's Sons, 1980.

Mango 1989 — Mango Cyril. The Tradition of Byzantine Chronography // Harvard Ukrainian Studies. 1988/1989. Vol. 12/13. P. 362–372.

Martin 2011 — Martin Janet. Medieval Russia 980–1584. Cambridge: Cambridge University Press, [1995] 2011. P. 24–64.

Matthews 1992 — Matthews Robert. Unravelling the Mind of God: Mysteries at the Frontiers of Science. London: Virgin, 1992.

McKeon 1973 — McKeon Richard. General Introduction // Introduction to Aristotle. 2nd ed. Chicago: University of Chicago Press, 1973.

Mbembe 1996 — Mbembe Achille. On the Postcolony. Berkeley and Los Angeles: University of California Press, 1996.

McCollum — Adam Carter McCollum. A Collection of Logical Texts in Syriac (ms Vat. sir. 158) // The Early and Middle Byzantine Tradition of Aristotelian Logic: the Road From Alexandria to Constantinople. P. 19–22. Url: https://9salt.univie.ac.at/bilder/01-RT_Early%20and%20Middle%20Byzantine%20Tradition.pdf (в настоящее время ресурс недоступен).

Merlan 1967 — Merlan Philip. Greek Philosophy from Plato to Plotinus // The Cambridge History of Later Greek and Early Medieval Philosophy / ed. by A. H. Armstrong. Cambridge: Cambridge University Press, 1967.

Mews 2001 — Mews Constant J. Abelard and His Legacy. Aldershot: Ashgate, 2001.

Meyendorff 1979 — Meyendorff John. Byzantine Theology, Historical Trends and Doctrinal Themes. New York: Fordham University Press, 1979.

Meyendorff 1982 — Meyendorff John. The Byzantine Legacy in the Orthodox Church. Crestwood, NY: St. Vladimir's Seminary Press, 1982.

Meyendorff 1983 — Meyendorff John. Byzantine Theology: Historical Trends and Doctrinal Themes, 2nd ed. New York: Fordham University Press, 1983.

Meyendorff 1986 — Meyendorff John. The Mediterranean World in the Thirteenth Century, Theology: East and West // The 17th International Byzantine Congress: Major Papers, Washington, DC, August 3–8, 1986. New Rochelle: A. D. Caratzas, 1986. P. 669–682.

Meyendorff 1989 — Meyendorff John. Byzantium and the Rise of Russia. Crestwood NY: svs Press, 1989.

Michelis 1952 — Michelis P. A. Neo-Platonic Philosophy and Byzantine Art // Journal of Aesthetics and Art Criticism.1952. Vol. 11. P. 21–45.

Mikhailova 2018 — Mikhailova Yulia. Property, Power, and Authority in Rus and Latin Europe, ca.1000–1236. Amsterdam: ArcPress, 2018.

Miliukov 1962 — Miliukov Paul. The Religious Tradition // Miliukov Paul. Russia and Its Crisis. New York: Collier, 1962. P. 60–104.

Moffat 1979 — Moffat Ann. Early Byzantine School Curricula and a Liberal Education // Byzance et les Slaves. Etudes des Civilisation. Mélanges Ivan Dujčev. Paris: Association des amis des études archéologiques des mondes Byzantino-Slaves et du Christianisme Oriental, 1979. P. 276.

Montclos 1971 — Montclos Jean de. Lanfranc et Bérenger. La controverse Eucharistique du XIe siècle. Louvain: Spicilegium Sacrum Lovaniense, 1971.

Mullett 1981 — Mullett Margaret. The Classical Tradition in the Byzantine Letter // Byzantium and the Classical Tradition. Edited by Margaret Mullett and Roger Scott. Birmingham: Centre for Byzantine Studies, University of Birmingham, 1981. P. 75–93

Murphy 1988 — Murphy Declan C. Cicero and the Icon Painters: The Transformation of Byzantine Image Theory in Medieval Muscovy //The Byzantine Legacy in Eastern Europe. Edited by Lowell Clucas. Boulder, CO: East European Monographs, 1988. P. 149–164

Murray 1967 — Murray Albert Victor. Abelard and St. Bernard: A Study in Twelfth Century «Modernism». Manchester: Manchester University Press, 1967.

Nakamura 1964 — Nakamura Hajime. Ways of Thinking of Eastern Peoples: India, China, Tibet, Japan. Revised English translation / ed. by Philip P. Wiener. Honolulu: University of Hawaii Press, 1964.

Nakamura 1986 — Nakamura Hajime. A Comparative History of Ideas. Revised edition. London: Kegan Paul International, 1986.

Netton 1982 — Netton Ian Richard. Muslim Neoplatonists: An Introduction to the Thought of the Brethren of Purity (Ikhwā al-Ṣafā'). London: George Allen & Unwin, 1982.

Normore 1987 — Normore Calvin G. The Tradition of Mediaeval Nominalism // Studies in Medieval Philosophy / ed. by John F. Wippel Washington, DC: Catholic University of America Press, 1987. P. 201–217 (Studies in Philosophy and the History of Philosophy. Vol. 17).

Nurbakhsh 1981 — Nurbakhsh Javad. Sufism: Meaning, Knowledge and Unity. New York: KhaniqahiNimatullahi Publications, 1981.

Obolensky 1974 — Obolensky Dimitri. The Byzantine Commonwealth: Eastern Europe 500–1453. London: Sphere Books, 1974.

Obolensky 1982 — Obolensky Dimitri. The Byzantine Commonwealth: Eastern Europe, 500–1453. Crestwood, NY: Saint Vladimir's Seminary Press, 1982.

O'Daly 2001 — O'Daly Gerard. Platonism Pagan and Christian: Plotinus and Augustine. Aldershot: Ashgate, 2001.

O'Meara 1991 — O'Meara Dominic J. Logic // The Oxford Dictionary of Byzantium / ed. by Alexander P. Kazhdan. New York: Oxford University Press, 1991.

Ostrowski 1998 — Ostrowski Donald. Muscovy and the Mongols: Cross-cultural Influences on the Steppe Frontier, 1304–1589. Cambridge: Cambridge University Press, 1998.

Ostrowski 2008 — Ostrowski Donald. Parallels of Mysticism: Sufism and the Hesychasm of Nil Sorskii // Нил Сорский в культуре и книжности Древней Руси: материалы Международной научной конференции, Санкт-Петербург, 12 мая 2008 года. СПб.: [РНБ], 2008. С. 41–52.

Ostrowski 2009 —Ostrowski Donald. The Application of Biblical Exegesis to Rus' Chronicles," in Medieval Slavonic Studies: New Perspectives for Research // Études slaves médiévales. Nouvelles perspectives de reserche. Ed. Juan Antonio Àlvarez-Pedrosa and Susana Torres Prieto. Paris: Institut d'études slaves, 2009. P. 169–191.

Ostrowski 2012 — Ostrowski Donald. Systems of Succession in Rus' and Steppe Societies // Ruthenica. 2012. Vol. 11. P. 39–43.

Ostrowski 2018 — Ostrowski Donald. Europe, Byzantium and the. "Intellectual Silence" of Rus' Culture. Leeds: Arc. Humanities Press, 2018.

Ostrowski 2017a — Ostrowski Donald. The Debate with Iosif (Prenie s Iosifom) as a Fictive Disputation // Iosif Volotskii and Eastern Christianity: Essays Across Seventeen Centuries / ed. by David Goldfrank, Valeria Nollan, and Jennifer Spock. Washington, DC: New Academia, 2017. P. 183–211.

Ostrowski 2017b — Ostrowski Donald. Unresolved Evidentiary Issues concerning Rus' Heretics of the Late Fifteenth — Early Sixteenth Centuries // Seeing Muscovy Anew: Politics — Institutions — Culture in Honor of Nancy Shields Kollmann / ed. by Michael Flier, Valerie Kilvelson, Erika Monahan, and Daniel Rowland. Bloomington: Slavica, 2017. P. 123–139.

Ostrowski 2020 — Ostrowski Donald. Who Wrote That? Authorship Controversies from Moses to Sholokhov (Northern Illinois University Press, 2020.

Payne 1957 — Payne Robert. Holy Fire: The Story of the Fathers of the Eastern Church. New York: Harper & Brothers, 1957.

Pelikan 1973 — Pelikan Jaroslav. «Council or Father or Scripture»: The Concept of Authority in the Theology of Maximus Confessor // The Heritage of the Early Church: Essays in Honour of the Very Reverend Georges Vasilievich Florovsky / ed. by David Neiman and Margaret Schatkin. Rome: Pontificale Institutum Studiorum Orientalium, 1973 (Orientalia Christiana Analecta. Vol. 195). P. 277–288.

Pelikan 1978 — Pelikan Jaroslav. The Growth of Medieval Theology (600–1300). Chicago: The University of Chicago Press, 1978.

Picchio 1973 — Picchio R. Models and Patterns in the Literary Tradition of Medieval Orthodox Slavdom // American Contributions to the Seventh International Congress of Slavists. 3 vols. Vol. 2. The Hague: Mouton, 1973. P. 439–467.

Plokhy 2005 — Plokhy Serhii. The Origins of the Slavic Nations. Premodern Identities in Russia, Ukraine, and Belarus. Cambridge: Cambridge University Press, 2005.

Podskalsky 1982 — Podskalsky Gerhard. Christentum und theologische Literatur in der Kiever Rus' (988–1237). Munich: C. H. Beck'sche Verlagsbuchhandlung, 1982.

Poppe 1982 — Poppe Andrzej. Die Metropiliten und Fürsten der Kiever Rus' // Podskalsky Gerhard. Christentum und theologische Literatur in der Kiever Rus' (988–1237). Munich: C. H. Beck'sche Verlagsbuchhandlung, 1982. S. 280–321.

Poppe 1987 — Poppe Andrzej. How the Conversion of Rus' Was Understood in the Eleventh Century // Harvard Ukrainian Studies. 1987. Vol. 11. № 3/4. P. 287–302.

Radojičić 1951–1952 — Radojičić Đorđe Sp. Grigorije iz Gornjaka // Историски часопис. Књига III (1951–1952). Београд: Издавачко предузеће Народне Републике Србије. С. 85–106.

Raffensperger 2012 — Raffensperger Christian. Reimagining Europe. Kievan Rus' in the Medieval World. Cambridge M.A.: Harvard University Press, 2012.

Raffensperger 2017 — Raffensperger Christian. The Kingdom of Rus'. Amsterdam: ArcPress, 2017.

Randall 1960 — Randall John Herman Jr. Aristotle. New York: Columbia University Press, 1960.

Raymo 1992 — Raymo Chet. True Nature of Math Remains, in Sum, a Mystery // Boston Globe. 1992. December 28.

Reichmann 1989 — Reichmann Felix. The Sources of Western Literacy: The Middle Eastern Civilizations. Westport: Greenwood Press, 1980.

Reynolds 1996 — Reynolds Suzanne. Medieval Reading: Grammar, Rhetoric and the Classical Text. Cambridge: Cambridge University Press, 1996.

Reynolds, Wilson 1974 — Reynolds Leighton Durham, Wilson Nigel Guy. Scribes and Scholars: A Guide to the Transmission of Greek and Latin Literature. 2nd ed. Oxford: Clarendon Press, 1974.

Rice 1967 — Rice Tamara Talbot. Everyday Life in Byzantium. London: B. T. Batsford, 1967.

Romanchuk 1997 — Romanchuk Robert. Monastic Culture and the Florilegium in Kievan Rus' // Slavic and East European Journal. 1997. Vol. 41. No. 4. P. 667–673.

Romanchuk 2007 — Romanchuk Robert. Byzantine Hermeneutics and Pedagogy in the Russian North: Monks and Masters at the Kirillo-Belozerskii Monastery, 1397–1501. Toronto: University of Toronto Press, 2007.

Romanchuk 2016 — Romanchuk Robert. Mount Athos // Europe: A Literary History, 1348–1418. Edited by D. Wallace. Oxford: Oxford University Press, 2016. Vol. 2. P. 376–402

Rose 1867 — Rose V. Pseudo-Psellus und Gregorius Monachus // Hermes. 1867. Vol. 2. P. 465–467.

Roueché 1974 — *Roueché Mossman*. Byzantine Philosophical Texts of the Seventh Century // Jahrbuch der österreichischen Byzantinistik. 1974. Bd. 23. S. 61–76.

Rugamer 1894 — Rugamer Wilhelm. Leontius Von Byzanz. Ein Polemiker aus dem zeitalter Justinians. Wurzburg: Andreas Gobel's Verlagsbuchhandlung, 1894.

Runciman 1957 — Runciman Steven. The Greek Church under the Ottoman Turks // Studies in Church History. 1957. Vol. 2. P. 38–53.

Russell 1981 — Russell Jeffrey Burton. Satan: The Early Christian Tradition. Ithaca: Cornell University Press, 1981.

Sarton 1927 — Sarton George. Introduction to the History of Science. Vol. 1. From Homer to Omar Khayyam. Baltimore: Williams and Wilkins, 1927.

Sarton 1943 — Sarton George. Review of Paul Tannery, «Quadrivium de Georges Pachymère» // Isis. 1943. Vol. 34. P. 218–219.

Schimmel 1975 — Schimmel Annemarie. Mystical Dimensions of Islam. Chapel Hill: University of North Carolina Press, 1975.

Schrenk 1989 — Schrenk Lawrence. Augustine's De trinitae in Byzantine Skepticism // Greek, Roman and Byzantine Studies. 1989. Vol. 30. P. 451–456.

Ševčenko 1957 — Ševčenko Ihor. [Review of] Justinia Besharov, Imagery of the Igor′ Tale in the Light of Byzantino-Slavic Poetic Theory // Speculum. 1957. Vol. 32. No. 3. P. 538–543.

Ševčenko 1981 — Ševčenko Ihor. Remarks on the Diffusion of Byzantine Scientific and Pseudo-Scientific Literature among the Orthodox Slavs // Slavonic and East European Review. 1981. Vol. 59. № 3. P. 321–345.

Ševčenko 1991 — Ševčenko Ihor. A Neglected Byzantine Source of Muscovite Political Ideology // Byzantium and the Slavs in Letters and Culture, Renovatio I. Cambridge, M.A.: Harvard Ukrainian Research Institute, 1991. P. 49–87.

Shorey 1938 — Shorey Paul. Platonism: Ancient and Modern. Berkeley: University of California Press, 1938.

Sinkewicz 1980 — Sinkewicz, Robert E. A New Interpretation for the First Episode in the Controversy between Barlaam the Calabrian and Gregory Palamas // Journal of Theological Studies, NS. 1980. Vol. 31. P. 489–500.

Smith 1995 — Smith Robin, Logic // The Cambridge Companion to Aristotle / ed. by Jonathan Barnes. Cambridge: Cambridge University Press, 1995. P. 27–65.

Southern 1948 — Southern Richard William. Lanfranc of Bec and Berengar of Tours // Studies in Medieval History Presented to Frederick Maurice Powicke / ed. by R. W. Hunt, W. A. Pantin, and R. W. Southern. Oxford: Clarendon Press, 1948. P. 27–48.

Southern 1953 — Southern Richard William. The Making of the Middle Ages. New Haven: Yale University Press, 1953.

Southern 1970 — Southern Richard William. Medieval Humanism and Other Studies. Oxford: Basil Blackwell, 1970.

Špidlík 1973 — Špidlík Tomáš. The Heart in Russian Spirituality // Orientalia Christiana Analecta. 1973. Vol. 195. P. 361–379.

Spingou 2016 — Spingou Foteini. John ix Patriarch of Jerusalem in exile // Byzantinische Zeitschrift. 2016. Vol. 109. No.1 P. 179–206.

Stiglmayr 1895a — Stiglmayr Joseph. Das Aufkommen der Pseudo-Dionysischen Schriften und ihr Eindringen in die Christliche Literatur bis zum Literanconcil 649: Ein zweiter Beitrag zur Dionysios-Frage. Feldkirch: Im Selbstverlage der Anstalt — Druck von L. Sausgruber, 1895.

Stiglmayr 1895b — Stiglmayr Joseph. Der Neuplatoniker Proclus als Vorlage des sogenannten Dionysius Areopagita in der Lehre vom Übel // Historisches Jahrbuch. 1895. Bd. 16. S. 253–273, 721–748.

Stock 1978 — Stock Brian. Science, Technology, and Economic Progress in the Early Middle Ages // Science in the Middle Ages / ed. by David C. Lindberg. Chicago: University of Chicago Press, 1978. P. 1–51.

Strakhova 2001 — Strakhova Olga B. Review of: ‚Francis Thomson, The reception of Byzantine culture in Medieval Russia (Aldershot: Ashgate, 1999) // Russia mediaevalis. T 10. No.1. München: Wilhelm Fink Verlag, 2001. S. 245–261.

Sysyn 1986a — Sysyn Frank. Concepts of Nationhood in Ukrainian History Writing, 1620–1690 // Harvard Ukrainian Studies. 1986. Vol. 10. P. 393–423.

Sysyn 1986b — Sysyn Frank. The Cultural, Social and Political Context of Ukrainian History-Writing: 1620–1690 // Europa Orientalis. 1986. Vol. 5. P. 285–310.

Tachiaos 1988 — Tachiaos Anthony-Emil N. The Greek Metropolitans of Kievan Rus': An Evaluation of their Spiritual and Cultural Activity // Harvard Ukrainian Studies. 1988. Vol. 12. P. 430–445.

Taylor 1927 — Taylor Henry Osborn. The Medieval Mind: A History of the Development of Thought and Emotion in the Middle Ages. 4th ed. 2 vols. London: Macmillan, 1927.

Thayer's Lexicon 1976 — Thayer's Greek—English Lexicon of the New Testament, translated and revised by Joseph Henry Thayer from Grimm's Wilke's Clavis Novi Testamenti. Grand Rapids, Michigan: Zondervan, 1976.

The Cambridge Intellectual History of Byzantium 2017 — The Cambridge Intellectual History of Byzantium. Edited by Anthony Kaldellis and Niketas Siniossoglou. Cambridge: Cambridge University Press, 2017.

The Oxford Dictionary of Byzantium 2005 —The Oxford Dictionary of Byzantium. Edited by AlexanderP. Kazhdan. Oxford: Oxford University Press, 2005.

The Postcolonial Middle Ages 2000 — The Postcolonial Middle Ages. Edited by Jeffrey Cohen. New York: St. Martin's Press, 2000.

Thomson 1978 — Thomson Francis. The Nature of the Reception of Christian Byzantine Culture in Russia in the Tenth to Thirteenth Centuries and Its Implications for Russian Culture // Slavica Gandensia. Vol. 5. 1978. P. 107–139.

Thomson 1983 — Thomson Francis J. Quotations of Patristic and Byzantine Works by Early Russian Authors as an Indication of the Cultural Level of Kievan Russia //Slavica Gandensia. 1983. Vol. 10. P. 65–102

Thomson 1988 — Thomson Francis. The Implications of the Absence of Quotations of Untranslated Greek Works in Original Early Russian Literature, Together with a Critique of a Distorted Picture of Early Bulgarian Culture // Slavica Gandensia. 1988. Vol. 15. P. 63–91.

Thomson 1993a — Thomson Francis. «Made in Russia»: A Survey of the Translations Allegedly Made in Kievan Russia // Millennium Russiae Christianae: Tausend Jahre Christliches Russland 988–1988. Vorträge des Symposiums anlässlich der Tausendjahrfeier der Christi anisierung Russlands (Münster 5–9 Juni 1988) / ed. by Gerhard Birkfellner. Cologne: Böhlau, 1993. P. 295–354.

Thomson 1993b — Thomson Francis J. The Symeonic Florilegium—Problems of its Origin, Content, Textology and Edition, together with an English Translation of the Eulogy of Tzar Symeon // Paleobulgarica. 1993. Vol. 17. No. 1 P. 37–53.

Thomson 1993c — Thomson Francis J. The Corpus of Slavonic Translations Available in Muscovy. The Cause of Old Russia's Intellectual Silence and a Contributory Factor to Muscovite Cultural Autarky // Christianity and the Eastern Slavs. I: Slavic Cultures in the Middle Ages. Edited by B. Gasparov and O. Raevsky-Hughes. Berkeley-Los Angeles: University of California Press, 1993. P. 179–214)

Thomson 1994 — Thomson Francis. I. Ševčenko as Byzantinist and Slavist // Byzantion. 1994. T. 64. P. 496–509.

Thomson 1999 — Thomson Francis. The Intellectual Silence of Early Russia: Some Introductory Remarks // Thomson Francis. The Reception of Byzantine Culture in Mediaeval Russia (Aldershot: Ashgate, 1999).

Thunberg 1965 — Thunberg Lars. Microcosm and Mediator: The Theological Anthropology of Maximus the Confessor. Lund: C. W. K. Gleerup, 1965.

Tigerstedt 1974 — Tigerstedt E. N. The Decline and Fall of the Neoplatonic Interpretation of Plato: An Outline and Some Observations. Helsinki: Societas Scientariarum Fennica, 1974.

Tillich 1968 — Tillich Paul. A History of Christian Thought: From Its Judaic and Hellenistic Origins to Existentialism / ed. by Carl E. Braaten. New York: Simon and Schuster, 1968.

Tolochko 2008 — Tolochko Oleksiy P. The Primary Chronicle's 'Ethnography Revisited: Slavs and Varangians in the Middle Dnieper Region and the Origin of the Rus' State // Franks, Northmen, and Slavs: Identities and State Formation in Early Medieval Europe, ed. Ildar Garipzanov, Patrick Geary, and Przemyslav Urbanczyk (Turnhout, Belgium: Brepols, 2008. P. 169–188.

Topographies of Power 2001 —Topographies of Power in the Early Middle Ages. Edited by Mayke de Jong and Franz Theuws. Leiden: Brill, 2001.

Trefil 1989 — Trefil James. Reading the Mind of God: In Search of the Principle of Universality. New York: Charles Scribner's Sons, 1989.

Tresmontant 1961 — Tresmontant Claude. La Métaphysique du Christianisme et la naissance de la philosophie chrétienne. Paris: Editions du Seuil, 1961.

Trizio 2007 — Trizio Michele. Byzantine Philosophy as a Contemporary Historiographical Project // Recherches de théologie et philosophie médiévales. 2007. Vol. 74. No. 1. P. 247–294.

Veder 1990 — Veder William R. Literature as Kaleidoscope: The Structure of Slavic Chetii Sborniki // Semantic Analysis of Literary Texts: To Honour Jan van der Eng on the Occasion of His 65th Birthday / ed. by Eric de Haard, Thomas Langerak, and Willem G. Weststeinjet. Amsterdam: Elsevier, 1990. P. 599–613.

Veder 1994 — Veder William. Old Russia's «Intellectual Silence» Reconsidered // Medieval Russian Culture. Vol. 2 / ed. by Michael S. Flier and Daniel Rowland. Berkeley: University of California Press, 1994. P. 18–28.

Verbaal 2014 — Verbaal Wim. Trapping the Future: Abelard's Multi-Layered Image-Building // Rethinking Abelard: A Collection of Critical Essays. Edited by Babette Hellemans. Leiden: Brill, 2014. P. 187–212.

Vogel 1967 — Vogel K. Byzantine Science // Cambridge Medieval History. Vol. 4. The Byzantine Empire. Pt. 2. Government, Church and Civilisatio / ed. by J. M. Hussey. Cambridge: Cambridge University Press, 1967. P. 264–305.

Wagner 1983 — Wagner David L. The Seven Liberal Arts and Classical Scholarship // The Seven Liberal Arts in the Middle Ages / ed. by David L. Wagner. Bloomington: Indiana University Press, 1983. P. 1–31.

Wallerstein 2006 — Wallerstein Immanuel. European Universalism: The Rhetoric of Power. New York: The New Press, 2006.

Wallis 1972 — Wallis R. T. Neoplatonism. London: Gerald Duckworth, 1972.

Walzer 1966 — Walzer Richard. Porphyry and the Arabic Tradition // Porphyre. 8 exposés suivis de discussions / ed. by Heinrich Dörrie. Geneva: Fondation Hardt, 1966. P. 275–299 (Entretiens sur l'Antiquité classique. T. 12).

Walzer 1991 — Walzer Richard. Furfūriyūs // The Encyclopedia of Islam. 2nd ed. 13 vols / ed. by H. A. R. Gibb and P. J. Bearman. Leiden: Brill, 1991. Vol. 2. P. 948–949.

Warren 1975 — Warren Edward W. Introduction // Porphyry the Phoenician. Isagoge / translated by Edward W. Warren. Toronto: Pontifical Institute of Mediaeval Studies, 1975. P. 9–26.

Weinberg 1992 — Weinberg Steven. Dreams of a Final Theory: The Search for the Fundamental Laws of Nature. New York: Pantheon, 1992.

White 1960 — White Hayden V. The Gregorian Ideal and Saint Bernard of Clairvaux // Journal of the History of Ideas. 1960. № 21. P. 321–348.

White 1978 — White Lynn. Medieval Religion and Technology. Los Angeles: University of California Press, 1978.

Whitehead 1929 — Whitehead Alfred North. Process and Reality: An Essay in Cosmology. Cambridge: Cambridge University Press, 1929.

Wickham 1994 — Wickham Chris. Making Europes // New Left Review. 1994. Vol. 1. Iss. 208.P. 133–143.

Wilson 1970 — Wilson Nigel G. The Church and Classical Studies in Byzantium // Antike und Abendland. 1970. Vol. 16. P. 68–77.

Wilson 1983 — Wilson Nigel Guy. Scholars of Byzantium. London: Gerald Duckworth, 1983.

Worth 1983 — Worth Dean S. The Origins of Russian Grammar: Notes on the State of Russian Philology Before the Advent of Printed Grammars. Columbus, Ohio: Slavica, 1983.

Wulf 1952 — Wulf Maurice de. History of Mediaeval Philosophy. 3 vols. New York: Dover, 1952.

Zajac 2019 — Zajac Talia. Remembrance and Erasure of Objects Belonging to Rus' Princesses in Medieval Western Sources: the Cases of Anastasia Iaroslavna's 'Saber of Charlemagne' and Anna Iaroslavna's Red Gem // Moving Women, Moving Objects (400–1500). Edited by Tracy Chapman Hamilton and Mariah Proctor-Tiffany. Leiden; Boston: Brill, 2019. P. 33–56.

Именной указатель

Оглавление

Приложение
Из обсуждения книги в журнале *Russian History* № 46 (2019)

Научное издание

Дональд Островский

**ЕВРОПА, ВИЗАНТИЯ И «ИНТЕЛЛЕКТУАЛЬНОЕ МОЛЧАНИЕ»
ДРЕВНЕРУССКОЙ КУЛЬТУРЫ**

Директор издательства *И. В. Немировский*
Ответственный редактор *И. Белецкий*
Куратор серии *С. Козин*
Заведующая редакцией *И. Емельянова*

Дизайн *И. Граве*
Редактор *П. Матвеева*
Корректоры *Н. Занозина, И. Манлыбаева*
Верстка *Е. Падалки*

Подписано в печать 07.07.2025.
Формат издания 60 × 90 $^1/_{16}$. Усл. печ. л. 15,5.
Тираж 200 экз.

Academic Studies Press
1577 Beacon Street, Brookline, MA 02446 USA
https://www.academicstudiespress.com

ООО «Библиороссика».
198207, г. Санкт-Петербург, а/я № 8

Эксклюзивные дистрибьюторы:
ООО «Караван»
ООО «КНИЖНЫЙ КЛУБ 36.6»
http://www.club366.ru
Тел./факс: 8(495)9264544
e-mail: club366@club366.ru

Книги издательства можно купить
в интернет-магазине: www.bibliorossicapress.com
e-mail: sales@bibliorossicapress.ru

12+

www.ingramcontent.com/pod-product-compliance
Lightning Source LLC
Chambersburg PA
CBHW070400100426
42812CB00005B/1572